W0359027

Das Kochbuch für Geeks

Das Kochbuch für Geeks

Mela Eckenfels & Petra Hildebrandt

O'REILLY®

Beijing · Cambridge · Farnham · Köln · Paris · Sebastopol · Taipei · Tokyo

Die Informationen in diesem Buch wurden mit größter Sorgfalt erarbeitet. Dennoch können Fehler nicht vollständig ausgeschlossen werden. Verlag, Autoren und Übersetzer übernehmen keine juristische Verantwortung oder irgendeine Haftung für eventuell verbliebene Fehler und deren Folgen.
Alle Warennamen werden ohne Gewährleistung der freien Verwendbarkeit benutzt und sind möglicherweise eingetragene Warenzeichen. Der Verlag richtet sich im Wesentlichen nach den Schreibweisen der Hersteller. Das Werk einschließlich aller seiner Teile ist urheberrechtlich geschützt. Alle Rechte vorbehalten einschließlich der Vervielfältigung, Übersetzung, Mikroverfilmung sowie Einspeicherung und Verarbeitung in elektronischen Systemen.

Kommentare und Fragen können Sie gerne an uns richten:
O'Reilly Verlag
Balthasarstr. 81
50670 Köln
Tel.: 0221/9731600
Fax: 0221/9731608
E-Mail: kommentar@oreilly.de

Copyright der deutschen Ausgabe:
© 2007 by O'Reilly Verlag GmbH & Co. KG
1. Auflage 2007

Bibliografische Information Der Deutschen Bibliothek
Die Deutsche Bibliothek verzeichnet diese Publikation in der Deutschen Nationalbibliografie; detaillierte bibliografische Daten sind im Internet über *http://dnb.ddb.de* abrufbar.

Lektorat: Christine Haite, Köln
Korrektorat: Susanne Aping, Düsseldorf
Umschlaggestaltung: Michael Oreal, Köln
Produktion: Andrea Miß, Köln
Cartoons: Jutta Bossert, Tübingen
Satz: DREI-SATZ, Husby
Belichtung, Druck und buchbinderische Verarbeitung:
Druckerei Kösel, Krugzell; www.koeselbuch.de

ISBN 978-3-89721-462-0

Dieses Buch ist auf 100% chlorfrei gebleichtem Papier gedruckt.

Inhalt

Vorwort IX

1 Getting Started **1**
1.1 Geeks können kochen 1
1.2 »Isch 'abe gar keine Küche, Signorina!« 2
1.3 Welche Küchenutensilien brauche ich (nicht)? 4
1.4 Intelligent einkaufen 11
1.5 Einen Notfallvorrat anlegen 16
1.6 Rezepte finden 18
1.7 Rezepte aufbewahren und organisieren 22
1.8 Besser essen – oder warum Ernährungslehren viel mit Betriebssystemen zu tun haben 25
1.9 Etiketten lesen 28

Teil I Das Larval Stage

2 Frühstücksdrinks **33**
2.1 Frühstücksdrink-Tools 34
2.2 Frühstücksdrink Basis-Library 36
2.3 Frühstücksdrink-Rezepte 39

3 Freezer Bag-Cooking **42**
3.1 Kochen mit heißem Wasser und einem Gefrierbeutel 42
3.2 Freezer Bag-Gerichte 46

4 No Cook-Küche: Kleine Gerichte ohne Herd ... **51**
4.1 Kalt und köstlich ... 51
4.2 Schnelle Salate ... 52

Teil II Mamas Liebling

5 Basisküche ... **57**
5.1 Basiswissen Brot ... 57
5.2 Einfaches Hefebrot ... 60
5.3 Eier-HowTo ... 61
5.4 Ziplock-Omelett ... 64
5.5 Gemüse-HowTo ... 65
5.6 Die einfachste Gemüsesuppe der Welt ... 65
5.7 Kartoffeln-HowTo ... 66
5.8 Reis-HowTo ... 69
5.9 Saucen-HowTo ... 72

6 Vorratsküche ... **78**
6.1 Eingemachte Kuchen ... 78
6.2 Erbseneintopf auch für Vegetarier ... 82
6.3 Italienische Kräutermischung ... 84
6.4 Hausgemachte (Tiefkühl-)Pizza ... 85
6.5 Hühnerpfanne aus dem Gefrierbeutel ... 88
6.6 Rouladen ... 89
6.7 Salatdressing auf Vorrat ... 91
6.8 Selbstgekochte Vorräte ohne Tiefkühlschrank, geht das? ... 93
6.9 Resteküche ... 96

7 Modulare Rezepte ... **100**
7.1 Modularer Auflauf ... 100
7.2 Modulare Muffins ... 106

8 In die Pfanne gehauen ... **111**
8.1 Brot aus der Pfanne ... 111
8.2 Brötchen aus der Pfanne (Toasties) ... 113
8.3 Kuchen aus der Pfanne ... 114
8.4 Auflauf aus der Pfanne ... 116
8.5 Gehobene Küche aus einer Pfanne ... 120
8.6 Der klassische Pfannkuchen ... 122

9 Rezepte zum Beeindrucken 124
9.1 Banoffee Pie 124
9.2 Champagnersüppchen 125
9.3 Essen wie im Chinarestaurant 127
9.4 Festliche Pasta für Vegetarier 128
9.5 Lachs für Zwei – oder: keine Angst vor Fisch 129
9.6 Mohrenkopftorte 131
9.7 Ofenomelett 132
9.8 Wintersalat 133

10 Die LAN-Party überleben 135
10.1 Melas Nudel- und Kartoffelsalat 135
10.2 Cole Slaw 137
10.3 Onigiri 138
10.4 Blumenkohl-Hackfleisch-Auflauf 140
10.5 Geek-Schnitten 141

Teil III Der kulinarische Geek

11 Pimp Your Food 147
11.1 Abwechslung aufs Brot 147
11.2 Fast Food mit Stil 150

12 Höhere Küchenweihen 153
12.1 Fond selbst kochen 153
12.2 Selbst gemachte Pasta 157
12.3 Fein vom Schwein 158
12.4 Terrine von der Karotte an Basilikumöl 159
12.5 Thanksgiving 161
12.6 Gutbürgerliches für die mäkelige Verwandtschaft 164

13 Keine Angst vor Sushi und Co. 167
13.1 Sushi selbstgemacht 167
13.2 Salat für Sushi-Liebhaber 170
13.3 Bratreis wie in Bangkok 171
13.4 Vietnamesischer Rindfleischsalat 173
13.5 Huhn mit Shiitake und Sternanis 174

14 Rund um die Party **176**
14.1 Unsere Margarita 176
14.2 Luftige Knabberhäppchen 177
14.3 Asia-Wantan mit Dip 178
14.4 Mitternachtssuppe mal anders 179
14.5 Besser dippen 180
14.6 Kleine Spießchen 182
14.7 Cookies zum Kaffee 183
14.8 Erdbeerlimes 184
14.9 Energieplasma 185

15 Getränke und Deko **187**
15.1 Welches Getränk passt zu welchem Essen? 187
15.2 Geeks und Kaffee – eine kochende Leidenschaft 189
15.3 Erfrischendes aus der eigenen Küche 192
15.4 Das Auge isst mit – die Dekoration 194

A Anhang **198**
A.1 Vorratshaltung – man storage (8) 198
A.2 Schädlinge und ihre Bekämpfung – man householdpests (8) 210

Verzeichnis aller Rezepte **215**

Index **217**

Vorwort

Es begab sich eines Tages, während der Arbeit am *LARP-Kochbuch*[1], dass Mela ein Rezept für Curry-Reis testete. Ein einfaches kleines Rezept, bei dem die Zutaten nach dem Zusammenmischen in einem verschließbaren Glas ihr Dasein fristen und bei Bedarf einfach tassenweise abgemessen und mit etwas kochendem Wasser quellen gelassen werden.

Die zum Testen angemischte Menge war so groß, dass Mela auch noch zwei Wochen später etwas für »schnell mal zwischendurch« hatte, ohne sich groß darum kümmern zu müssen. Das Rezept war einfach, billig in der Zusammensetzung und im Gegensatz zu den meisten Fertiggerichten schmeckte es sogar gut. Irgendwie war dieses Glas Reis – und ähnliche Selbstmisch-Fertiggerichte – genau das, was Mela vorher im hektischen Leben des IT-Projektgeschäfts immer vermisst hatte.

Dass aus einer Hand voll Mischrezepten allein kein Buch wird, war klar, dennoch sah Mela Petra über IRC virtuell an. »Wenn wir mit dem Buch hier fertig sind, lass uns doch ein Kochbuch für Geeks schreiben. Eines, das wir uns selbst gewünscht hätten. Und lass uns O'Reilly als Verlag ansprechen. Ein echtes Kochbuch in der Kochbuch-Reihe – das wäre doch ein Spaß!«

Aus der Idee wurde Ernst. Zwei kochbegeisterte Geek-Frauen, die auch die Schattenseiten des hektischen Arbeitsalltags in der IT-Industrie kennen, begannen damit, ein echtes Kochbuch ganz und gar von und für Geeks zu schreiben. Frühstück auf der Autobahn, wochenlange Projekte bei externen Kunden mit kleiner Büroküche, inklusive kurzen Nächten im Hotelzimmer oder Apartment, unorthodoxe Arbeitszeiten und phasenweise völliges Versinken in einer Aufgabe – es gibt schließlich eine ganze Reihe von geekspezifischen Handicaps. Rezepte überlegen, einkaufen, kochen und die Vorräte verwalten sind in einem solchen Leben nicht gerade offensichtlich. Dazu kommt noch eine mehr oder minder ausgeprägte Scheu vor dem ungewohnten Tätigkeitsfeld. Dabei hat Kochen viel mit Programmieren oder Systemadministration gemein! Es ist ähnlich kreativ, viele Wege

1 *Das LARP-Kochbuch* von Mela Eckenfels und Petra Hildebrandt (ISBN 978-3-8334-4957-4)

führen zum individuellen Ziel und für so manche Aufgabe gibt es einen richtig abgefahrenen Hack. Und nicht zuletzt gilt: *Das Leben ist zu kurz, um schlecht zu essen!*

Für wen ist dieses Buch?

»Was ist ein Geek?« mögen sich jene fragen, die bisher weder von anderen so bezeichnet wurden noch den O'Reilly-Verlag und seine Publikationen kennen. Diese Personen haben dieses Buch wahrscheinlich auf Anweisung als Geschenk erworben oder sind beim Stöbern im Kochbuchregal darüber gestolpert.

Der englische Begriff *Geek* leitet sich vom mittelniederdeutschen Wort *Geck* ab, das soviel wie *Narr* (der kölsche *Jeck*) bedeutet. Übersetzt wird es heute (ebenso wie der Begriff *Nerd*) häufig schlicht als *Streber* oder *Stubenhocker*. Meist ist damit jemand gemeint, der durch anormales Benehmen auffällt, wie zum Beispiel Ungeschicklichkeit im Umgang mit anderen Menschen oder absonderliche, in völliger Versunkenheit durchgeführte Spezialinteressen wie Quantenphysik, das Schreiben von Computerprogrammen oder das Katalogisieren aller im Einsatz befindlichen Züge der Deutschen Bahn AG.

Computer-Geeks haben diesen Begriff für sich selbst neu definiert, und zwar positiv. Dabei ist ein Geek eine Person, die den Rechner nicht nur zum Programmieren verwendet, sondern auch, um sozial aktiv zu sein, ob per Mail, Usenet, Chat, Blogs, Wikis oder Foren. Der *GeekCode* (*http://www.geekcode.net/*) deckt vom Business-Geek (GB) über den Computer-Geek (GCS oder GIT) bis hin zum Universal-Geek (GAT) jede mögliche Erscheinungsform dieses Menschentyps ab. Aber unterscheiden sich die Essgewohnheiten eines Biologie-Geeks wirklich von denen eines Computer-Hackers?

Das *Kochbuch für Geeks* soll ein Hilfsmittel für Geeks jeder Geschmacksrichtung sein. Daher haben wir für dieses Buch eine andere Unterteilung gefunden:

Der Geek im *Larval Stage* (Larvenstadium) hat getreu der Definition im *Jargon File* (*http://www.jargon.org/*) seit Wochen oder Monaten kein Sonnenlicht mehr gesehen. Er hat *ein* Ziel, sei es, Unix im Alleingang neu zu schreiben, die Welt durch ein bahnbrechendes Medikament zu retten oder endlich seine Kommilitonen in Netris vernichtend zu schlagen. Alltägliche Kleinigkeiten wie Einkaufen mit einem echten Korb in der Hand, der nicht nur als kleines Icon oben rechts auf einer Webseite abgebildet ist, oder Essenszubereitungen, die über das Anschalten des Heißwasserkochers direkt neben dem Rechner hinausgehen, fallen da einfach hinten runter.

Mamas Liebling dagegen wollte ja eigentlich schon immer, konnte aus diversen Gründen in der Vergangenheit aber nicht so aktiv werden in der Küche, wie er es gerne hätte. Bisher kochten Muttern, Oma, Opa oder der Mitbewohner, aber jetzt wird es Zeit, sich von der Küchenhoheit anderer zu emanzipieren. Mamas Liebling steht am Anfang der Straße, die ihn irgendwann vielleicht zum kulinarischen Geektum führt.

Der *kulinarische Geek* begann als Geek im Larval Stage oder als Mamas Liebling. Wenn er mit Kollegen essen geht, dann zum Inder, zur Sushi Bar oder zum besten Chinesen der

Stadt, aber nicht zur Frittenbude. Die Top 10-Restaurants seiner Umgebung stehen ganz oben in seinem Organizer, gefolgt von den Öffnungszeiten der Wochenmärkte, und er wird in allen mit Vornamen und Handschlag begrüßt. Wird er selbst in der Küche aktiv, fasten seine Freunde schon einen Tag vorher, weil sie wissen, dass sie auf angenehmste Weise satt werden. Der kulinarische Geek scheut auch die Arbeit nicht, sich für das Thanksgiving-Dinner drei Tage in die Küche zu stellen, und er verschenkt zu Weihnachten Leckeres vor Nützlichem.

Inhalte dieses Buchs

Getting Started
: Hier erfahrt Ihr, welche Hardware Ihr anschaffen solltet, welche Software (alias Vorräte) per Default installiert sein sollte und wie Ihr den Einkaufsdschungel möglichst ohne Core Dumps überlebt.

Die darauf folgenden Kapitel widmen sich – in aufsteigender Reihenfolge des nötigen Küchen-Skill-Levels – den Tipps, Tricks und Rezepten für die drei Geek-Kochtypen:

Larval Stage
: Ohne Küche und ohne Lieferdienst nahrhaft und lecker speisen.

Mamas Liebling
: Basisküche für Anfänger, alles aus einer Pfanne, rund um die LAN-Party, Rezepte zum Beeindrucken.

Kulinarischer Geek
: Einführung in höhere Küchenweihen, »Pimp My Food«, rund um die Party, keine Angst vor Sushi & Co., spezielle Rezepte für besonders knifflige Küchen-Hacks und -Cheats.

Der Anhang
: Im Anhang findet sich alles, was uns sonst noch eingefallen ist und/oder einfach nicht mehr ins Buch passte – etwa Manpages zum Thema Vorratshaltung (`man storage`) und zur Bekämpfung vielbeiniger Mitbewohner in Lebensmitteln und Haushalt (`man householdpests`).

Konventionen in diesem Buch

Die meisten Rezepte in diesem Buch liegen als menschenlesbarer Plain Text vor, einige Rezepte haben wir jedoch im RK-Rezeptformat abgebildet, da uns reiner Datenbankcode für ein Geek-Kochbuch passend erschien. Weitere Informationen zu den verwendeten Formaten findet Ihr im Kapitel über Rezeptdatenbanken auf Seite 22.

Im Wesentlichen wird das metrische System verwendet, es gibt aber auch – der Vereinfachung halber – Rezepte, die mit Maßeinheiten wie »1 Kaffeebecher« agieren. Uns ist bewusst, das dies eine veränderliche Größe ist, aber das Kochen an sich unterliegt stets individuellen Schwankungen und Anpassungen. Eine Übersicht der gebräuchlichsten Maße, die einem in Kochbüchern oder (englischen) Blogs begegnen, sowie ihre wechselseitige Umrechnung findet Ihr auf der beiliegenden Referenzkarte.

Da für die Abbildung stark vereinfacht, sind die UML-Diagramme im Teil »Modulare Rezepte« ab Seite 100 kein hundertprozentig korrektes UML 2.0 – wir bitten alle UML-Geeks um Nachsicht ...

In diesem Buch werden folgende typografische Konventionen verwendet:

Kursiv
: Wird für Namen, Fachbegriffe, und gelegentliche Hervorhebungen verwendet, außerdem für URLs.

`Nichtproportionalschrift`
: Wird für die codeähnlichen Rezepte verwendet.

Die Kochmütze kennzeichnet einen Tipp oder einen generellen Hinweis mit nützlichen Zusatzinformationen zum Thema

Das Nudelholz kennzeichnet eine Warnung oder ein Thema, bei dem man mit Vorsicht vorgehen sollte.

In Kästen mit einem Mikroskop wird ein Thema genauer unter die Lupe genommen.

The Geek Cooks-FAQ oder KEINE PANIK!

Auch das beste Handbuch für Geek-Köche wird eins nicht ändern können: dass Ihr Geeks seid. Und ja, es gibt das Küchenpendant zum *Blue Screen of Death*, das bei Geeks besonders häufig auftritt, auch bei uns. Daher zuallererst: KEINE PANIK! Alles, was schief gehen kann, wird wahrscheinlich schief gehen! Auch Petra wird in Zukunft wieder über die auf dem Herd zerflossene Plastikschublade aus dem Kühlschrank fluchen, und Mela wird sicher nochmal mit der Pfanne voll rauchendem Fett zum Fenster hechten. Wir werden beide auch weiterhin nur zehn Finger, aber zwanzig Pflaster haben, doch wir lassen uns davon nicht entmutigen – und Ihr solltet das auch nicht!

Ihr solltet versuchen, eine alternative Route um die häufigsten Probleme zu legen, die da wären:

Chaos beim Ablauf
: Besonders dann, wenn man mehr als ein Gericht zubereiten möchte, beispielsweise Vorspeise und Hauptgericht. Hier hilft es, sich vorher aufzuschreiben. wann was

gemacht werden muss und wie man die Aufgaben am besten schachteln kann. Dazu muss es nicht gleich ein UML-Diagramm wie bei den Modularen Rezepten auf Seite 100 sein, meist hilft ein einfacher Zettel am Kühlschrank.

Dyspraxie
Bei vielen Geeks ist die Zeit, in der die rechte Hand nicht weiß, was die linke tut und alle Glieder lang und unkoordiniert scheinen, nur eine vorübergehende Phase der Pubertät. Bei manchen – wie auch bei uns – endet diese Phase allerdings nie. Schnittverletzungen, Verbrennungen, Verbrühungen, geklemmte Finger oder blaue Flecken, weil man sich mal wieder das Schneidbrett auf die Füße fallen lassen hat, sind die Folgen. Man muss nicht in einem Vollkörper-Schutzanzug in die Küche gehen, aber es wirkt manchmal schon Wunder, nicht barfuß zu kochen, lange Hosen zu tragen und Topflappen zu benutzen. Dass in einem Geekhaushalt ein vollständiger Erste-Hilfe-Kasten und immer genug Pflaster vorrätig sein sollten, erklärt sich von selbst.

Gefühl für die richtige Dosis oder die richtigen Zutaten
Keiner kam als Koch-Gott auf die Welt, vermutlich nicht einmal Jamie Oliver. Deshalb heißt es per Trial and Error herauszufinden, was passt, oder sich erst mal von Rezepten leiten zu lassen, bis man dieses spezielle Gefühl für das Würzen und den richtigen Garzustand erworben hat. Mit einer atemlosen einwöchigen Lern- und Programmiersession könnt Ihr zwar zum Ruby-Guru werden, aber Ihr werdet Euch keine Woche am Stück in die Küche stellen. Gebt Euch ein bisschen Zeit. Ebenso sicher, wie irgendwann das Gefühl kommt, genau zu wissen, wo der Fehler im Programm liegt, kommt das Gefühl, genau zu wissen, dass eine zusätzliche Prise Majoran das Rezept perfekt abrundet oder die Muffins noch fünf Minuten länger im Ofen bleiben dürfen.

Zeitmangel
Bei nahezu allen Geeks der wichtigste Faktor, der sie von alltäglicher Küchenzauberei abhält. Geeks sind nun mal keine Hausfrauen oder Hausmänner, sondern stecken bis über beide Ohren in einem stressigen Job, dessen Thema sie auch noch über den Feierabend hinaus interessiert. Hier hilft es, sich ein- oder zweimal im Monat einen Tag freizuhalten und dann – am besten mit Freunden – auf Vorrat zu kochen, was das Zeug hält. Dann wird Pizza, Erbsensuppe, Rouladen, Gulasch und Kuchen eingefroren oder -geweckt und können in der kommenden Zeit sukzessive und ohne großen Aufwand verzehrt werden. Rezepte für die Vorratsküche findet Ihr ab Seite 78.

Zerstreutheit
Es gibt beim Kochen immer mal wieder Leerlaufphasen, in denen man aufs kochende Wasser wartet, darauf, dass der Teig gegangen ist oder die Pellkartoffeln auf eine erträgliche Temperatur abgekühlt sind. Dann ist die Versuchung ist groß, *mal eben* ein paar Worte mit den Freunden auf dem IRC-Channel zu wechseln, ein paar Blogeinträge zu schreiben oder mal gerade die Idee für das seit Tagen bohrende Problem umzusetzen. Abhilfe schaffen hier eine (gestellte!) Eieruhr, eine Uhr im Herd, die in der Lage ist, Herd und/oder Backofen abzuschalten, oder der kleine Tea-Timer im KDE-Kicker.

Danksagung

Wir danken unseren Lebenspartnern für treue und ehrliche Testesserschaft auch bei misslungenen Experimenten sowie für ihre Geduld mit unseren Krankheitsschüben ähnelnden Kochanfällen, die unser Zusammenleben bisweilen etwas verkomplizierten. Danke an Valerie Hoh für ihre Thanksgiving-Parties, Petra Holzapfel für ihr inspirierendes Food- und Brot-Blog »Chili & Ciabatta«, die Kaffeerösterei Jens Burg in Hamburg für eine stetige Versorgung mit hochwertigem schwarzem Gold, Kris Köhntopp für Chili-Know-how und das Chili, das es zu unserem Leidwesen doch nicht mehr ins Buch geschafft hat[1], Ute Kronenberg für Anregungen, Kritik, Cheerleading und engagiertes Werbetrommel-Rühren, Torsten Olt für einen anregenden Gastbeitrag zum Thema Kaffee, Jutta Bossert – aka Kleines Grünes – für ihre spontane Bereitschaft, wieder einmal für uns zu zeichnen, und ihre tollen Toons, Kathrin Passig für die Versicherung, dass die Welt genau dieses Buch braucht, die Autoren des Comic-Kochbuchs Evi & Hans-Jörg Langenfass für den frühen Anreiz zum Kochen, das Entwicklerteam von MoinMoin für das Wiki, das uns nun schon beim zweiten Buch von Nutzen war, das Entwicklerteam von Serendipity, der besten Blogsoftware der Welt, für seine Arbeit, die unsere diversen (Food-)Blogs erst möglich macht, und last but not least Christine Haite von O'Reilly für ihren konstruktiven, lässig-souveränen Umgang mit zwei socially handicapped Geeks.

1 Mehr zu Kris' Referenzchili und interessantes Wissen über Chilisorten finden sich in seinem Blog: *http://blog.koehntopp.de/*.

KAPITEL 1

Getting Started

Beim Einrichten des Programms *Kochen* auf dem Betriebssystem *Geek* gibt es einige typische Fragen: Welche Hardware ist notwendig? Welche Software muss vorinstalliert sein? Wie konfiguriert man die Prozesse, um fehlerfreie Abläufe zu erhalten? Was tun bei auftretenden Fehlern? Antworten auf die häufigsten Fragen der Newbies liefern die folgenden Rezepte.

1.1 Geeks können kochen

Problem

Ich trau mich da einfach nicht ran!

Lösung

Kochen ist nicht komplizierter als Programmieren, Systemadministration oder Datenbankdesign.

Diskussion

Im Gegenteil! Kochen und Programmieren bzw. Kochen und Systemadministration haben viel miteinander gemein:

- Es gibt immer mehr als eine Lösung, um zum Ziel zu kommen.
- Manchmal muss man allerdings darauf achten, sich nicht zu vertippen. Was auf der Shell ein `rm -rf / home/foobar` bewirken würde, bewirkt ein Ausrutschen des Salzbehälters für ein Gericht – den Todesstoß.
- Programmieren, Systemadministration und Kochen sind sehr kreative Tätigkeiten.

Ein Rezept könnte man mit einem HowTo vergleichen: Es weist mir einen Weg, mit dem ich wahrscheinlich erfolgreich ans Ziel komme, aber ich kann davon abweichen und es meinen Bedürfnissen anpassen.

1.2 »Isch 'abe gar keine Küche, Signorina!«

Problem

Ihr habt gar keine Küche. Oder Ihr denkt, Ihr habt keine. Und kochen könnt Ihr schon mal gar nicht. Alles kein Problem! Hier werden Sie geholfen! Wir werden Euch zeigen, wie man mit und ohne Küche Leckeres zubereiten kann, und dass auch in einer Miniküche noch Platz ist, um tolle Sachen zu zaubern.

Aber was für Küchen gibt es überhaupt?

Was genau eine Küche ausmacht, darüber gibt es beinahe so viele Meinungen wie über den richtigen (tm) Texteditor. Um die Orientierung etwas zu erleichtern, müssen wir also zu Beginn ein paar Küchenvariablen definieren, damit wir von ähnlichen Ausstattungsmerkmalen ausgehen, wenn wir von Küchen reden.

Lösung

Wir unterteilen die Küchenarten in diesem Buch in drei Hauptkategorien:

1. keine Küche
2. Mini-Küche mit oder ohne Backofen
3. vollständige Küche

Uns ist bewusst, dass diese Liste keineswegs vollständig und außerdem stark vereinfacht ist. Natürlich kann eine vollständige Küche sowohl ein 2qm-Raum sein, in dem man sich beim Rühren in der Pfanne den Ellenbogen am Kühlschrank anstößt, als auch der Eckenfels'sche Tanzsaal. Allerdings ergibt eine feinere Aufteilung im Rahmen dieses Buchs keinen Sinn. Küchenspezialfälle – auf die wir nicht näher eingehen – sind Gemeinschaftsküchen mit regelmäßigem Nahrungsmittelschwund bei unabgeschlossenen Schränken, oder mit abgeschlossenen Schränken, bei deren Sicherungssystem sogar das Sicherheitsteam von Fort Knox noch etwas lernen könnte.

Diskussion

Keine Küche

Ihr lebt zur Untermiete oder in einem 1-Zimmer-Kabuff. Was eigentlich die Kochnische hätte sein sollen, sofern es je eine gab, musste leider als Arbeitstisch herhalten. Aber Ihr habt Zugang zu fließend Wasser und Strom.

Mini-Küche mit oder ohne Backofen

Ihr habt eine Kochnische, eine Teeküche oder einen Küchenschrank, außerdem fließend Wasser und Strom. Entsprechend seid Ihr ausgerüstet mit ein oder zwei Herdplatten und möglicherweise sogar mit einem Mini-Backofen oder Grill. Ein Kühlschrank ist vorhanden, wenn auch nur in der Kleinstausführung als so genannter Kühlwürfel. Ein Kühlfach ist selten vorhanden, und wenn doch, dann evtl. nicht nutzbar.

Sonderfall Schrankküche

Für den Bedarf an Kochfläche in einem einzigen Raum bieten ein großes schwedisches Möbelhaus, aber auch andere Anbieter die *Küche im Schrank* an: In einem doppeltürigen Schrank, nicht größer als ein durchschnittlicher Kleiderschrank, findet sich eine sinnvolle Aufteilung von Kühlschrank mit Gefrierfach, kleinem Spülbecken, zwei Kochplatten und einigen Regalfächern zum Verstauen von Küchenutensilien und Vorräten. Diese Schrankküche kann überall eingebaut werden, wo Wasser-, Strom- und Abwasseranschlüsse vorhanden sind.

Als Geek, der in der IT oder in anderen Bereichen in wechselnden Projekten arbeitet, wächst man über diese Küchenform nie wirklich hinaus. Denn selbst wenn zu Hause die gut eingerichtete Küche auf einen wartet, haust man als Wochenpendler allzu häufig in 1-Zimmer-Apartments oder Studios, zu deren Einrichtung nicht selten eine solche Schrankküche zählt. Da man während der Projekte meistens direkt von der Arbeit mit kurzem Umweg über den Fernseher ins Bett kippt, ist die Mini-Küche auch im Allgemeinen vollkommen ausreichend, aber dennoch sind kleine Fußangeln zu beachten. Aus Platzgründen befindet sich der Kühlschrank nämlich nicht unter der Spüle, sondern unter den Herdplatten. Herdplatten und Tiefkühlfach sind nur durch einen winzigen Zwischenraum getrennt und die Wärmeleitung von einem zum anderen arbeitet recht gut. Man kann davon ausgehen, dass die im Tiefkühlfach befindlichen Vorräte bei jedem Kochen einer Mahlzeit zumindest antauen. Daher eignet sich dieses Fach nicht zum Aufbewahren von Vorräten für mehr als ein, zwei Tage. Besser, man nutzt es lediglich, um das Eis zum Nachtisch vor dem vollkommenen Zerfließen zu bewahren.

Die vollständige Küche

Die vollständige Küche hat einen Herd (mit Drehstrom-Anschluss) und einen Backofen. Sie hat eine Spüle und manchmal auch eine Spülmaschine. Der Kühlschrank hat ein Gefrierfach, besser ein Gefrierteil, ist auf jeden Fall vom Herd getrennt. Oder es ist sogar eine einzelne Gefriertruhe oder ein Gefrierschrank vorhanden. Es gibt mindestens eine vernünftige Arbeitsfläche sowie ein Regal oder einen Schrank für Vorräte und Küchenutensilien.

Diese Küche kann klein sein oder groß, man kann sie alleine benutzen oder sie sich mit jemand anderem teilen. Dennoch lässt sie einem weit mehr Handlungsspielraum als eine Mini-Küche.

1.3 Welche Küchenutensilien brauche ich (nicht)?

Problem

Ich ziehe zum ersten Mal aus dem heimischen Haushalt oder meiner WG aus, die mit einer überaus gut eingerichteten Küche versorgt war, oder ich werde in Zukunft Wochenpendler sein, und zu Hause herrscht mein Lebensgefährte über die Küche – so oder so muss ich nun losziehen und alles kaufen, was ich in Zukunft brauchen werde. Aber was brauche ich denn eigentlich?

Meine Mutter behauptet, ich könne ohne Kaffeeservice nicht leben, meine Freundin behauptet, ein Entsafter sei ein Muss. Doch Geld und Platz sind knapp. Was tun?

Lösung

Welche Kücheneinrichtung und -hilfsmittel Du wirklich brauchst, hängt von zwei Faktoren ab: einmal, in welche Gruppe Deine zukünftige Küche fällt (keine Küche, Mini-Küche oder richtige Küche) und dann noch davon, in welchem Kochstadium Du Dich gerade befindest oder in absehbarer Zeit befinden wirst (Larval Stage, Mamas Liebling oder der kulinarische Geek, dazu kommt noch der Sonderfall Linkshänder).

Diskussion

Sehen wir uns verschiedene Lebenslagen an:

Larval Stage

Bei Geeks im Larval Stage muss die Kücheneinrichtung das absolute Mindestmaß nicht überschreiten. Unsere Tipps wären:

- 1 *vernünftiger* Wasserkocher. Für 30 bis 40 Euro bekommt man einen guten und robusten Wasserkocher. Achtet darauf, dass er sich selbst abschaltet, wenn Ihr ihn von der Basisstation nehmt, alles andere ist gefährlicher Schrott.
- 1 Frühstücksbrettchen, das auch als Schneidebrett dienen kann
- 1 Schale oder große Milchkaffeetasse
- 1 scharfes Messer
- 1 Teller
- 1 Kaffeebecher
- 1 Satz Besteck (Gabel, Messer, Esslöffel, Teelöffel)
- für den Typ Geek, der den kleinen Löffel immer wieder mit dem Joghurtbecher zusammen wegwirft: 100er Pack kleine Plastiklöffel
- Plastik-Vorratsdosen oder Einmach-Bügelgläser

- 1 Dosenöffner
- 1 Thermotrinkflasche oder Thermobecher für Frühstücksdrinks
- 1 Packung dicker Strohhalme für Frühstücksdrinks
- 1 Rolle Gefrierbeutel
- 1 Marker zum Beschriften
- Papierküchentücher von der Rolle – zum Aufwischen von Katastrophen und als Spülschwammersatz
- Mixer (optional)
- Mini-Grill (optional)
- Mikrowelle (optional)
- Toaster (optional)

Der Sonderfall des Rückfalls in das Larval Stage

Das erste Larval-Stage – Euer Studium, Zeiten in denen Ihr von der Hand oder der Frittenausgabe in den Mund gelebt habt – ist eigentlich lange vorbei. Aber Ihr wechselt gerade den Job, und die Einarbeitung ist anspruchsvoll, Ihr wollt oder müsst eine neue Programmiersprache lernen oder Ihr habt den Resturlaub der letzten fünf Jahre und den Jahresurlaub auf einmal genommen und setzt Euch endlich an das Wunschprojekt, das Euch schon seit Ewigkeiten vorschwebt, für das Ihr aber nie Zeit gefunden habt. Vielleicht passt Ihr sonst haargenau auf das Stereotyp des kulinarischen Geeks, aber es hat Euch eben erwischt. Widerstand ist zwecklos, Ihr taucht vollständig ab in den Hyperfokus.

Falls Ihr in der glücklichen Situation seid, eine solche Phase vorausahnen zu können, heißt Punkt 1: Kühlschrank leeren. Werft den Inhalt in einen letzten großen Eintopf – den Ihr nicht ganz essen müsst, sondern portionsweise einfrieren könnt –, oder schenkt ihn den Nachbarn. Und dann stellt den Kühlschrank aus. Steigt für die Dauer der Phase auf Dosenwurst oder -fisch um, aber erwerbt diese nur in einer Dosengröße, die Ihr bei einem Essen direkt aufesst. Kauft Dosen- oder Knäckebrot, Hauptsache, es schimmelt nicht so schnell.

Wenn die Phase endet – und das wird sie –, werdet Ihr Eure normalen Essgewohnheiten wieder aufnehmen, aber bis dahin verhindert die Stilllegung des Kühlschranks die Evolution intelligenten Lebens in der Küche oder die Entstehung eines neuen Gottes (siehe: Douglas Adams, *Der lange, dunkle Fünfuhrtee der Seele*).

Punkt 2 heißt: Kauft Bügelgläser für vorgemischtes Essen.

Werdet Ihr von einer Larval Stage-Phase überfallen, sendet einen Notruf an befreundete Geeks, die sich Eures Kühlschranks oder anderer verderblicher Vorräte annehmen und den Tiefkühler sowie andere Schränke mit Notrationen füllen. Solidarität ist alles, Ihr werdet auch zur Stelle sein, wenn die anderen versacken sollten.

Mamas Liebling

Prinzipiell braucht Ihr schon mal alles, was auch der Geek im Larval Stage benötigt. Unverzichtbar ist außerdem:

- 1 Kochplatte, für den Fall, dass Eure Studentenbude oder Eure Projektbehausung nicht mal über eine Schrankküche verfügt. Kochplatten mit Stromanschluss für einen oder zwei Töpfe sind schon unter 50 € zu haben. Ebenfalls unter 50 € kosten inzwischen einzelne Induktionskochplatten. Kauft Ihr Euch eine solche, müsst Ihr zwar darauf achten, nur Töpfe zu kaufen, die auch für Induktionsplatten geeignet sind, aber dafür schmilzt Euch nicht die Plastikschüssel weg, die Ihr geistesabwesend auf die noch angeschaltete Platte gestellt habt. Für ungeeignet halten wir dagegen zweiflammige Gaskocher mit Flasche, die normalerweise im Campingbedarf zu erhalten sind. Die Gasflasche benötigt zusätzlichen Platz, muss regelmäßig ausgetauscht werden – und im durchschnittlichen Geek-Haushalt birgt so ein nicht festmontierter Gaskocher doch eine erhebliche Unfallgefahr.
- 1 große beschichtete Pfanne mit *hohen* Rändern und gewölbtem Deckel, Durchmesser 26 cm oder 28 cm. Sie ist eigentlich das wichtigste Kochgerät überhaupt und dient auch als Notbackofen. Spart nicht beim Pfannenkauf! Lieber eine einzige große Pfanne, die man auch als Topf missbrauchen kann, als ein Set billiger, bald verdellter Töpfe, von denen die Beschichtung abblättert und im Essen landet.
- 1 Stielkasserolle, am besten von mittlerer Größe. Sollte das Budget mit einer ordentlichen Pfanne nicht erschöpft sein, steht die Stielkasserolle an zweiter Stelle auf dem Einkaufszettel. Sie wird benötigt, um Pastasaucen, Pudding oder Eier zu kochen, oder eine Dosensuppe und Ravioli warm zu machen.
- 1 großer Topf zum Pasta- oder Suppekochen, ebenfalls mit Deckel. Darin könnt Ihr auch eine größere Menge Eintopf zum Einfrieren vorkochen.
- 1 Sieb, am besten aus Metall, denn zumindest Mela ist schon mehr als ein Plastiksieb auf dem Herd geschmolzen.
- 1 Suppenkelle
- 1 Pfannenwender aus Kunststoff
- 1 Schneebesen
- 1 Kochlöffel aus Kunststoff oder Silikon. Wird der Abwasch vergessen, setzt sich kein Schimmel ins Holz.

Die bereits erwähnte Müsli- oder Essschale solltet Ihr, wie überhaupt die ganze, folgend aufgelistete Ausrüstung, mindestens zwei Mal haben, falls Euch jemand besuchen kommt oder auf dem »Ersteller« die Käsekruste der vier Tage alten »Tortellini Gorgonzola« klebt. Einige der Gegenstände auf der folgenden Liste solltet Ihr sogar drei Mal besitzen – für den Fall, dass Euch direkt vor dem lauschigen *Dinner für zwei* eins davon kaputtgeht.

- 3 große, schlichte, tiefe weiße Teller, etwa Pastateller. Selbst die einfachste Fertigsuppe und das schlichteste Pastagericht sehen darauf gleich professionell und lecker aus.
- Besteck (Messer, Esslöffel, Gabel, Teelöffel), im Idealfall mindestens jeweils 3 zusammenpassende Exemplare. Im Zweifel kauft Euch ein einfaches billiges 6-Personen-Besteck im Möbelhaus. Vorsicht, falls die Familie Euch beschenken möchte – Ihr könntet mit einem Besteckkasten mit unglaublich vielen nutzlosen Gegenständen und gruseligem Design bedacht werden.
- 2 Teller für den Alltag. Ideal sind hier als Material Hartglas (wie Arcoroc oder Luminarc) oder Melamin (ein beinahe unkaputtbarer Kunststoff, aus dem auch Ess- und Suppenschalen in Asialäden zu finden sind). Die meist billigen bunten Teller aus glasiertem Steingut dagegen zerbrechen leicht und haben schnell abgeschlagene Ecken. Viele Mütter haben irgendwo auch noch ein paar Porzellanteller auf Reserve, die sie Euch mitgeben können, falls Euch vom Dekor nicht schlecht wird.
- 3 große, langstielige, schöne Weingläser für besondere Anlässe oder den gepflegten Bordeaux zum Projektabschluss
- 3 stabile Bechergläser für alle Arten von Getränken
- 1 Korkenzieher, im Idealfall mit integriertem Flaschenöffner
- 1 große Plastikschüssel
- 1 großes, scharfes Kochmesser, rostfrei (Gemüsemesser)
- 1 großes Kunststoff-Schneidebrett. Kunststoff ist für die Geek-Küche geeigneter als Holz, da es in den Geschirrspüler kann und es nicht so einfach ist, darauf Schimmel- und Salmonellenkulturen zu züchten.
- 1 Reibe, rostfrei
- 1 Päckchen Pflaster, fertige Streifen, griffbereit in Reichweite!
- 1 Auflaufform, rechteckig
- 1 Stabmixer, das Mixerende aus Metall
- 1 großer Bräter, am besten so groß, dass er gerade in Euren Ofen (und auf Euren Herd) passt (optional)
- 2 langstielige Sekt- oder Champagnergläser (optional)
- 1 Messbecher, am besten aus Hartglas mit cup-Einteilung (Pyrex, optional)
- 1 Brotmesser mit Wellenschliff (optional)
- 1 Muffin-Backform (optional)
- 1 Kastenform, evtl. auch aus Silikon (optional)
- 1 Backpinsel aus Silikon (optional)
- 1 Teigschaber mit Stiel, aus Silikon (optional)
- 1 Rollholz / Nudelholz (optional)

- 1 Salatbesteck (optional)
- 1 Waffeleisen mit Sandwichgrill (optional)
- 1 elektrischer Handrührer, idealerweise mit einem Stabmixeraufsatz (optional)

Bei IKEA gibt es so genannte *Startersets*, eine Startbox mit einfachem Geschirr, Gläsern und Besteck für 6 Personen. Auch wenn das für den Kleinhaushalt fast etwas überdimensioniert ist, ist doch alles Wesentliche drin, und man kann die Teile einzeln nachkaufen. Ebenso gibt es eine Startbox mit Töpfen, einer Pfanne und anderen nützlichen Küchenutensilien. Wenn es schnell gehen muss, ist das eine bequeme und bezahlbare Lösung für eine Erstausstattung, die Ihr natürlich noch um ein paar Details ergänzen könnt.

Der kulinarische Geek

Der kulinarische Geek hat eigentlich alles in seiner Küche was er braucht. Zu den nützlichen Utensilien, die einen kulinarischen Geek noch erfreuen könnten, gehören

- 1 Satz Microplane-Reiben
- 1 Sushi-Rollmatte
- 1 Bento-Box
- 1 (digitale) Küchenwaage
- 1 Küchen- und/oder Zuckerthermometer, analog oder digital
- 1 gute Espressomaschine
- 1 Eismaschine
- 1 großer, schwerer Mörser
- 1 wassergekühlte Keramik-Butterschale
- eine 100er Packung Latex-Handschuhe für das Hantieren mit wirklich scharfen Chilis.

Linkshänder-Geeks

Es klingt banal, aber als Linkshänder ist man in der Küche im Nachteil. Fast alle Küchengeräte werden für Rechtshänder gefertigt. Was bei einem Schneebesen oder Esslöffel mit dem Wechsel der Arbeitshand erledigt ist, kann sich bei der Benutzung eines Korkenziehers, Dosenöffners oder auch eines einfachen Milchtopfs mit Ausgussvertiefung auf der falschen Seite schnell zu einem Ärgernis oder einer mittleren Küchenkatastrophe entwickeln. Selbst Pfannwender sind meist leicht gebogen und für Rechtshänder optimiert.

Zum Glück gibt es Küchengeräte, die auch Linkshänder gut verwenden können: ergonomisch gebogene Pfannenwender, auf der passenden Seite geschliffene Messer, Korkenzieher mit dem richtigen Dreh und natürlich Dosenöffner, die rechts herum drehen. Eine große Auswahl gibt es z.B. auf *www.linskhaender.de*.

Die Sache mit der Spülmaschine

Sind die drei Punkte genug Geld, genug Platz und ein erreichbarer Wasseranschluss gegeben, sollte die Frage »Brauche ich eine Spülmaschine für meine drei Teller?« immer mit Ja beantwortet werden. Es mag nur eine Viertelstunde kosten, das bisschen Geschirr abzuwaschen, aber wenn die Entscheidung zwischen »eine Viertelstunde Geschirr abwaschen« und »eine Viertelstunde an meinem neuen Programm weiter schreiben« zu treffen ist, fällt sie in einem typischen Geek-Haushalt oft gegen die Hausarbeit. Dann kann man zwar nach ein paar Tagen nette Fotos von Flauschi ins Netz stellen, aber besser ist es, einfach das Geschirr in die Maschine zu räumen, das Knöpfchen zu drücken und sich beim nächsten Essen direkt am frischen Geschirr zu bedienen. Viele Teller haben so seit Jahren den Schrank nicht mehr von innen gesehen.

Wohnt Ihr alleine, solltet Ihr unbedingt darauf achten, eine so genannte Single-Spülmaschine zu kaufen. Eine Maschine normaler Größe fasst vermutlich Euer gesamtes Geschirr, aber es dauert über eine Woche, bis Ihr sie voll bekommt und es sich lohnt, die Maschine anzuwerfen, ohne dass dies eine gigantische Wasserverschwendung darstellt. Dann wird die Spülmaschine leider zum geheimen Kommandozentrum aller schlechten Gerüche.

Lebt Ihr zu zweit, solltet Ihr über eine große Maschine nachdenken. In Melas Haushalt wurde beim Umzug von einer Winz-Küche auf eine Wohnung mit geräumiger Wohnküche ein kapitaler Denkfehler begangen: »Wir kochen ja ch nicht oft«, war sich das Geek-Ehepaar einig. Für die Einsätze des Sandwichtoasters und die paar Teller würde die winzige Single-Maschine, die seit Jahren im Keller stand, weil in der alten Küche einfach nicht genug Platz war, schon reichen. Dass in einer richtigen Küche nicht nur der Spaß am Kochen wiederkehren könnte, sondern auch die Anzahl der Stühle kaum der Anzahl der regelmäßigen Gäste gerecht werden würde, hätten sich beide nicht träumen lassen.

In eine große Küche gehört, selbst bei nur zwei Personen, eine große Maschine. Und in einer WG-Küche solltet Ihr fest vereinbaren, wer wann dafür zuständig ist, die Maschine aus- und einzuräumen und anzuschalten, ansonsten dient sie lediglich der Züchtung neuer Lebensformen.

Unsinnige Küchengeräte

»Meine Mutter behauptet aber, ich könne ohne Kaffeeservice nicht leben und meine Freundin will mich immer noch zu einem Entsafter überreden ...«

Wir leben seit Jahren glücklich ohne vollständiges Kaffeeservice, aber das ist natürlich eine Sache des Geschmacks und des persönlichen Lebensstils. Noch hat sich jedenfalls kein Gast darüber beschwert, mit Linuxday-, vi- oder O'Reilly-Tassen versorgt worden zu sein. Auch andere Geldfresser sind tendenziell eher überflüssig:

- Elektrogeräte, die nur für einen einzigen Einsatzzweck zu gebrauchen sind, wie *Eierkocher*, *Nudelmaschinen* oder *Brotbackautomaten*. (Eine Ausnahme machen wir hier bei *Reiskochern* für asiaphile Geeks.)

- *Getreidemühlen* und *Frühstücksflockenquetschen* sind weder für Single-Geeks geeignet noch für solche, die paarweise auftreten, sondern erst ab einer Familie/WG von 4-5 Personen, in der häufig biodynamisch-vollwertig gebacken und gekocht wird.
- *Gewürzsets mit »formschönen« Haltern*: Meistens bekommt Ihr ein solches Set von Mutti oder Omi geschenkt und dann müsst Ihr wohl in den sauren Apfel beißen. Selbst kaufen solltet Ihr ein solches Set aber nicht. Schließlich kauft Ihr ja auch keinen Rechner, der sowohl Desktop als auch Server spielen könnte, als Desktop aber zu laut und als Server zu langsam ist. Gewürzsets stellen den Durchschnitt der üblicherweise in deutschen Küchen verwendeten Gewürzen dar und mindestens ein Drittel der Gewürze fasst Ihr im Leben nicht an. Sie hängen mitsamt dem Rest des Sets an der Wand, verlieren über die Jahre ihre Farbe und auf den Deckeln lagert sich eine eklige Schicht aus Fett und Staub ab. Ergo kauft nur die Gewürze, die Ihr auch wirklich braucht, und kein einziges mehr.
- *Dampfdrucktöpfe* sind für den kulinarischen Geek ab dem Zeitpunkt eine Überlegung wert, ab dem er einmal pro Monat einen solchen wirklich in seiner Küche vermisst.
- *Küchenmaschinen* sind selbst für den kulinarischen Geek zunächst überflüssig und stellen meist nur weiteres Gerät dar, das Platz blockiert und auch noch unhandlich zu reinigen ist. Wird wirklich viel und häufig selbst gekocht und gebacken, könnt Ihr Euch die Anschaffung überlegen. Und dann solltet Ihr nicht zu einer billigen Null-Acht-Fünfzehn-Küchenmaschine greifen, sondern in ein robustes, langlebiges Gerät mit Erweiterungsmöglichkeiten investieren.
- *Fleischwolf*. Plant Ihr wirklich, selbst Wurst herzustellen oder schlachtet Ihr selbst, damit Ihr das Hack nicht beim Metzger besorgen müsst? Plant Ihr andere wirklich aufwändige Küchenarbeiten? Nein? Gut, dann ist der Fleischwolf überflüssig.
- *Spezialgrille* zum fettarmen Grillen von Fleisch sind sowohl rausgeschmissenes Geld als auch Staubfänger.
- *Pizzaöfen* sind selbst für den geektypisch erhöhten Bedarf an Pizza überdimensioniert. Perfektionisten besorgen sich einen Pizza- oder Brotbackstein für den Ofen.
- *Popcornmaschinen* taugen nur als überteuerter Dekogegenstand. Popcornmais in einen Topf geben, Deckel drauf, heiß machen, nach Geschmack Zucker oder Salz dazu, und fertig! Das schaffen alle Arten von Geeks – außer jenen, die auch Wasser anbrennen lassen. Die bekommen auch den Popcornmaker kaputt.
- *Fritteusen* sind diese Dinger, die nach ranzigem Fett riechen und in der Ecke über Monate hinweg einstauben. Kleine Mengen Kartoffelstäbchen oder Frühlingsrollen kann man auch in einem entsprechenden Topf oder einer Pfanne unproblematisch frittieren. Es gibt allerdings auch Geeks, die auf ihre Fritteuse schwören und sie häufig und gerne einsetzen. Wir behaupten aber, dass sie weit in der Unterzahl sind.
- *Stapelbare Topfsets* mit Dämpfeinsätzen und Haste-nicht-gesehen-Funktion, die gerne von Omi im Teleshoppingkanal bewundert werden. Hat schon jemand so ein Monstrum im Feldeinsatz gesehen? Eben, wir auch nicht.

- *Entsafter* sind überflüssig, es sei denn, Ihr wollt Euren Lebensstil radikal in Richtung Hardcore-Veganer ändern. Gute Entsafter sind Bestandteil bzw. Zubehör guter Küchenmaschinen. Wenn Ihr meint, dass Ihr ihn wirklich braucht, investiert in etwas Vernünftiges!
- Teure *Gedecke*, *Kaffeeservice*, gute *Besteckkästen*: Wenn Ihr immer wieder Horden von Gästen stilvoll bewirten wollt, dann investiert in eine solche Ausstattung. Wenn nicht, tun es die Teller aus dem Supermarkt oder vom Flohmarkt genauso gut. Sollte Euch natürlich Omi Ihr bestes (und hässlichstes) Geschirr vermacht haben, stellt es sorgsam in den hintersten Schrank und holt es zu genau einem Anlass raus: dem Besuch von Oma. Vergesst dabei nicht zu erwähnen, dass Ihr extra für sie das *gute Geschirr* aufgelegt habt ...

1.4 Intelligent einkaufen

Problem

Wenn ich einkaufen will, stehe ich im Supermarkt und habe keine Ahnung, was ich eigentlich brauche. Der Einkauf an sich ist der pure Stress. Wenn ich dann zu Hause bin, stelle ich fest, dass ich die Hälfte vergessen habe, und Bananen, Tomaten und Joghurt haben sich unter den anderen Einkäufen in eine klebrige Masse verwandelt.

Lösung

Planung! Genauer: ein Einkaufszettel. Man sollte niemals ohne Einkaufszettel einkaufen gehen. Und auch an der Kasse kann man sich ein bisschen organisieren.

Diskussion

Wozu ein Einkaufszettel? Auf einem Einkaufszettel notiert Ihr die Dinge, die Ihr aufgebraucht habt oder Sachen, die Ihr für ein Rezept benötigt. Damit verhindert Ihr, dass Euch Sonntagmorgen das Lieblingsmüsli ausgeht oder Eure selbst gemachte Pizza plötzlich ohne Käse auskommen muss, weil Ihr den vergessen habt.

Ein klassischer Einkaufszettel ist ein handgeschriebener Notizzettel, auf dem Ihr Euch vor dem Einkauf zu Hause oder im Büro notiert, was Ihr einkaufen wollt, im Idealfall sogar in der Reihenfolge der Läden, die Ihr dafür betreten müsst, oder, für besonders verpeilte Geeks, auch in der Anordnung der Lebensmittel in Eurem Standard-Supermarkt, nach Gängen sortiert.

Für die Gestaltung solcher Einkaufszettel gibt es – wie sollte es anders sein – jede Menge mehr oder weniger nützlicher Tools. So gibt es eine Handyshopper-Software, einen Grocery List Generator als Firefox-Plugin, das Python-Tool grocget (für *grocery getter*) oder ganze Software-Pakete für die Win-Welt oder auch den PDA. Wenn Ihr Spaß an so etwas habt, probiert es aus oder strickt Euch selbst ein Programmchen dazu.

Bei uns haben sich zwei Ansätze bewährt, die am Ende beide auf analoge Lösungen hinauslaufen, weil die Erstellung geeigneter Listen in den meisten Tools extrem unbequem gelöst ist.

Mela schreibt alles, was sie benötigt, auf einem Whiteboard auf (in diesem Fall dem Kühlschrank) und überträgt das, was dort steht, vor dem Einkauf handschriftlich auf einen Zettel. Der Vorteil liegt auf der Hand: Wenn Du den letzten Käse aus dem Kühlschrank nimmst oder das Nutella-Glas auf einem bedenklich niedrigen Pegelstand angekommen ist, einfach den Marker schnappen und gleich aufschreiben. So wird nichts vergessen.

Petra schaut kurz vor dem Einkauf, was sie benötigt, und hat eine fortlaufende Liste auf einem neben dem Monitor liegenden Notizblock, von dem zum Einkaufen das oberste Blatt abgerissen wird. Für besondere Fälle, etwa wenn es viele Angebote für ihre Lieblingsnahrung gibt, speichert sie die Items mit der Gültigkeitsdauer des Angebots in einer .txt-Datei ab und druckt sie bei Bedarf aus. Das ist ganz hilfreich z.B. beim Sichten der Metro-Werbung. Den Angebots-Flyer kann man dann entspannt wegschmeißen und die Info liegt sicher im *kueche*-Ordner auf der Festplatte.

Eine weitere Lösung ist eine Liste in einer Tabellenkalkulation nach Wahl, die man z.B. gut nach Produktgruppen ordnen kann. Einfach ausdrucken und markieren, was und wieviel man braucht, man muss nicht lange überlegen und man denkt vielleicht daran, Toilettenpapier zu kaufen, weil es schon auf der Liste steht ... Eine solche Liste will aber vor allem angelegt und gepflegt werden!

Zu den Vorteilen eines Einkaufszettels gehört auch, dass man im Voraus überlegen kann (und sollte), welche Produkte man wo kauft. Vielleicht gibt es in dem Supermarkt, in dem Ihr die meisten Alltagseinkäufe macht, nicht Eure Lieblingsmilch mit dem Drehverschluss, oder für das vegetarische Dinner fehlt Euch dringend die leckere Steinpilzbrühe, die man nur im Reformhaus kaufen kann. Der Discounter hat möglicherweise tolle Bratwürstchen, aber das Suppengemüse schmeckt nur, wenn es vom Markenhersteller kommt usw. Mit etwas Planung auch auf dem Einkaufszettel könnt Ihr solche Probleme von vornherein abfangen und Eure Einkaufstrecke für den nächsten Einkauf optimieren, statt dreimal loszulaufen.

Andere Dinge, die man beim Einkauf möglichst immer dabei haben sollte:

- eine Klappkiste (für Autofahrer)
- ein geflochtener Korb (optional, gibt's auch speziell als »Autofahrerkörbe« in einer Form, die hinter den Sitz passt)
- ein Fahrradkorb zum Abnehmen (für Radfahrer)
- ein Rucksack oder eine große Einkaufstasche (für Radfahrer und Fußgänger)
- ein Isolier-Beutel für Tiefgekühltes

Was wo wann kaufen?

Dinge des täglichen Bedarfs bekommt man am besten im Supermarkt um die Ecke oder beim Discounter. Aber weder Discounter noch Supermarkt sind in jedem Fall die günstigste Quelle. Zwar haben inzwischen sogar Aldi und Lidl Asia- oder Mediterrane Wochen, doch bekommt man exotischere Lebensmittel dort auch nur zu Apothekenpreisen, bei fraglicher Qualität und mit merkwürdigen Substituten.

In fast jeder Stadt gibt es kleine italienische, französische, spanische, mexikanische, polnische, japanische oder sonstige Läden, man muss sie nur finden. Hilfreich dabei sind Stadtwikis. Gibt es in Eurer Stadt noch keins, beginnt eins zu hosten. Ist Spezialitätenladen XYZ noch nicht vermerkt, tragt ihn ein. Die anderen Nutzer freuen sich. Gerade Läden, die für eine zahlenmäßig große ethnische Minderheit in Eurer Stadt gedacht sind, warten oft mit günstigen Preisen bei guter Qualität auf. Und das Personal dort hält Bulgur auch nicht für einen heiß angesagten Hip-Hop-Star.

Die wie Pilze aus dem Boden schießenden Bio-Ecken in den Supermärkten und Discountern bieten Bio-Produkte an, die man allenfalls als Bio-Light bezeichnen kann. Produzentenvereinigungen wie Bioland oder Demeter setzen da weit strengere Maßstäbe an. Bio-Light ist in vielen Fällen zwar konventionell produzierten Lebensmitteln vorzuziehen, am besten kauft man Bio-Produkte aber im Bioladen oder Bio Supermarkt, beim Bio-Lieferdienst oder bei Shopblogger Björn Harste aus Bremen.

Gemüse kauft man idealerweise auf dem Wochenmarkt. Wann und wo Märkte stattfinden, erfahrt Ihr aus dem Wochenblättchen oder dem Stadtwiki. Leider sind die Zeiten selten Geek-kompatibel ...

Sehr viele Geeks beschäftigen sich mit Themen rund um Open Source, was einen direkt zu weiteren Themen für eine bessere, gerechtere Gesellschaft führt. Diese Einstellung kann und sollte in alle Lebensbereiche getragen werden, so auch in den Einkauf. Zieht wann immer möglich kleinere Läden den Supermärkten und Discountern vor. Kauft beim letzten überlebenden Bäckermeister statt beim Teigling-Industriebäcker. Kauft Wurst und Fleisch beim Metzger und nicht im Supermarkt. Kauft Euer Gemüse in Läden, die es von Bauern der Umgebung beziehen statt aus Neuseeland. Kauft die Milch von Molkereien der Umgebung statt von Großmolkereien. Kauft fair gehandelte Bananen und Kaffee. Kauft Obst und Gemüse, das gerade Saison hat – es schmeckt besser, hat mehr Nährstoffe und wird weniger weit transportiert. Eine Übersicht, was wann Saison hat, findet Ihr unter *http://www.zuhause-erleben.de/article/articleview/765/1/115/* .

Routenplanung im Supermarkt

Wären Supermärkte identisch und nach einem logischen System sortiert, wäre das Einkaufen für unsereins nur halb so dramatisch. Leider orientieren sich die Grundrisse nur selten an den Bedürfnissen der Kunden, sondern zum einen an logistischen Notwendigkeiten und zum anderen einfach an einer ausgeklügelten Strategie, die den Käufer dazu verführen soll, mehr Geld im Laden zu lassen als eigentlich geplant.

Auch wenn bei Kühlgut die Kühlkette nur so kurz wie unbedingt nötig unterbrochen werden sollte, befinden sich Kühl- und Tiefkühlregale selten bis nie direkt vor der Kasse, weil dieser Platz für unnützen, aber schönen Krempel wie Zeitschriften, Hello-Kitty-Spitzer und »Nörgelware« freigehalten wird.

Sind die Tiefkühltruhen am hinteren Ende eines großen Supermarktes und man verzettelt sich auf dem Weg zur Kasse in der Haushaltswarenabteilung, ist der Kram bis zur Kasse schon angetaut. Ganz zu schweigen davon, dass dann noch der Weg nach Hause vor einem liegt.

Bei vielen Läden liegt auch der Gemüsebereich direkt hinter dem Eingang. Also landet die ganze druckempfindliche Ware im Wagen hinten unten. Und wenn hinter einem im Gang energisch gedrängelt wird, parkt auch schon mal die 12er-Kiste Milch auf den Tomaten oder dem Salat.

Habt Ihr den Laden Eures geringsten Misstrauens einmal erwählt, könnt Ihr zumindest versuchen, Euch anhand der vorhandenen Struktur eine Route zu suchen, die eben nicht der Route entspricht, die Euch der Ladendesigner aufs Auge drücken möchte. Das bedeutet etwas persönliche Disziplin, weil es mit mehr Lauferei verbunden ist – des öfteren mit viel mehr Lauferei.

Findet heraus, in welchen Passagen Ihr den Laden auch entgegen dem Kunden-Hauptstrom begehen könnt. Das ist je nach Anlage gar nicht so einfach (weil auch nicht unbedingt gewünscht, schließlich soll sich der Kunde durch die ausgeklügelte Taktik der Sales-Fachmänner führen lassen) und zu Stoßzeiten, wie samstags morgens, wenn der Kundenstrom zu einer Stampede anwächst, fast unmöglich.

Auch wenn wir Euch keine konkreten Routen durch die Märkte weisen können, hier ein paar Hilfen zum Ablauf:

1. Leergut wegbringen
2. stöbern (neue CDs durchsehen, die DVD-Krabbelkiste durchwühlen) oder Suche nach Spezialwünschen mit Nachfragebedarf bei den Verkäufern
3. Getränke und andere schwere Sachen
4. jegliche Trockennahrung (Reis, Nudeln, Fertiggerichte)
5. Obst und Gemüse
6. Milchprodukte und andere Kühlregalwaren
7. Frischfleisch, Frischfisch
8. Tiefkühlwaren

Hat man den Einkauf nun dank ausführlichem Einkaufszettel, den man nicht zu Hause auf dem Tisch hat liegen lassen, erfolgreich hinter sich gebracht und natürlich noch eine ganze Menge unnützes Zeug zusätzlich eingekauft, droht die nächste Hürde: die Kasse.

Vorne zieht die Kassiererin Euren Einkauf schneller über den Scanner als Ihr zusehen könnt, hinter Euch drängeln die Wartenden. Nachdem Ihr Eure Arme windmühlenartig kreisen lassen musstet, um alle Einkäufe schnell genug aufs Band zu bekommen, damit Euch die schlecht gelaunte Omi hinter Euch nicht mit dem Regenschirm verdrischt, verfallt Ihr in hektische Betriebsamkeit, um alles schnell genug in Tüten, Körbe und Kisten zu bekommen, bevor es aus dem immer viel zu kleinen Auffangbecken hinter der Kasse heraus quillt. Fast gleichzeitig macht es an der Kasse »BING« und Ihr jongliert parallel mit der EC-Karte, dem Kartenterminal und dem 10er Pack Eier, der gerade aus der Tüte kippt und auf dem Boden zerschellt. Hat man dann gezahlt und packt den Rest ein, kommt auch schon der Einkauf des Kunden nach Euch angesegelt und vermischt sich mit Euren Sachen. Beim Auspacken zu Hause stellt Ihr dann fest, dass die Nektarinen zu Brei zermatscht sind, weil dummerweise die Dose Ravioli darauf lag.

Zugegeben, die super schnelle und super unleidliche Kassiererin können wir nicht abschaffen und die drängelnden Kunden hinter Euch auch nicht. Aber mit etwas Planung könnt Ihr auch hier die schlimmsten Unfälle vermeiden.

Beim Ausräumen der Sachen aus dem Wagen achtet darauf, dass die schweren Sachen und Flaschen direkt als erstes aufs Band kommen. Dann landen sie auch direkt unten in der Tasche, ohne dass Ihr nochmal speziell daran denken müsst. (Denken fällt bei der Hektik sowieso flach.) Achtet außerdem darauf, dass die Flaschen längs zur Fahrtrichtung auf dem Band liegen. Dann gibt es beim Anrucken des Bandes kein Herumgerolle und auch keinen Glasbruch.

Versucht dann, alle Taschen gleichmäßig zu beladen. Schwere Sachen am besten in einem Korb transportieren. Geflochtene Körbe mögen muttihaft und uncool aussehen, aber sie haben gerade bei Flaschen, Gläsern mit Vorräten und Packungen mit harten Ecken eindeutige Vorteile: keine Löcher in den Tüten, keine Klappkisten mit Versagen der strukturellen Integrität, kein Glasbruch und keine auf dem Gehsteig zermatschten Eier.

Ganz Ausgeschlafene legen alle Kühlprodukte gemeinsam aufs Band und dann gemeinsam in eine Tasche. Nach dem Einkauf muss man sich erst mal nur dieser Tasche annehmen und kann dann in Ruhe Mails checken gehen, bevor man nach und nach den Rest wegräumt.

Siehe auch

- Rezept 1.9, »Etiketten lesen«
- Shopblogger-Shop (Biowaren, FairTrade-Angebote und Zotter Schokolade), *http://shop.shopblogger.de/*

Lebensmittel liefern lassen

Nicht nur Supermärkte bieten den Service an, Einkäufe nach Hause zu liefern oder sogar eine telefonische Bestellung bis zur Haustür zu bringen. Immer mehr Bauern liefern frisches Obst und Gemüse in einer ein- oder zweiwöchentlichen Bestellung bis nach Hause, und die meisten davon haben auch ein umfangreiches Angebot an Naturkost, das man mit bestellen kann. Das reicht von Vollkornbrot und Pasta über Käse, Joghurts, Müsli und Knabberkram bis zu Tee, Kaffee, Bio-Fleisch und sogar Wein und anderen Getränken, beispielsweise der Kiste Bionade. Oft ist, wenn man erst mal Kunde ist, eine Geek-kompatible Online-Bestellung und Zahlung per Bankeinzug möglich. Sowohl Mela als auch Petra nutzen ein solches Angebot häufig, zumal die Qualität hervorragend ist. Infos findet Ihr z.B. bei *gemuesekiste.de*, bei *naturkost.de*, *bioland.de* oder mit einer Suchmaschinensuche über Euren Wohnort und das Stichwort »Gemüsekiste«.

1.5 Einen Notfallvorrat anlegen

Problem

Ich komme von einem einwöchigen Rollenspiel zurück und natürlich ist der Kühlschrank leer bzw. teilweise schon lebendig. Jetzt muss ich doch den Pizzadienst rufen. Oder?

Lösung

Mit einer sinnvollen Basis-Library für eine Notverpflegung seid Ihr auch für Krisenfälle bestens gerüstet.

Diskussion

Die Zusammensetzung eines Notfallvorrats orientiert sich natürlich an dem Euch zur Verfügung stehenden Stauraum und Euren Lebensmittelvorlieben sowie der Kochphase, in der Ihr Euch gerade befindet.

Dennoch möchten wir Euch ein paar Vorschläge zu einer sinnvollen Bevorratung an die Hand geben.

Kleiner Grundvorrat für den Larval Geek

- fertig gemixte Astronautennahrung bzw. vorgemixtes Essen nach Rezepten aus diesem Buch
- 3 Beutel Trekkingessen aus dem Outdoorshop (gefriergetrocknet)
- Dörrobst und/oder Studentenfutter, in einem fest verschlossenen Glas gelagert

- 1 Päckchen Haferflocken, in ein fest verschlossenes Glas gefüllt
- 2 Kartons H-Milch
- 5 Tafeln Lieblingsschokolade
- 1 Packung Erbswurst
- 1 4er-Pack Sojapudding (hält sich ohne Kühlung)
- Bundeswehr-Hartkekse (liebevoll »Panzerplatten« genannt), alternativ Butterkekse
- 1 Dose Dosenschwarzbrot oder 1 Packung Knäckebrot
- vegetarische Brotaufstriche (schmecken brauchbar und halten ewig)
- asiatische Nudelsuppenpäckchen
- die Nummer vom Pizzadienst, gut sichtbar aufgehängt

Kleiner Grundvorrat für Mamas Liebling

Zusätzlich zum Notvorrat des Larval Geeks empfehlen wir:

Gewürze & Ähnliches

- 1 Päckchen Zucker, am besten Rohrzucker
- 1 Päckchen Meersalz, unjodiert, unfluoridiert und ohne Rieselhilfe (z.B. Alnatura oder in größeren Packungen als grobkörniges Salz in der Metro)
- schwarzer Pfeffer
- 1 Glas guter Senf
- 1 Glas Biogemüsebrühe (Pulver)
- 1 Glas Honig
- 1 Flasche Sojasauce (gute, ohne Zuckercouleur)
- 1-mal die italienische Gewürzmischung von Seite 84
- 1 Flasche guter Essig
- 1 Glas gefriergetrocknete Zwiebeln (kein Schimmeln, kein Schneiden, kein Weinen)
- 1 Glas gefriergetrockneter Knoblauch
- 1 Tube Mayonnaise
- 1 Tube Harissa und/oder 1 Fläschchen Tabasco (optional)

Sonstiges

- guter Dosenthunfisch, (oder im Glas, wenn das gerade im Discounter zu haben ist)
- Dosenwurst
- 1-2 Dosen Bratwurst
- Dosenmais (fast alle Geeks mögen Dosenmais *behaupt*)
- 1 Glas Champignons 1. oder 2. Wahl

- 1 Packung Mehl 405 oder 550
- 1-2 Pakete der Lieblings-Nudelsorte
- 6-10 Dosen Tomatenmark, kleinste Dosengröße
- 1 Packung Reis, lose oder im Kochbeutel
- 1 Glas geschälte Kartoffeln
- 1 Flasche gutes Olivenöl
- 1 Flasche neutrales Öl
- Backpulver (am besten Weinsteinbackpulver)
- Trockenhefe
- 1-2 Tetrapak haltbare Sahne

Gerade allein lebende Geeks sollten immer zur kleinsten Packungsgröße greifen. Lieber zwei Dosen für ein Essen aufreißen als ständig eine halbe Dose verderben zu lassen. Große Dosen sind nur für Familien ab 3 Personen geeignet oder als Notvorrat für kulinarische Krisenfälle (wobei »3 fellow Geeks kommen zum »Robo Rally«-zocken« durchaus als kulinarischer Krisenfall zählt ;-)).

Kleiner Grundvorrat für den kulinarischen Geek

Wenn Du es bis zum kulinarischen Geek geschafft hast, weißt Du selbst, was Du in Deiner Küche brauchst. Deswegen möchten wir alternativ nur ein paar Nice-To-Have-Items vorschlagen:

- Entenconfit in der Dose (*Confit de Canard*)
- Chipotle-Chilis, getrocknet und in der Dose (*en adobo*)
- für Asiaphile: asiatische Currypasten in Beutelchen, Wasabipulver, Kombu, Sushi-Reis, Nori sowie Misopaste, im Idealfall im Glas (aufgepasst, das meiste Zeug im Asialaden ist mit genverändertem Soja hergestellt)
- gutes Kakaopulver, z.B. von Valrhona
- ein Beutel Kona-Kaffee im Tiefkühler, in Bioqualität unter anderem direkt bei *www.smithfarms.com* zu beziehen
- eine Flasche echten alten Balsamicoessig

1.6 Rezepte finden

Problem

Ich kenne keine Rezepte. Was soll ich bloß kochen?

Lösung

Die offensichtlichste Lösung hältst Du in Händen: dieses Buch. Eine gute Rezeptquelle sind Freunde und Bekannte und manchmal auch Verwandte, die man fragen kann, wie sie dieses oder jenes, das Euch geschmeckt hat, zubereitet haben.

Du kannst Dir auch ein Kochbuch schenken lassen oder eins kaufen, das Deinen Geschmack und Userlevel trifft. Oder auch zwei. Oder in einer Bibliothek ein paar Kochbücher ausleihen. (Aber das Zurückgeben nicht vergessen!)

Und schließlich: das WWW!

Diskussion

Das Internet ist die wohl größte Rezeptsammlung der Welt, und die Wege zu guten Rezepten sind vielfältig. Der einfachste Weg ist die Verwendung einer Suchmaschine. Ein spezielles Skript (für englische Rezepte) bietet z.B. *Cookin' with Google* an.

Aber natürlich gibt es auch gezieltere Vorgehensweisen:

Datenbanken

Zahlreiche deutsch- und englischsprachige Datenbanken bieten ihre Dienste im WWW an. Die meisten davon tun leider nichts anderes, als die von fleißigen Kochfreaks zusammengetragenen Rezepte aus dem Usenet abzugreifen und als eigenen Content auszugeben. Manche wollen dreisterweise sogar Geld dafür.

Aber es gibt auch einwandfreie Quellen. Der Klassiker schlechthin ist das *Kochbuch der Unix-AG der Uni Kaiserslautern*, schlicht »Die Rezeptsammlung« betitelt – die erste große, nicht kommerzielle deutsche Rezeptsammlung im WWW und ein weiterer Beleg für die Affinität von Geeks zum Kochen.

Eine sehr nützliche Datenbank ist *Chefkoch.de*. Hier kann man auch eingeben, was man noch im Kühlschrank hat, und es wird versucht, ein passendes Rezept dazu zu finden.

Im englischsprachigen Raum gibt es ein paar besonders umfangreiche Datenbanken. *Fooddownunder* ist ein von einer Privatperson betriebenes Projekt, auf dem die wohl größte Sammlung englischsprachiger Rezepte zu finden ist. Die Datenbank ist gut zu durchsuchen, Gelinggarantien gibt es allerdings keine.

Ganz ähnlich gestaltet ist *RecipeSource*, eine Sammlung aus dem englischsprachigen Usenet, die früher auch als SOAR bekannt war. Hier findet man sehr viele Rezepte im MasterCook-Format.

Stark nach Themen sortiert, aber zum Teil mit kostenpflichtigem Content, sind die verschiedenen Angebote bei *Allrecipes*. Benutzer können Kommentare und Bewertungen zu Rezepten abgeben.

Ganz ähnlich gelagert sind die Seiten des amerikanischen Condé-Nast-Verlags, der in den USA die Food-Magazine *Bon Appetit* und *Gourmet* herausgibt. Die meisten der Rezepte dieser beiden sehr guten Magazine gibt es auch in der Web-Datenbank bei *epicurious.com*, die komfortabel zu durchsuchen ist. Zu allen Rezepten können User ihre Erfahrungen mitteilen, was sehr hilfreich ist. Hier hat sich nicht nur eine recht lebendige und aktive Community aufgebaut, die Rezepte sind auch meistens sehr lecker.

Auch die Hersteller von Rezeptsoftware stellen oft Rezepte ins Web, meist schon als Pakete in importtauglichen Formaten. Wer auf ganze Pakete steht, kann diese mit Suchmaschinen gut lokalisieren, es gibt zahlreiche Angebote. Wir finden aber eine übersichtliche und individuelle Sammlung von Rezepten, die man nach eigenen Vorlieben und Kriterien zusammenstellt, viel hilfreicher als wahllos alles zu sammeln.

Medien

Natürlich gibt es auch auf den Webseiten von Fernsehsendern, die Kochsendungen im Programm haben, Rezepte, z.B. bei BR, WDR und SWR. Große Magazine von *Brigitte* bis *Fit For Fun* bieten Rezepte im Web an, und selbst *Jamie Oliver* hat ein paar Rezepte für die Allgemeinheit auf seinen Domains abgelegt.

Manche amerikanische Tageszeitungen haben jeden Mittwoch einen Food-Teil in der Print-Ausgabe und stellen dieses auch online. Stellvertretend sei hier die *Los Angeles Times* genannt, deren Rezeptteil, für die eine kostenlose Registrierung nötig ist, immer tolle Anregungen liefert.

Aber Ihr könnt natürlich auch an die Quelle gehen:

Das Usenet

Der Klassiker im deutschen Usenet ist *de.rec.mampf*. Ob Ihr Usenet über den nntp-Client lest oder *Google Groups* bemüht (sehr gut für die schnelle Rezeptsuche geeignet), hier findet Ihr ein Riesenangebot an Rezepten und Kochtipps. Im englischsprachigen Usenet gibt es *rec.food.recipes* und so manche Spezialgruppe, etwa *alt.bread.recipes*, zu entdecken.

Die wahrscheinlich appetitanregendste Art, Rezepte zu finden, sind allerdings

Foodblogs

Im englischsprachigen Raum ist die Liste der Foodblogs schier unendlich. Auf der ganzen Welt kochen, fotografieren und bloggen Menschen das, was sie gekocht haben. Geektum und Kochen ist also eine durchaus normale Kombination.

Auch im deutschsprachigen Raum gibt es eine aktive, große Foodblogger-Gemeinde, zu der natürlich auch die beiden Autorinnen dieses Buchs zählen. Wenn Ihr hier alles nachkochen wollt, seid Ihr auf Jahre hinaus beschäftigt. Aber auch auf Spanisch, Portugiesisch, Japanisch, Französisch, Chinesisch, Schwedisch, Tagalog und in vielen anderen Sprachen und Küchentraditionen sind tolle, appetitanregende Foodblogs zu finden.

Das Großartige an Blogs: Meist sind Fotos dabei, die Rezepte wurden von realen, ganz normal verpeilten Menschen wie Dir und Mir ausprobiert, und man kann jeden Tag Neues entdecken.

Flickr

Und schließlich ist da noch Flickr. Wir selbst haben schon so manches tolle Rezept beim Flickrn entdeckt – ein Bild von etwas ganz Leckerem bei Flickr gesehen, nett nach dem Rezept gefragt, und wenig später konnten wir es nachkochen. Auch hier gibt es ganze Communities von Menschen mit unterschiedlichsten Interessen und Vorlieben. Ob Fastfood oder Sushi, Torten oder Barbecue, für jeden ist garantiert etwas dabei.

Siehe auch

- BBC Food: *http://www.bbc.co.uk/food/*
- BRIGITTE Rezeptdatenbank: *http://www.brigitte.de/kochen/a_z/rezeptsuche/index.html*
- Chefkoch.de: *http://www.chefkoch.de/*
- Cooking for Engineers: *http://www.cookingforengineers.com/*
- Cookin' with Google: *http://www.researchbuzz.org/wp/tools/cookin-with-google/*
- Epicurious.com: *http://www.epicurious.com/*
- Flickr: *http:///www.flickr.com/*
- Food Downunder Recipe Database: *http://fooddownunder.com/*
- Foodgeeks: *http://foodgeeks.com/*
- Food Network: *http://www.foodtv.com/*
- Jamie Oliver: *http://www.jamieoliver.com/*
- Kochbuch der Unix-AG der Uni Kaiserslautern: *http://kochbuch.unix-ag.uni-kl.de/*
- Los Angeles Times: *http://www.latimes.com/features/food/*
- naturkost.de: *http://www.naturkost.de/rezept/index.htm* (viele vegetarische Rezepte!)
- Recipe Source: *http://www.recipesource.com/* (früher SOAR, *Searchable Online Archive of Recipes*)
- Webkoch.de: *http://www.webkoch.de/*

Blogs

- 101 Cookbooks: *http://www.101cookbooks.com/*
- Annes Food: *http://annesfood.blogspot.com/*
- Chili & Ciabatta: *http://www.peho.typepad.com/chili_und_ciabatta/*
- Culinary in the Desert: *http://desertculinary.blogspot.com/*
- delicious:days: *http://www.deliciousdays.com*

- Eating For One: *http://eating4one.blogspot.com/*
- Foodfreak: *http://www.foodfreak.de*
- Fool For Food: *http://www.foolforfood.de*
- Hungrig in San Francisco: *http://cioppino.blogs.com/hungrig_in_san_francisco/*
- Jans Küchenleben: *http://www.theofel.de/plog/*
- Kochfrosch: *http://kochfrosch.blogspot.com/*
- Kochtopf: *http://kochtopf.twoday.net/*
- Küchenlatein: *http://ostwestwind.twoday.net*
- The Scent of Green Bananas: *http://scentofgreenbananas.blogspot.com/*
- The Wednesday Chef: *http://wednesdaychef.typepad.com/the_wednesday_chef/*

Podcasts

- Podster.de, Kochen: *http://www.podster.de/tag/kochen*
- WDR-Spitzen-Kochtipp als Videocast: *http://www.wdr.de/tv/aks/kochtipp/info.jhtml*
- Gerichte mit Geschichte: Alfons Schuhbeck beim BR: *http://www.br-online.de/br-intern/thema/download/alfons-schuhbeck-gerichte-mit-geschichte.xml*

1.7 Rezepte aufbewahren und organisieren

Problem

Okay, ich weiß genau, da war dieses super geniale Rezept ... nur, wo hab ich es bloß hin getan?

Lösung

Das Problem lösen wir so, wie Geeks alle Probleme lösen – mit einer Datenbank!

Diskussion

Eure Mutter mag noch auf ihre sauber handgeschriebene Kladde aus dem Kochunterricht schwören, auf das Dr. Oetker-Grundkochbuch oder die fotokopierte Loseblattsammlung. Ihr wisst genau, dass ein handgeschriebenes Rezept bei Euch binnen einem Kochversuch mit Saucenflecken übersät ist, die Blätter lose irgendwo, nur nicht greifbar auf dem Planeten der verloren gegangenen wichtigen Notizen Urlaub machen, und Kochbücher kennt Ihr ohnehin nur von O'Reilly.

Am besten verwaltet man Rezepte in einer Rezeptdatenbank. Die Vorteile sind offensichtlich: Alle Rezepte sind immer am gleichen Ort abgelegt, ein Ausdruck ist schnell gemacht, und selbst wenn das Blatt während des Kochens unversehens in Flammen aufgehen sollte, habt Ihr das Rezept immer noch auf dem Rechner. Auch unterwegs habt Ihr Eure Rezepte immer auf dem Laptop dabei, egal ob auf dem Campingplatz in den Ardennen, in der Minibude beim Auftraggeber oder der Holzhütte am finnischen See. Rezepte, die man von Freunden bekommt, vielleicht per E-Mail, oder die man im WWW findet, sind schnell integriert und aufs Stichwort spuckt die Datenbank *Bernds Lieblings-Käsefuß-Pasta* oder *Muttis unglaubliche Mousse au chocolat* aus.

So manches Rezeptverwaltungsprogramm besitzt sogar integrierte Einkaufslisten-Editoren, wenn wir deren Nutzen auch eher bezweifeln.

Welches ist nun die richtige (tm) Rezeptverwaltung für mich?

Die Antwort beginnt mit Eurem präferierten Betriebssystem. Für so gut wie jede Plattform existieren Rezeptverwaltungsprogramme. Die meisten und auch die am besten entwickelten gibt es für die Windows-Welt. Mehr dazu gleich, zuvor aber ein Exkurs zum Thema Rezeptformate.

Weiter oben haben wir schon auf das Usenet, Web-Rezeptverzeichnisse und Blogs hingewiesen. Verbreitete Austausch-Standards sind im deutschsprachigen Web vor allem das *RezKonv*-(RK-)Format und das *Mealmaster*-(MM-)Format. Darüber hinaus gibt es noch, besonders im englischsprachigen Raum, *MasterCook*. Solange die Software Eurer Wahl zumindest MasterCook, MM oder RK einlesen kann, werdet Ihr immer einen Konverter finden, der das eine in das andere Format konvertieren kann.

Übersicht über gängige Rezeptverwaltungen

Windows: Die mittlerweile wohl bekannteste Rezeptverwaltung ist die *RK-Suite*. Sie ist komfortabel zu handhaben, beherrscht alle gängigen Importformate und exportiert außerdem nach LaTeX und HTML. Die Software ist seit September 2006 Shareware und muss nach 30 Tagen kostenpflichtig registriert werden (20 Euro). Die RK-Suite läuft auch unter *wine* problemlos, Installationshinweise dazu gibt es auf der Webseite der Autoren. Für die RK-Suite gibt es auch eine englische Sprachversion, die man auf Anfrage bei den Autoren bekommen kann.

Ebenfalls RK-kompatibel ist *Kalorio* von Joachim Nunz. Viele zufriedene Anwender nutzen diese Software, die von der ComputerBILD als Testsieger unter den Rezeptprogrammen gekürt wurde. Allerdings werden 25 Euro für eine Vollversion fällig.

Schon etwas alter, aber immer noch funktional ist das kostenlose Rezept-Programm *B&S-Rezept* von den Kochfreunden der Ruhr-Uni Bochum. Hier kommt optisch eine klassische Datenbank zum Zug, auch diese Software beherrscht MM und RK.

Ambrosia ist eine eher an Profis gerichtete Datenbank, die u.a. Nährwertberechnungen mit dem Bundeslebensmittelschlüssel ermöglicht. Dieses Programm gibt es in zwei Ausführungen für 30 bzw. 60 Euro, je nach Funktionalität.

Im englischen Sprachraum oder für User, die gern etwa anderes testen möchten, sind insbesondere *Now You're Cooking* und *MasterCook* eine Erwähnung wert. Von MasterCook gibt es sehr viele Versionen auf dem Markt, auch gebrauchte in Bundles mit ganzen Rezept-CDs dazu.

Linux: Zu nennen sind hier primär *krecipes*, die Rezeptverwaltung von KDE, die auch das RK-Format beherrscht, und der *grecipe-Manager*, auch als *Gourmet* bekannt, die Lösung für gnome-User.

MacOS: Bis zur Version 4 war MasterCook für Mac und Windows erhältlich. Ab der 5er-Version, als Sierra MasterCook übernahm, gab es die Software nur noch für Windows-Rechner.

Die wohl gelungenste Rezeptverwaltung, die ich je gesehen habe, ist *MacGourmet*, die MM- und MasterCook-Rezepte versteht. Mit 24,95 Dollar ist die Software durchaus bezahlbar. Aber auch eine Shareware-Lösung mit dem Namen *yum* existiert. Bei Software-Repositories wie *pure-mac.com* kann man noch eine Vielzahl anderer Rezeptprogramme für MacOS finden.

Andere Lösungen Die *Koch-Suite* ist eine PHP-basierte Rezeptverwaltung für Unix-artige Betriebssysteme. Als Datenbank-Backend wird MySQL oder PostgreSQL verwendet. Das Projekt steht unter einer BSD-artigen Lizenz (*3-clause BSD*) und ist daher OpenSource. Die Koch-Suite beherrscht RK und MM und kann sowohl via Webinterface als auch per Shell bedient werden. Wegen der handlichen Im- und Export-Funktion aus jedem nur denkbaren Mail- oder Newsprogramm setzt Mela Koch-Suite seit Jahren ein.

Viele langjährige Kochfreaks haben aber auch andere Ansätze gefunden, Rezepte zu verwalten. So kennen wir einen Hobbykoch, der alle Rezepte in einem Ordner auf der Festplatte ablegt und jedes Rezept in einer eigenen Text-Datei abspeichert. Auf diesen Ordner greift er per Volltextsuche oder mit einem Desktop-Search-Tool zu.

Nicht nur Mac-User schätzen die Vielseitigkeit von *FileMaker*. Das bequem zu bedienende Datenbankprogramm bringt ein Rezept-Template mit. Auch Petra hat ihre Rezepte lange Zeit in einer (handgestrickten) FileMaker-Datenbank abgelegt.

Manche Mac-User schwören zum Archivieren ihrer Rezepte auf *DevonThink*.

Und schließlich gibt es sogar noch die Idee, sich mit Hilfe von *delicio.us* (der Name ist hier Programm) ein nach eigenem Gusto getaggtes Web-Kochbuch mit Links zu tollen Rezepten zusammenzustellen. Dabei wird es allerdings schwierig, eigene Veränderungen an Rezepten vernünftig zu notieren, dennoch handelt es sich um eine interessante Idee, Social Bookmarking auch mal anders einzusetzen.

Siehe auch

- RKSuite: *http://www.rezkonv.de*
- Kalorio: *http://www.kalorio.de*

- B&S-Rezept: *http://www.ruhr-uni-bochum.de/kochfreunde/rezeptprogramm/rezeptprogramm.html*
- Ambrosia: *http://www.3lands.ch/?area=20*
- MasterCook: *http://www.valusoft.com/products/mastercook.html*
- Now You're Cooking: *http://www.ffts.com/*
- krecipes: *http://krecipes.sourceforge.net/*
- Gourmet Recipe Manager: *http://grecipe-manager.sourceforge.net/*
- MacGourmet: *http://www.macgourmet.com/*
- yum: *http://www.nixanz.com/products/yum/*
- Koch-Suite: *http://koch-suite.berlios.de/index.html.de*
- FileMaker: *http://www.filemaker.de/*
- DevonThink: *http://www.devon-technologies.com/products/devonthink/*
- delicio.us: *http://del.icio.us/*

1.8 Besser essen – oder warum Ernährungslehren viel mit Betriebssystemen zu tun haben

Problem

Meine Mutter/Schwester/Freundin/mein fitnessbegeisterter Kumpel findet, ich sollte mich gesünder ernähren. Und sie/er weiß haargenau, was ich essen sollte. Ich würde das ja versuchen, aber ich habe null Plan, was denn nun wirklich gesund ist.

Lösung

Mit Ernährungslehren ist es so ähnlich wie mit Betriebssystemen: Nicht jedes läuft auf jeder Hardware gleich gut. Nicht immer ist das, was die anderen (oder die meisten) verwenden, auch das Richtige für einen selbst. Und wie bei Betriebssystemen gibt es zwar ein paar objektive Kriterien dazu, was ein gutes ES (Ernährungssystem) ausmacht, aber letzten Endes ist es Geschmacks- und Glaubenssache, und hängt davon ab, was persönlich am besten funktioniert.

Der oberste Grundsatz, den die meisten Diäten und Ernährungslehren außer Acht lassen, ist: Die Ernährungsform, die Ihr Euch aussucht, sollte keine Diät, sondern im Idealfall so ausgestaltet sein, dass Ihr ein Leben lang damit glücklich werden könnt und nicht nach zwei Wochen gefrustet das Handtuch werft und eine Pizza beim Lieferdienst ordert.

Was ist also das richtige ES?

Diskussion

Werfen wir einen Blick auf die gängigsten Ernährungslehren.

Die meisten Menschen auf diesem Planeten glauben, dass eine fettarme kohlenhydratreiche Ernährung (kurz: *Low-Fat*) das Beste sei, und das ist vermutlich auch das, was Euch Eure Mütter oder FreundInnen empfehlen. (Es gibt allerdings Indizien dafür, dass dies nur eine Glaubenslehre ist und keine wissenschaftlich bewiesene Tatsache, siehe weiter unten: *Weight of The Evidence*).

Low-Fat entspricht in etwa der Windows-Welt: Jeder kennt es, jeder benutzt es, man kommt einfach nicht darum herum und angeblich funktioniert es sogar.

Es gibt Menschen, die kommen mit einer fett- und kalorienreduzierten Ernährung gut hin und schaffen es auch mit Low-Fat, Gewicht zu verlieren oder ihr Gewicht zu halten. Der Vorteil einer Low-Fat-Ernährung liegt darin, dass es heutzutage für so ziemlich alles Ersatznahrungsmittel gibt, die auf Low-Fat getrimmt sind, und man auf nichts verzichten muss – auch nicht auf Pizza oder Würstchen. Die Low-Fat-Welt glaubt, dass ihr ES das einzig Wahre ist und allein die massenhafte Verbreitung scheint ihr Recht zu geben. Wer mit Windows (oder Low-Fat) gut klarkommt, braucht sich nicht nach Alternativen umzusehen, Software dazu (Rezepte und Produkte) gibt es en masse.

Die Urmutter der Low-Fat-Ernährung ist die *Vollwertkost*. Dieses DOS der Ernährungswelt beruht auf der Annahme, dass alles Übel in tierischen Fetten und Weißmehl liegt und sich die Wehwehchen der Welt einschließlich Verdauungsbeschwerden regeln, sobald man nur genügend Frischkostbrei aus rohen Getreidekörnern verzehrt und dem Fleisch abschwört. Eine Menge Vegetarier folgen der »gesunden« Vollwertkost. Neben der vegetarischen Vollwertkost gibt es auch noch ein paar exotischere Sonderformen wie die Makrobiotik, die auf dem Prinzip des Yin und Yang aufbaut und eher eine kurzfristige »Heilernährung« darstellt als eine lebenslange Ernährungsform.

Der Gegenentwurf zu Low-Fat ist *Low-Carb* (carb = carbohydrates = Kohlenhydrate), also eine kohlenhydratreduzierte Ernährung. Low-Carb verhält sich zu Low-Fat wie Linux zu Windows. In der Low-Carb-Welt verzichtet man weitestgehend auf Getreide und unbedingt auf Zucker, Weißmehl, Kartoffeln und Nudeln – mit anderen Worten, auf leere Kalorien aus Kohlenhydraten, denen kein echter Nährwert (*micronutrients* wie Vitamine und Mineralien) entgegensteht. Wer lieber Steak statt Kuchen und seinen Burger gern ohne Brötchen isst, lieber Omelette als Marmeladenbrot frühstückt oder Anzeichen von Diabetes zeigt, ist mit dieser Ernährungsform gut bedient. Ihr Schwerpunkt liegt auf Eiweiß und Gemüse plus ein wenig Obst. Nach letzten Erkenntnissen wie etwa denen der *Harvard Medical School* ist dies die Ernährung, an die Menschen biologisch gesehen am besten angepasst sind. Von unseren *normalen* Ernährungsgewohnheiten ist sie allerdings ein ganzes Stück entfernt.

Eine sehr elegante, ausgewogene und benutzerfreundliche Ernährungsform, sozusagen das MacOS der Ernährungswelt, ist die so genannte *Mittelmeer-Diät*. Sie liegt auf halbem Wege zwischen Low-Carb und Low-Fat und beinhaltet eine ausgewogene Ernährung, in der gesunde Fette, vollfette Käse und fetter Fisch oder Fleisch genauso ihren Platz haben wie das gelegentliche Stück Brot, eine Vielfalt frischer Früchte und hier und da Pasta oder ein Glas Wein. Die »Kreta-Diät« ist eine Variante davon.

Daneben gibt es noch eine Vielfalt von Diäten und ES, die sich alle in der einen oder anderen Form von den hier genannten ES ableiten und auf ähnlichen Prinzipien beruhen. Zu den extremsten gehört die Rohkost. (Hier ist der Name Programm, alles wird ungekocht verzehrt.)

Eins ist übrigens allen Ernährungssystemen gemein: die Kombination von Fett und Kohlenhydraten (oder Fett und Zucker) ist immer ein *No-No*. Und Transfette (gehärtete Fette, die in Fertigbackwaren und vielen Fertiggerichten enthalten sind), sind auch in kleinen Mengen hochgradig gesundheitsschädigend, also: Finger weg. Das Gleiche gilt für Frittiertes, das nicht nur schwer verdaulich ist, sondern sofort auf die Hüften geht – echtes Hüftgold.

Vegetarismus

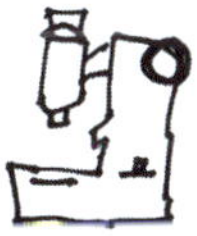

Vegetarismus ist an sich keine Ernährungsform, sondern eher eine Lebensphilosophie. Und es gibt Menschen, die sind Vegetarier, weil sie Fleisch nicht vertragen oder den Geschmack nicht mögen. Es gibt Menschen, die aus religiösen Gründen auf Fleisch verzichten, Hindus z.B., oder weil sie glauben, dass das Töten von Tieren moralisch falsch ist. Eine Sonderform des Vegetariers sind die Veganer, die auch auf tierische Produkte wie Eier oder Milch verzichten. Vegetarier findet man jedoch in allen oben genannten ES, sogar bei den Low-Carb-Anhängern.

Das ist ja alles ganz schön, sagt Ihr jetzt vielleicht, aber was ist nun das richtige ES?

Das ist so wie die Frage nach dem richtigen Editor: Das *richtige* ES gibt es nicht. Was für den einen funktioniert, muss für den anderen nicht taugen. Wir kennen Geeks, die von heute auf morgen ihren Lebensstil auf Low-Carb umgestellt haben und damit bestens klarkommen, und wir kennen Geeks, die Low-Fat leben oder die Mittelmeer-Diät bevorzugen.

Wichtig ist, dass die Ernährungsform, die Ihr Euch aussucht,

- Eurem Körper gut tut – das merkt man nach zwei bis drei Wochen.
- für Euch praktikabel ist, d.h., dass Ihr sie ohne besonderen Stress in Euren Alltag integrieren könnt.
- Euch schmeckt – und zwar auch noch nach drei Wochen.

Lasst Euch von niemandem einreden, ein bestimmtes ES sei das allein selig Machende. Nur weil Eure Tante mit den Weight Watchers 20 Pfund abgenommen hat, müsst Ihr da nicht auch hingehen. Nur weil Euer Kumpel überzeugt ist, dass Sushi-Reis ihn fett macht, braucht Ihr nicht auf Euer Sushi zu verzichten. Es ist Euer Körper und Eure Lebensqualität.

Ein paar Empfehlungen zur Ernährung haben wir aber dennoch auf Lager. Die wichtigsten lauten: Etiketten lesen (siehe Rezept 1.9). Auf Transfette und auf Geschmacksverstärker verzichten. Und, da sind sich alle Ernährungslehren einig, mehr frisches Obst und Gemüse essen.

Wer jetzt noch Lust auf ein paar kritisch-sarkastische Blicke eines Experten auf die heiligen Kühe der Ernährung hat, dem seien die Podcasts von Udo Pollmer in der Sendung *Mahlzeit* des Deutschlandradio empfohlen.

Siehe auch

- Low-Carb: *http://www.logi-methode.de/*
- Low-Fat: *http://de.wikipedia.org/wiki/Low_Fat*
- Makrobiotik: *http://www.enveda.de/GesundeLebensgestaltung/Ernaehrung/Ernaehrungslehren/ Makrobiotik/mag_92.cfm*
- Mittelmeer-Diät: *http://www.netdoktor.de/ernaehrung/diaet/mittelmeer.htm*
- Vollwertkost: *http://www.naturkost.de/basics/vollwertkost.htm*
- Ernährung, Medizin und Wissenschaft unter der Lupe: *http://weightoftheevidence.blogspot.com/*
- Deutschlandradio: Mahlzeit: Ernährungsexperte Udo Pollmer plaudert aus dem Nähkästchen – *http://www.dradio.de/dkultur/sendungen/dkulturpodcast/503479/*

1.9 Etiketten lesen

Problem

»Ist in Nutella wirklich Schweineblut enthalten?«

»Ist österreichisches Red Bull tatsächlich doppelt so stark wie das deutsche?«

Lösung

Findet selbst heraus, was wirklich in Euren Lebensmitteln enthalten ist und ob Ihr einem Hoax oder einer *Urban Legend* aufgesessen seid. Die Lösung ist ganz einfach: Etiketten lesen! Auf allen Lebensmitteln, die abgepackt sind und die mehr als eine Zutat enthalten, etwa »Äpfel«, muss eine Deklaration der Inhaltsstoffe stehen.

Diskussion

Ist in Nutella nun wirklich Schweineblut drin? Das müsst Ihr schon selbst herausfinden. Auf Lebensmitteletiketten stehen oft jede Menge kryptische Angaben, deswegen hier ein paar Hilfen:

Im WWW gibt es reichlich Infos zu den so genannten E-Nummern, die offiziell zulässige Lebensmittelzusatzstoffe bezeichnen. Aber nicht alles, was in einem Lebensmittel drin sein darf, ist auch unbedenklich oder gut für Euch. Und manchmal möchte oder muss man wissen, ob die Lebensmittel, die man kauft, für einen selbst, für Allergiker oder vegetarische Gäste taugen – auch hier ist Etiketten lesen unverzichtbar. Schließlich kauft Ihr Hardware ja auch nicht, ohne über die technischen Daten informiert zu sein ...

Für alle Etiketten gilt: Die Zutaten sind in der Reihenfolge ihrer Häufigkeit notiert. Was ganz vorn steht, ist am meisten enthalten. Hinter den E-Nummern 620-625 verstecken sich Glutamate, generell beginnen alle E-Nummern von Geschmacksverstärkern mit einer 6. Diese heißen dann *Monosodiumglutamat* oder *Kaliumglutamat* oder ähnlich.

Glutamat

Glutamate wirken auf die Hirnchemie ein und sind daher zu vermeiden. Sie stehen im Verdacht, sowohl das so genannte *China-Restaurant-Syndrom* (Migräne) auszulösen als auch epileptische Reaktionen. Glutamate können den Appetit um bis zu 40% steigern und werden in Tierversuchen dazu eingesetzt, Tiere zu Fettleibigkeit zu bringen. Sie stimulieren den Insulinausstoß und damit die Fetteinlagerung im Gewebe. Glutamate können auch bei Erwachsenen die Blut-Hirn-Schranke überwinden und wirken im Gehirn als Nervengift, das die Zellen zerstört.

Ein weiterer Grund, kritisch nach Geschmacksverstärkern Ausschau zu halten, ist, dass Geschmacksverstärker eingesetzt werden, um minderwertige Produkte besser schmecken zu lassen. Ist Glutamat oder einer seiner Verwandten im Spiel, kann man sicher sein, dass das Ausgangsprodukt wenig eigenen Geschmack hat.

Auf manchen Etiketten gibt es auch noch Nährwertangaben, besonders interessant bei Getränken. Der Blick auf den Kohlenhydratanteil verrät z.B., wieviel Zucker in dem gesunden Frucht-Mineralwasser drin ist. 4 Gramm Kohlenhydrate auf 100 ml, das klingt nach vernachlässigbaren Mengen, oder? Auf einen Liter hoch gerechnet sind das allerdings 40 Gramm Zucker, also fast drei Esslöffel voll. Ist das gesunder Durstlöscher? (Über den Zuckergehalt von normalen Limonaden decken wir hier lieber den Mantel des diabetischen Schweigens.)

Koffeingehalte werden in (Volumen-)Prozenten angegeben. Ebenso der Alkoholgehalt.

Wichtige Infos sind aber vor allem die Zutaten, die Ihr meiden solltet wie der Geek das Tageslicht. Das sind: gehärtete Pflanzenfette, teilweise gehärtete Pflanzenfette, Mono- und Diglyceride irgendwelcher Fettsäuren –, all diese Bezeichnungen verraten, dass hier Transfette im Spiel sind.

Abraten möchten wir auch von Käse, der mit Natamycin, einem Antibiotikum, behandelt ist. Antibiotika haben in Lebensmitteln nichts verloren und können dafür sorgen, dass die

Medikamente das nächste Mal, wenn Ihr sie braucht, nicht mehr wirken, da die entsprechenden Erreger Resistenzen gebildet haben.

Transfette

Transfette senken das »gute« HDL-Cholesterin, erhöhen das »schlechte« LDL-Cholesterin, verhärten Arterienwände und dürften eine der Hauptursachen für Herzinfarkte sein. Außerdem erhöhen Transfette die so genannte Insulinresistenz und fördern Übergewicht und Typ-2-Diabetes. Die *Harvard Medical School* schätzt, dass ein komplettes Verbot von Transfetten in der Nahrung allein in den USA jährlich 30.000 Todesfälle durch Herzerkrankungen verhindern würde, und diese Zahlen sind noch niedrig angesetzt.

Auch Zutaten wie Laktose müssen deklariert sein – selbst Wurstwaren enthalten den Milchzucker. Und nach einem kritischen Blick auf die Zutatenliste einer Fertigsauce könntet Ihr beschließen, doch lieber selbst zu kochen. Auch das ist nicht der schlechteste Effekt.

Wann immer Ihr Gäste habt, solltet Ihr sie außerdem fragen, ob es etwas gibt, gegen das sie allergisch sind. Es ist nicht komisch, wenn ein Haselnussallergiker mit der Schokoladenmousse unwissentlich Haselnussmasse zu sich nimmt oder die Angebetete hungrig vor einem mit Milchprodukten durchsetzten Dreigänge-Menü sitzt, weil sie Laktose nicht verträgt.

Übrigens: Wir haben das österreichische Red Bull aufs Korn genommen – Ihr könnt die Hamsterkäufe hinter der Grenze einstellen. Wer es nicht glauben mag, der beginne, die Etiketten zu vergleichen.

Siehe auch

- Kommentierte Liste der Lebensmittelzusatzstoffe: *http://www.zusatzstoffe-online.de/*
- Wikipedia: Lebensmittelzusatzstoffe: *http://de.wikipedia.org/wiki/Lebensmittelzusatzstoff*
- Wikipedia: Transfettsäuren: *http://de.wikipedia.org/wiki/Transfetts%C3%A4uren*
- *Wikipedia: China-Restaurant-Syndrom: http://de.wikipedia.org/wiki/China-Restaurant-Syndrom*
- Milchzuckerunverträglichkeit: *http://www.libase.de*
- Für einige Smartphones gibt es Datenbanken der Zusatzstoffe für den schnellen Check unterwegs, beispielsweise *E300-Food Advisor* für Symbian Handys.

Das Larval Stage

»Hilfe, ich bin im Larval Stage versackt! Ich ernähre mich nur noch von Snacks direkt aus der Packung, Nutella direkt aus dem Glas oder Asia-Tütensuppen. Das ist doch ungesund!«

Augen zu und durch. Unsere Beobachtungen zeigen, dass das Larval Stage selten lange anhält. Dieses Buch kann aber dabei helfen, es besser zu überstehen.

Uns ist bewusst, dass einige der Ideen, die wir in den Buchteil Larval Stage gepackt haben, für Leute, die wirklich bis über beide Ohren darin stecken, zu hochschwellig sein können. Aber vielleicht könnt Ihr dennoch im Hinterkopf behalten, Euch einen Tag im Monat oder alle zwei Wochen freizuhalten und dann zu kochen, was das Zeug hält. Vielleicht erklären sich auch besorgte Freunde und Verwandte bereit, ein paar Gläser Fertigmix zu mischen und bereitzustellen oder abends mal einen Frühstücksdrink durch den Mixer zu jagen, der am nächsten Tag zumindest für eine Art Frühstück sorgt, während der Geek über die Autobahn zum nächsten Projekt heizt.

Für alle Geek-Angehörigen sei angemerkt: Es bringt absolut gar nichts, den Geek auf sein gesundheitsschädigendes Verhalten hinzuweisen. *Geeks sind intelligent, sie wissen das.* Aber einen gigantischen, auf eine bestimmte Aufgabe gerichteten Hyperfokus einfach zu lösen und etwas anderes in Angriff zu nehmen, belanglose Dinge wie Einkaufen und Kochen zum Beispiel, ist nicht so leicht. Einmal verloren, lässt sich der Hyperfokus nicht mehr so ohne Weiteres aufbauen.

Aber es gibt immer Hoffnung. Irgendwann ist die Diplomarbeit geschrieben, das stressige Projekt abgeschlossen oder die neue Sprache gelernt. Und dann kann man den Geek vielleicht sogar wieder zu sozialen Aktivitäten einladen und ihn mal richtig gut zum Essen ausführen.

KAPITEL 2

Frühstücksdrinks

»Ich mache mir immer eine Schale Cornflakes zum Frühstück, doch bis ich sie dann wirklich esse, sind sie vollkommen aufgequollen und eklig. Oder aber ich schaffe es, beim Essen den Milch-Cornflakes-Brei in die Tastatur zu kippen.«

»Ich habe nur auf dem Weg zur Arbeit oder zum Kunden Zeit zu frühstücken, aber die Delle im Kotflügel, weil ich mich erschrocken habe, dass das Tankstellen-Sandwich auf meine neue Krawatte getropft hat, ist ärgerlich.«

Du brauchst eine Mahlzeit, die mit einer Hand verzehrbar ist und nicht tropft? Die sättigt und idealerweise auch noch gut schmeckt, aber nicht aufwendig herzustellen ist? Mit anderen Worten: Du brauchst Frühstücksdrinks oder neudeutsch *Breakfast Smoothies*.

Die meisten von uns sind mit dem Dogma aufgewachsen, dass vollwertiges Getreide gut für uns ist. Je nach Radikalisierungsgrad des Küchen-Verantwortlichen schlug sich dies in Form von »nur ungeschälter Reis« über »häufig Vollkornbrote und Müsli« bis zu »jeden Morgen eine Schale geschrotetes, gequollenes, möglicherweise angekeimtes Getreide mit möglichst wenig Milch und nur Spurenelementen von Honig« nieder.

Die *Harvard Medical School* (siehe Kapitel 1) hat inzwischen herausgefunden, dass diese Ernährungsweise gar nicht so gesund ist, wie uns immer vorgegaukelt wurde. Das ändert nichts daran, dass Ballaststoffe für ein schnelles Sättigungsgefühl sorgen.

Dies und die Tatsache, dass nicht nur Geeks morgens keine Zeit zum Frühstücken, aber dennoch Hunger haben, schlug sich darin nieder, dass ballaststoffreiche Fertigdrinks Einzug in die Kühlregale der Supermärkte und sogar der Discounter gefunden haben.

Die Vorteile dieser Fertigdrinks liegen auf der Hand: Direkt aus der Flasche getrunken kleckert nichts, krümelt nichts, und beim Umsteigen steckt man die zugedrehte Flasche einfach zurück in die Tasche, anstatt mit dem halb gegessenen Sandwich jene unausweichlich zu versauen. Nur eine Hand ist beschäftigt, man kann also nebenher locker Zeitung lesen, tippen oder sich am Haltegriff der U-Bahn festklammern.

Wir wissen, dass dieser Teil des Kochbuchs für Larval Stage-Geeks schon recht anspruchsvoll ist, dennoch ist er auch mit haltbaren Lebensmitteln ganz gut zu bewältigen. Die Drinks brauchen kaum fünf Minuten bei der Zubereitung und die benötigten Utensilien sind auch in Windeseile durchgespült und bereit für den nächsten Einsatz.

Für alle, die mit wenig Aufwand, aber vielen Variationen nebenbei satt werden wollen, ist dieses Kapitel genau richtig.

2.1 Frühstücksdrink-Tools

Problem

Ja, wir möchten uns morgens einen Frühstücksdrink machen. Können wir ihn in unsere gute SIGG-Flasche einfüllen? Und reicht es, wenn wir den mit einem Löffel verrühren?

Lösung

Nicht ganz, aber dass Ihr Euch auch nicht in Unkosten stürzen müsst, hoffen wir hier zu beweisen.

Diskussion

An Werkzeug braucht Ihr genau zwei Dinge:

- einen Mixer
- ein geeignetes Gefäß

Optional, aber ziemlich sinnvoll sind außerdem:

- Trichter
- Kühlschrank
- Tiefkühlfach/-schrank
- Flaschenbürste
- Kelche

Der Mixer

Ganz egal, ob ein Standmixer oder ein Mixbecher-Zubehörteil für einen Stabmixer, ob billiges Plastik oder stabiles Glas, Standalone-Gerät oder Luxus-Küchenmaschine – jede Art von Mixer ist in Ordnung.

Das Gefäß

Jedes Gefäß, dessen Trinköffnung groß genug ist, um auch dickflüssigere Getränke hindurchzulassen, ist brauchbar. Es sollte ca. ⅓ bis ½ Liter fassen, eben gerade so viel, dass man gesättigt ist, aber das Zeug einem nicht schon wieder zu den Ohren rauskommt.

Ideal sind Gefäße ohne Schraubverschluss, also einhändig bedienbare, wie beispielsweise sogenannte *Thermo-Mugs* oder *Autotassen*, wie sie unter anderem bei Starbucks oder Globetrotter verkauft werden, oder auch Thermo-Bügelflaschen, z.B. von Emsa.

SIGG-Flaschen sind, nach unseren Informationen, sowohl wegen ihres Auslaufschutz-Systems, als auch ihrer engen Einfüllöffnung nicht für dickflüssigere Frühstücksdrinks mit Ballaststoffanteil geeignet.

Weitere Ideen: Die kleinen Mitnehm-Flaschen von diversen Kohlensäuresprudler-Herstellern oder aber auch die Plastikflaschen von industriellen Frühstücksdrinks, die man einfach wegwirft, sobald sie sich nicht mehr richtig von allen Rückständen reinigen lassen oder zu verbeult und verknittert sind.

Trichter

Gefäße mit möglichst breiten Einfüllöffnungen sind ideal für Frühstücksdrinks, aber möglicherweise nicht immer erhältlich. Ein Trichter hilft, dass der Drink auch dort landet, wo er hingehört. Der Trichter sollte entsprechend breit gewählt werden, schließlich hat man es als Geek immer eilig, wieder aus der Küche rauszukommen. Trichter mit einer breiten Einfüllöffnung bekommt man manchmal auch unter der Bezeichnung *Einmach-* oder *Marmeladentrichter*.

Kühlschrank/Tiefkühlschrank

Man kann Frühstücksdrinks ohne Probleme mit Portionspäckchen Milch, weniger leicht verderblichen Flüssigkeiten wie Saft und Sojamilch, ja selbst mit bei Zimmertemperatur haltbarem Sojapudding und einer Batterie von Dosenobst herstellen. Für richtige Abwechslung in der Trinkflasche sorgt aber nur eine breite Auswahl an Zutaten, und gerade die in der Kategorie »Proteine« aufgeführten Zutaten müssen meist gekühlt werden (siehe Rezept 2.3).

Tiefkühlobst enthält mehr Vitamine als Dosenobst, und viele Sorten – wie Erdbeeren – wären besser nie eingemacht worden. (Auch wenn die schlabberig-matschige Konsistenz einiger Sorten im fertigen Drink nicht mehr auffallen würde.) Selbst ins kleinste Kühlfach passen vier bis fünf 500g-Obstpäckchen, so dass man schon von Wochentag zu Wochentag die Obstsorte oder Obstmischung variieren kann.

Und last, but not least: Die meisten Kreationen schmecken gut gekühlt am besten.

Flaschenbürste

Um auch die letzte Haferflocke zu bezwingen, die sich verzweifelt an die Innenwand der Trinkflasche krallt, ist der Einsatz einer Flaschenbürste empfehlenswert.

Kelche

Frühstücksdrinks können nicht nur huschhusch auf dem Weg zur Arbeit oder zur Uni konsumiert werden. Hübsch angerichtet mit einer Sahnehaube oder aufgeschnittenen Früchten sind sie auch eine optische Bereicherung für den Frühstückstisch. Die folgenden Rezepte etwa können mengenmäßig dann auf zwei Personen aufgeteilt werden und bieten im richtigen Glas die Optik eines gesunden Cocktails.

2.2 Frühstücksdrink Basis-Library

Problem

Was tue ich nun in die Frühstücksdrinks? Jeden Tag Bananenmilch mit Weizenkeimen ist doch auch langweilig.

Lösung

Sind Schränke und Kühlschrank mit einer kleinen Auswahl an tauglichen Zutaten gefüllt, lassen sich Drinks in unendlichen Kombinationen mixen, auch wenn sich bei den meisten Drink-Usern nach einer gewissen Zeit Vorlieben oder Abneigungen gegen einzelne Zutaten entwickeln werden.

Diskussion

Wir unterteilen die möglichen Zutaten in Gruppen, aus denen sich die Drinks modular zusammen setzen lassen. Probiert einfach aus, was Euch schmeckt, oder lest bei Rezept 2.3 weiter:

Grundflüssigkeit:

Die Grundflüssigkeit schmeckt man im fertigen Drink selten durch, aber sie gibt eine gewisse Richtung vor. Mögliche Flüssigkeiten sind:

- Milch
- Buttermilch
- Sojamilch
- Reismilch
- Kokosmilch
- Mandelmilch (dazu Mandelmus aus dem Glas mit Wasser aufmixen)
- starker Schwarz- oder Grüntee
- starker Kaffee oder Espresso
- Fruchtsäfte (vor allem Orange, Apfel, Ananas)

- Mineralwasser
- Gemüsesäfte (die dann gleichzeitig Geschmacksgeber sind)

Zitrusfrüchte und Kiwis können Milch und Milchprodukte flockig ausfällen lassen. Hier besser auf Säfte oder Tee als Flüssigkeit zurückgreifen.

Proteine:

- Natur- oder Fruchtjoghurt
- Sahne
- Mascarpone
- milder Ricotta
- Tofu/Seidentofu
- Quark
- rohe Eier (Vorsicht, Salmonellengefahr!)
- Nussmus
- Coconut Cream

Kaffee, Schokogeschmack oder Nüsse in Verbindung mit Joghurt oder Quark sind nicht jedermanns Sache.

Ballaststoffe:

- Weizenkeime
- Weizen- oder Haferkleie
- Haferflocken oder -schrot
- Schmelzflocken
- Dinkel- oder Grünkernschrot
- Reisflocken
- Hirseflocken
- Leinsamen (dunkel oder gold)
- Sonnenblumenkerne
- (gemahlene) Nüsse und nussähnliche Früchte
- Hasel- und Walnüsse
- Pistazien (ungesalzen)
- Mandeln

- Kokosnussraspel
- Esskastanien
- Erdnüsse (ungesalzen)

Geschmacksgeber:

- frische Früchte
- Dosenobst
- Tiefkühlfrüchte
- Dörrobst (z.B. Pflaumen oder Aprikosen)
- Fruchtmus oder Baby-Fruchtbrei
- Fruchtsaucen (z.B. von Schwartau oder Allos)
- Schokolade/Nutella

Fruchtmus gibt es auch in kleinen Portionspackungen mit Drehverschluss, z.B. von Odenwald. Es eignet sich daher nicht nur als Zutat für Frühstücksdrinks, sondern auch für den kleinen Snack zwischendurch.

Auch Babybreie im Glas enhalten meist genau die richtige Menge für einen Drink und sind meist schon mit Reismehl und ähnlichem angedickt.

Geschmacksgeber, die gleichzeitig Süßungsmittel sind:

- Marmelade, Gelee, Konfitüre
- (Frucht-)Sirup

Weitere Süßungsmittel:

- Honig
- Ahornsirup
- Rohr- oder Raffinadezucker
- Melasse
- Rosinen, Korinthen
- Palmzucker
- Süßstoff

Extras zum Aufpeppen:

- Eiscreme
- Eiswürfel/zerstoßenes Eis
- Puddingpulver, Dessertcreme-Pulver

- Gewürze wie Muskat, Ingwer, Zimt oder Chili zum Abschmecken
- Vanille, als Mark, Essenz oder (Bourbon-)Vanillezucker
- In den Regalen gut sortierter Supermärkte, die Müslizutaten zum Selbstmischen anbieten, finden sich leckere Zutaten wie Reis-Schokokügelchen oder mit Schokolade umhüllte Mandelsplitter. Solche Zutaten können dem Drink den letzten Pepp geben.

2.3 Frühstücksdrink-Rezepte

Problem

Ja, gut. Jetzt weiß ich, was ich nehmen *könnte*, aber ich hätte trotzdem gerne noch ein paar konkrete Rezepte, damit es nicht doch beim täglichen Bananenshake mit Weizenkeimen bleibt ...

Lösung

Euer Wunsch ist uns Befehl: Hier kommen die Rezepte. Sie sind allesamt für Gefäße mit mit einem Fassungsvermögen von 0,5 Liter ausgelegt.

Diskussion

Hafer-Bananen-Blues (mit Erdbeeren)

- 1 Tasse Sojamilch
- 1/2 Tasse Haferschrot
- 1 Banane
- 15-20 tiefgefrorene Erdbeeren
- 1 Päckchen Bourbon-Vanillezucker
- 2 Teelöffel Zucker

Alle Zutaten in den Mixer geben und mixen, bis alle Erdbeeren zerkleinert sind. Falls die Masse zu dickflüssig wird, noch etwas Sojamilch hinzugeben. Nicht zu lange vor dem Verzehr vorbereiten, da der Hafer quillt und am nächsten Morgen eventuell nur noch eine kompakte Masse in der Flasche zu finden ist.

Captain Blaubeer

- 1 Tasse Apfelsaft
- 1 Tasse Seidentofu
- 1 Tasse Blaubeeren (gefroren oder frisch)

- 1 EL Weizenkeime
- Honig

Alle Zutaten, bis auf den Honig, in einen Mixer geben und auf hoher Stufe mixen, bis die Blaubeeren vollständig zerkleinert sind. Honig untermischen, bis die gewünschte Süße erreicht ist. In ein Trinkgefäß umfüllen.

Nutella-Mandel-Vanilleshake

Gute Laune am Morgen für Tage, die besonders stressig zu werden drohen.

- 3 Teelöffel Nutella
- 2 Esslöffel gemahlene Mandeln
- 2-3 Esslöffel Vanilleeiscreme
- eiskalte Milch
- eventuell 2-3 Eiswürfel

Nutella, Mandeln und Eiscreme in den Mixer geben, bis zur Halblitermarkierung mit Milch auffüllen. Gut durchmixen und ins Trinkgefäß abfüllen.

PEAR (but not PHP)

- 2 frische Birnen (geschält und ohne Kerngehäuse) oder 1 kleine Dose Birnen
- 1 Tasse Birnensaft
- 1 kleiner Becher Naturjoghurt oder Vanillepudding
- 1 Esslöffel goldene Leinsamen
- Honig

Alle Zutaten, bis auf den Honig, in den Mixer geben und gut durchmixen. Abschmecken, ob die Birnen bereits genug Süße enthielten, und nach Geschmack Honig dazugeben. Nochmal gut durchmixen, dann abfüllen.

Vorsicht, die Leinsamen ziehen viel Flüssigkeit! Nehmt also nicht zuviel davon, sonst könnt Ihr den Drink nur noch mit dem Löffel essen.

Virgin Mary

Zur Abwechslung mal nicht süß ...

- 125 g Tofu (ungefähr 1/2 Stück)
- 1 Spritzer Zitronensaft
- 2-3 Tropfen Tabasco
- 1/2 Teelöffel Salz
- 1 Teelöffel Worcestershire-Sauce

- 1 1/2 Tassen Tomatensaft
- Pfeffer
- 2 Teelöffel Reisflocken (optional)

Tomatensaft, Tofu und die anderen Zutaten, bis auf den Pfeffer, miteinander vermixen. Dann mit Pfeffer, eventuell noch etwas Salz abschmecken, bei Bedarf noch ein oder zwei Eiswürfel untermixen, dann abfüllen.

Jean-Luc

- 1 Tasse starker Earl Grey
- 1/2 Tasse Apfelsaft
- 1 Tasse gefrorene Erdbeeren
- 1/2 Tasse Naturjoghurt
- 1-2 Teelöffel Honig

Eine Tasse Earl Grey-Tee aufbrühen und ziehen lassen. Mit den übrigen Zutaten in einen Mixer geben und solange mixen, bis die Erdbeeren vollkommen zerkleinert sind. Anschließend abfüllen.

Siehe auch

- *http://www.bhg.com/home/Smoothie-Recipes.html*

KAPITEL 3

Freezer Bag-Cooking

Bei der Projektarbeit ist nicht nur das Frühstück oft ein Problem. Auch mittags in der winzigen Büroküche und nachts im Hotelzimmer sind die Möglichkeiten begrenzt, sich eine richtige Mahlzeit zuzubereiten. Es gibt aber Hoffnung jenseits von Pizza-Dienst und Automatenfutter!

3.1 Kochen mit heißem Wasser und einem Gefrierbeutel

Problem

Kochen. Ja, dazu bräuchte man einen Herd. Zum Beispiel. Oder Zeit. Ideal wäre beides. Und Zutaten, möglicherweise sogar frisch, aus dem Supermarkt oder so. Aber dazu müsste man das Haus verlassen. Und einen Kühlschrank haben. Und später den Biomüll rausbringen. Geht das nicht einfacher?

Lösung

Ja, es geht einfacher. Einmal natürlich, indem Ihr im Supermarktregal zu den Tassensuppen greift, die nicht gekocht werden müssen. (Und Euch später über das China-Restaurant-Syndrom freut, falls Ihr Euch hauptsächlich davon ernährt.) Aber dass Ihr es mit wenig Aufwand auch billiger, leckerer, besser und sättigender haben könnt, beweist das Wörtchen *Freezer Bag-Cooking*.

Diskussion

Unter Freezer Bag-Cooking, also Kochen im Gefrierbeutel, versteht man in Trekkingkreisen vor einer Tour vorgemischtes Essen, das während einer Rast nur mit kochendem Wasser aufgegossen und dann ziehen gelassen wird – einfach eine Selbstbau-5-Minuten-Terrine ganz nach eigenem Geschmack.

Die Zutaten hierfür sind im Prinzip die gleichen, aus denen auch industrielle Tassengerichte hergestellt werden: Instant-Nudeln, -Reis oder Kartoffelbreipulver, dazu gefriergetrocknetes Gemüse und andere gefriergetrocknete und/oder pulverisierte Lebensmittel, minus Geschmacksverstärker, minus Chemikalienmix. Und während der kaufbare Industriekram eigentlich nur als Zwischenmahlzeit gedacht ist, wird man sogar richtig satt, wenn man selbst tätig geworden ist.

Ganz wichtig für den Geek im Larval-Stage: Es wird kaum Geschirr dreckig, im Grunde nur eine Tasse und das Besteck. Die sind schnell aus-, bzw. abgespült, und gebrauchte Gefrierbeutel werden in den Müll entsorgt. Es gibt also keine dreckigen Töpfe oder Pfannen, die sich wochenlang im Abwasch stapeln.

An Küchenausrüstung benötigt Ihr lediglich:

- den unverzichtbaren Heißwasserkocher
- 1 großen Teepott/1 große Suppentasse
- Messer, Gabel, Löffel
- Gefrierbeutel, am besten mit Verschluss
- 1 Brettchen

Etwas umfangreicher wird es bei den (möglichen) Zutaten, aber natürlich braucht Ihr nur, was Euch auch schmeckt und was Ihr auch sicher verwenden wollt – alles andere wird nur schlecht, auch wenn die Zutaten dieses Kapitels eher einstauben als verschimmeln. Viele der Zutaten kann man in Bio-Qualität erwerben. Dadurch überdauert man die Zeit des Larvenstadiums zwar nicht gesund, muss aber nicht aus Zeitgründen aufhören, an die Umwelt zu denken.

An Basiszutaten benötigt Ihr:

- Instant-Nudeln – bekommt man vor allem im Asia-Laden. Instant-Mie-Nudeln sind für unsere Zwecke am besten geeignet.
- Instant-Reis, alternativ Reisflocken oder Mikrowellenreis.
- 5 Minuten-Couscous – bekommt man im Normalfall beim Supermarkt um die Ecke oder aber im türkischen Laden Eures Vertrauens.
- Kartoffelbreipulver
- Hirseflocken

Die Basiszutaten sind ohne Probleme nahezu überall zu bekommen. Etwas kniffeliger wird es allerdings, wenn es an die Zutaten geht, die für den Geschmack zuständig sind. Gefriergetrocknete Zutaten in deutschen Supermärkten beschränken sich auf Milchpulver, Kräuter und Gewürze, Zwiebeln, Knoblauch und Suppengemüse. In Trekkingbedarf-Abteilungen erhält man meist einige wenige Sorten Gemüse (öfter auch als »Quellgemüse« geführt), aber das breite Angebot von gefriergetrockneter Butter (!) über gefriergetrockneten Käse bis hin zu zahlreichen gefriergetrockneten Gemüsen und Obst bekommt man nur bei Versendern von Trekkingzubehör aus den USA. Wir nehmen an, dass es für die meisten Geeks einfacher ist, die Zutaten online zu kaufen als tatsächlich nach draußen in die feindliche Welt zu gehen. Trotzdem unterteilen wir die folgende Liste in Zutaten, die in normalen Läden zu erhalten sind, und solche, die es eher nicht sind.

In normalen Läden erhältlich sind:

- Magermilchpulver
- Bio-Gemüsebrühe
- Instant-Misosuppe
- Zwiebeln, gefriergetrocknet
- Frühlingszwiebeln, gefriergetrocknet
- Schnittlauch, gefriergetrocknet
- Knoblauch, gefriergetrocknet
- Suppengemüse, gefriergetrocknet
- Parmesan, gerieben und getrocknet
- Salz, Gewürze

Nur bei Trekking-Ausrüstern bzw. in- oder ausländischen Online-Shops zu beziehen:

- Gemüse, gefriergetrocknet (von Paprikawürfeln über Tomatenscheiben und Brokkoliröschen bis hin zu Bohnenflocken)
- Obst, gefriergetrocknet
- Käse, gefriergetrocknet (zum Beispiel *Cheddar Cheese Powder*)

Gefriergetrocknetes Fleisch wird hier vor allem deswegen nicht erwähnt, weil es einen echten Kochvorgang erfordert, um es weich und essbar zu bekommen. Stattdessen raten wir zu:

- Dosenthunfisch, Dosenlachs
- Hähnchen- oder Truthahnfleisch in der Dose
- Portionsdosen Gemüse (um gefriergetrocknetes Gemüse zu ersetzten)
- Tofu im Glas (meist auch einige Tage ohne Kühlung haltbar)
- Essig, Öl
- alle frischen Zutaten, die Ihr gerade zur Hand habt

So ausgerüstet können wir es zwar nicht unbedingt Marty McFlys Mutter nachtun (»Junge, Junge. Mom, du weißt wirklich, wie man eine Pizza hydriert!«), aber trotzdem loslegen. Wie schon bei den Frühstücksdrinks ist der Experimentierfreude nur die Grenze des eigenen Geschmacks gesetzt. Lediglich bei Kartoffelbreipulver als Basis sollte man beachten, dass 1-2 gute Esslöffel Milchpulver für den richtigen Geschmack hinzugefügt werden sollten. (Laktoseallergiker lassen natürlich genau die weg.)

Während der Heißwasserkocher das Wasser heizt, wird in einer großen Tasse aus Eurem Bestand an Trockenvorräten zusammengemischt, was Euch passend erscheint. Hiervon ein Löffelchen, davon ein Löffelchen, entsprechend Bio-Brühe oder Salz dazu (oder auch nicht, wenn z.B. salziger Käse wie Parmesan verwendet wird), umrühren, heißes Wasser dazu, ziehen lassen – fertig.

Alternativ mischt Ihr das Ganze in einem Gefrierbeutel und verschließt diesen gut, während die Ingredienzien durchziehen. Dann die Mischung in ein Gefäß umfüllen oder stellen, aus dem es sich besser essen lässt, und voilà, ein Essen ganz ohne Herd und Topf ist fertig.

Wem es immer noch zuviel Zeitaufwand ist, direkt dann zu »kochen«, wenn er Hunger hat, der kann sich auch Freezer Bag-Rezepte für etwa eine Woche in Schraubgläsern oder gut verschlossenen Gefrierbeuteln vormischen. Er muss dann nur noch das Wasser darüber gießen. In diesem Fall dürfen natürlich nur völlig trockene Bestandteile gemischt werden, Dosenzutaten und frische Bestandteile bleiben bis zum Zeitpunkt der Zubereitung verschlossen bzw. werden kühl gelagert.

Auch hier noch einmal der Aufruf an die freundliche Rettungsleine des Larval-Geeks: Wenn der Hyperfokus zu tief ist, stellt dem Fellow-Geek ein Dutzend Gläser mit vorgemischtem Essen direkt neben den Schreibtisch und füllt den Wasserkocher auf. Dann ist die Wahrscheinlichkeit etwas größer, dass er zumindest einmal am Tag ans Essen denkt.

Siehe auch

- Das folgende Rezept für konkrete Beispiele.
- *http://de.wikipedia.org/wiki/China-Restaurant-Syndrom*
- Kleines Angebot an Quellgemüse: *http://www.campingkueche.com/*
- Online-Shop, in dem es beinahe alles auch gefriergetrocknet gibt. Ganz Neugierige sollten einmal das gefriergetrocknete Eis probieren: *http://www.wildernessdining.com/*
- Gefriergetrocketes Obst und Gemüse vom Hersteller: *http://www.justtomatoes.com*
- Webseite und Buch zum Thema Freezer Bag-Cooking. Das Problem an dieser Seite ist leider, dass oft auf Convenience-Food zurückgegriffen wird oder Produkte verwendet werden, die in Deutschland nicht erhältlich sind: *http://www.freezerbag-cooking.com/*
- Mengen auch für Sammelbestellungen und den Großbedarf: *http://waltonfeed.com/*
- Deutscher Hersteller von ausgezeichneten, gefriergetrockneten Kräutern. Das Suppengemüse von Goutess kommt in mehreren Rezepten in diesem Buch zum Einsatz: *http://www.goutess-shop.de/*

3.2 Freezer Bag-Gerichte

Problem

Ich habe jetzt einen Haufen trockenes Zeug gekauft und bei mir rumstehen, aber eine richtige Vorstellung, was ich damit anfangen soll, habe ich noch nicht.

Lösung

Hier eine Liste leckerer, von freilaufenden Geeks vorgetesteter Rezepte.

Diskussion

Nuss-Paprika-Couscous

Trockene Zutaten (vormischen)

- ½ Kaffeebecher 5-Minuten-Couscous
- 1-2 Teelöffel Gemüsebrüh-Pulver oder Instant-Misosuppe
- 1 Esslöffel gefriergetrocknetes Suppengemüse
- ½ Esslöffel gefriergetrockneter Schnittlauch (optional)
- ½ Teelöffel Pfeffer

Frische Zutaten

- ½ oder 1 kleine rote Paprika, entkernt und gewürfelt (ersatzweise 2 Esslöffel gefriergetrocknete Paprika zu obiger Mischung geben)
- 1 Hand voll Walnusskerne, grob gehackt oder von Hand zerkleinert
- 1 Kaffeebecher kochendes Wasser (ca. 250 ml)

Trockene Zutaten mischen, in einem Gefrierbeutel oder einem Schraubglas aufbewahren.

Am Tag der Zubereitung in eine Essschale geben, mit kochendem Wasser übergießen, einen Teller oder ein Frühstücksbrettchen als Deckel darauf legen. Nach 5 Minuten Paprika und Walnusskerne unterrühren, weitere 2-3 Minuten ziehen lassen, essen.

Das Gericht kann auch direkt in einem kochfesten Gefrierbeutel aufgegossen werden. Es sollte dann an einem warmen Ort, z.B. in ein Handtuch gewickelt, durchziehen.

Mexi-Couscous

Trockene Zutaten:

- ½ Kaffeebecher Couscous
- 1 Esslöffel gefriergetrocknetes Suppengemüse
- 1 Esslöffel gefriergetrockneter Schnittlauch

- ½ Teelöffel geräucherter, scharfer Paprika (*Pimenton de la Vera*) oder gemahlenes Chipotle-Pulver (optional, für die Schärfe, ersatzweise 1 Prise Cayenne)
- 1 gehäufter Teelöffel Mexiko-Gewürzmischung (Chilipulver mit Kreuzkümmel, Salz, Pfeffer und Knoblauch; ersatzweise ½ Teelöffel scharfes Paprikapulver, ½ Teelöffel Kreuzkümmelpulver, 1 Prise Salz, 1 Teelöffel getrockneter Oregano)
- 2 Teelöffel Gemüsebrüh-Pulver

Außerdem:

- 1 Dose Hähnchenfleisch (150 g Einwaage) oder ½ Dose Truthahnfleisch (300 g Einwaage), mit der Gabel zerdrückt oder gewürfelt
- 1 Kaffeebecher kochendes Wasser (ca. 250 ml)

Trockene Zutaten mischen und in einem Gefrierbeutel oder Schraubglas aufbewahren. Am Tag der Zubereitung in eine Essschale geben. Mit kochendem Wasser übergießen, abdecken (Teller oder Frühstücksbrettchen).

Nach 5 Minuten umrühren, das Fleisch zugeben und bei Bedarf Wasser nachgießen. 2 weitere Minuten ziehen lassen, essen.

Die Schärfe variiert stark je nach Gewürzmischung – vorher testen!

Pimenton de la Vera und Chipotle-Pulver bekommt Ihr unter anderem bei *www.gewuerzinsel.de*. Mexiko-Gewürz gibt es z.B. unter der Bezeichnung Chilipulver von Ubena, aber auch eine Cajun-Gewürzmischung passt hier bestens.

Thunfisch-Topf

Trockene Zutaten:

- ½ Tasse Kartoffelbreipulver
- ½ Tasse Magermilchpulver
- ½-1 Teelöffel Gemüsebrüh-Pulver
- ½ Teelöffel gefriergetrockneter Knoblauch (kleingebröselt)
- ½ Esslöffel gefriergetrockneter Schnittlauch
- 2 Esslöffel Roasted Veggies (gefriergetrocknet, z.B. von Wilderness Dining), optional auch gefriergetrocknetes Suppengemüse
- etwas Zitronenpfeffer

Außerdem:

- 1 Dose Thunfisch-Filets (185 g Nettoeinwaage)

Trockene Zutaten mischen, in einen gut schließenden Gefrierbeutel oder ein Schraubglas füllen und innerhalb von 1-2 Wochen aufbrauchen.

Am Tag des Verzehrs die Mischung in eine große Tasse oder eine Suppenschale geben und mit kochendem Wasser aus dem Heißwasserkocher auffüllen (ca. 2 Tassen Wasser). Die Thunfischdose öffnen, Öl oder Lake abtropfen lassen, den Thunfisch mit einer Gabel zerpflücken und unter die Kartoffelbreimischung rühren. Zugedeckt 10 Minuten an einem warmen Ort ziehen lassen, zum Beispiel auf einem (USB-)Tassenwärmer.

Nudeln minimalistisch

- 1 Platte Instant-Mie-Nudeln aus dem Asia Shop
- 3-4 Esslöffel Olivenöl
- ½ Teelöffel der italienischen Gewürzmischung von Seite 84
- 1 Portionspäckchen geriebener Parmesan (40 g)

Die Instant-Mie-Nudeln in einen Gefrierbeutel geben, 2-3 Tassen kochendes Wasser und eventuell eine Prise Salz hinzufügen. Die Nudeln 10 Minuten an einem warmen Ort, z.B. in ein Handtuch eingewickelt, ziehen lassen, und dann das Wasser abgießen. Nudeln im Beutel mit dem Öl, der italienischen Gewürzmischung und dem Parmesan mischen und gut schütteln. Direkt aus dem Beutel essen oder vorher in Geschirr umfüllen.

Sirtaki-Nudeltopf

Trockene Zutaten:

- 1 Nest asiatische Instant-Nudeln
- ½ Tasse getrocknete, zerkleinerte Tomatenscheiben oder getrocknete Tomaten vom Griechen um die Ecke, kleingehackt.
- 1 Esslöffel gefriergetrockneter Basilikum
- 1 Prise gefriergetrockneter Knoblauch, granuliert
- ½ Teelöffel Bio-Gemüsebrühe

Feuchte Zutaten:

- 1 Esslöffel Olivenöl
- 1 Esslöffel Balsamico-Essig
- 1 Glas/1 Packung Feta, gewürfelt
- 2 Tassen kochendes Wasser

Zuerst das Nest Instant-Nudeln in eine große Suppentasse legen. Kaltes Wasser auffüllen, bis das Nest bedeckt ist. Ein paar Minuten einweichen lassen, dann das Wasser abgießen. Tomaten, Basilikum, Knoblauch, Gemüsebrühe, Olivenöl und Balsamico zum Nudelnest geben. Mit 2 Tassen kochendem Wasser auffüllen. Gut umrühren und 10 Minuten zugedeckt an einem warmen Ort ziehen lassen, zum Beispiel auf einem (USB-)Tassenwärmer. Feta-Würfel zugeben, umrühren und genießen.

Lachsterrine

Es muss nicht immer Dosenthunfisch sein.

Trockene Zutaten:

- ½ Tasse Milchpulver
- 1-2 Teelöffel Parmesan, gerieben und getrocknet
- 1 Teelöffel Cheddar Cheese Powder
- 1 Teelöffel Schnittlauch, gefriergetrocknet
- 1 Platte Instant-Mie-Nudeln

Ansonsten:

- 3½ Tassen kochendes Wasser
- 1 Dose Lachs (ca. 180 g Einwaage)

Die Mie-Nudeln mit ca. 2 Tassen kochendem Wasser in einen Gefrierbeutel geben und einige Minuten ziehen lassen (eventuell vorsichtig kneten, aber Vorsicht: heiß!). Derweil in einem großen Kaffeepott oder einer großen Suppentasse Milchpulver und die beiden Käsearten mischen. 1½ Tassen Wasser unter Rühren dazugießen und den Schnittlauch unterrühren. Die Nudeln abgießen und zum Käse in die Tasse geben – Vorsicht, damit es nicht überschwappt. Zuletzt den Lachs mit der Gabel zerpflücken und einrühren.

Das Cheddar Cheese Pulver kann auch vollständig durch Parmesan ersetzt werden, sofern mit Zutaten gearbeitet werden soll, die auch in Deutschland problemlos zu erhalten sind. Beim Käseanteil kann man ruhig etwas experimentieren, nicht jeder mag die Käsenote gleich intensiv.

Brokkoli-Reis-Topf

- 1 Tasse Instant-Reis, 1-2-Reis oder Reisflocken
- 2 Esslöffel Milchpulver
- 2 Esslöffel Cheddar Cheese Powder
- 3 Esslöffel gefriergetrockneter Brokkoli
- 1-1½ Teelöffel Bio-Gemüsebrühe

Alle Zutaten in eine Suppenschale geben, mit ca. 2 Tassen kochendem Wasser aufgießen, gut durchrühren und 10 Minuten zugedeckt an einem warmen Ort ziehen lassen, zum Beispiel auf einem (USB-)Tassenwärmer. Optional kann auch noch 1 Dose Truthahn- oder Hähnchenfleisch zerkleinert und untergerührt werden.

Miso-Eintopf

- 1 Tasse Tofuwürfel (Tofu aus dem Glas)
- 2 Esslöffel gefriergetrocknete Zwiebeln

- 1-2 Teelöffel gefriergetrockneter Knoblauch (fein zerkrümeln)
- 1 Esslöffel gefriergetrocknete Frühlingszwiebeln
- 1 Esslöffel gefriergetrockneter Schnittlauch
- 2 Esslöffel gefriergetrocknetes Suppengemüse
- 1 guter Esslöffel Miso-Paste (Glas) oder 1 Esslöffel Instant-Miso-Brühe
- Wakame- oder Nori-Algen nach Geschmack

Tofu abgießen und würfeln. Algen in kleine Stücke oder feine Streifen schneiden (das geht gut mit der Küchenschere). Alle Zutaten in eine große Suppentasse geben und mit heißem Wasser aus dem Heißwasserkocher auffüllen. Rühren, bis sich die Misopaste aufgelöst hat und dann 5 Minuten zugedeckt warm stellen, zum Beispiel auf einem USB-Tassenwärmer am Rechner.

In vielen Asialäden gibt es kleine Nori-Snack-Packungen, die genau die richtige Menge Nori für eine Portion Miso-Eintopf enthalten. Nach Geschmack kann der Eintopf mit einem Schuss Sojasauce oder ein paar Tropfen geröstetem Sesamöl verfeinert werden. Für einen intensiveren Geschmack eignen sich auch geräucherter Tofu oder geräucherter Mandel-Sesam-Tofu.

Süßer Hirsebrei

Für ca. 1-1½ Portionen benötigt Ihr:

- 1 Tasse Hirseflocken
- 4 Esslöffel Magermilchpulver
- 2 Esslöffel Rohrzucker
- ½ Esslöffel Zimt

Alle Zutaten in ein Bügelglas geben und gut miteinander mischen. Direkt vor dem Zubereiten nochmal gut durchmischen und dann die gewünschte Menge entnehmen. Mit kochendem Wasser übergießen, so dass die Mischung knapp bedeckt ist. Gut durchrühren und genießen.

Da Milchpulver geöffnet nur wenige Wochen haltbar ist, mischt man den Hirsebrei am besten erst kurz vor der geplanten Verwendung.

KAPITEL 4

No Cook-Küche: Kleine Gerichte ohne Herd

Alle paar Wochen taucht der Larval-Geek aus dem Himmel exzellenten Codings hinab in die Niederungen der normalen Menschen und hat *Hunger*. Aber die Küche wurde ja abgeschafft bzw. erst gar nicht angeschafft und so oder so erst mal stillgelegt. Was nun? Doch wieder nur Frühstücksdrinks zu sich nehmen? – Natürlich nicht! Es folgt ein Auswahl kleiner Rezepte, die nur einen kleinen Einkauf, wenig Ausrüstung und nicht mal eine Herdplatte benötigen.

4.1 Kalt und köstlich

Problem

Ich habe solche Lust auf etwas richtig Aromatisches. Kein Käsebrot mehr, bitte! Aber auch keine Kocherei!

Lösung

Selbst ohne eine echte Küche und Kochkenntnisse lässt sich leicht ein schmackhaftes Essen zubereiten.

Diskussion

Wir schauen einfach über die Landesgrenzen hinweg und nehmen zwei Rezepte für kalte exotische Köstlichkeiten.

Guacamole

- 2 Avocados, nicht zu hart
- Saft einer halben Zitrone
- 1 kleine Zwiebel

- 1 Dose stückige Tomaten
- ca. ½ Teelöffel Salz
- 1 Messerspitze Sambal Oelek
- ½ Teelöffel Koriandersaat, zerstoßen oder zermahlen (optional 2-3 Stängel Koriandergrün, gehackt)

Die Zwiebel schälen und in sehr feine Würfel schneiden. Die Avocados der Länge nach halbieren, den Kern entfernen, das Fruchtfleisch mit einem Löffel aus der Schale schaben und mit einer Gabel zerdrücken. Mit dem Zitronensaft pürieren. Die Zwiebelwürfel unterrühren. Tomaten in einem Sieb abtropfen lassen und dann ebenfalls unterrühren. Mit Salz, Sambal Oelek und der Koriandersaat oder dem gehackten Grün würzen und mit einem Teigschaber in eine Schale heben. Dazu Tacos, Tortillas, Fladenbrote oder Baguette servieren.

Hummus

- 1 kleine Dose Kichererbsen oder ½ große Dose Kichererbsen, abgetropft
- Tahini aus dem Glas (Sesammus)
- Zitronensaft
- Paprikapulver
- Salz
- granulierter Knoblauch (optional)

Die Kichererbsen in einen Mixer geben, 3-4 Esslöffel Tahini sowie einen Esslöffel Wasser oder Flüssigkeit von den Kichererbsen hinzugeben und miteinander mixen. Nun mindestens 1 Esslöffel Zitronensaft , optional auch mehr, sowie Knoblauch nach Belieben untermischen. Sollte die Konsistenz noch zu grob und trocken sein, nach Geschmack zusätzlich Tahini, Wasser oder Zitronensaft hinzufügen. Mit Salz/Kräutersalz und einer kräftigen Prise Paprikapulver würzen.

Dazu ein Stück Brot oder eine Tüte Tacochips oder auch rohes Gemüse, fertig ist ein sättigendes, eiweißreiches Gericht.

4.2 Schnelle Salate

Problem

Ich würde ja auch einfach mal einen Salat essen – aber auch für viele Salate muss ich eine Zutat kochen, oder ich brauche eine Küchenmaschine.

Lösung

Es gibt auch Salate, die sich im Nu aus wenigen leckeren Bestandteilen zaubern lassen.

Diskussion

Drei Rezepte stellen wir im Folgenden vor. Der Fantasie sind aber auch hier keine Grenzen gesetzt.

Wurstsalat

Mehr als ein Schneidbrett, ein Messer und einen tiefen Teller oder eine Müslischale braucht man für diesen schmackhaften Salat nicht – für größere Mengen ist eine Salatschüssel allerdings angebracht. Die Zutaten sind nach Geschmack und Ernährungsvorlieben skalierbar ...

Für den Salat:

- Wurst – Fleischwurst oder ähnliches, in dünne Streifen oder Würfel geschnitten
- Zwiebeln – rote Zwiebel, Lauchzwiebel oder Schalotten, geschält und in feine Ringe geschnitten
- Rettich – weißer Bierrettich, Radieschen, Eiszapfen, in feine Scheiben oder Stifte geschnitten
- Gurken – in dünne Scheiben oder Würfel geschnitten
- Paprikaschoten, am besten rote, in Würfel geschnitten

Für das Dressing:

- 4 Teile Essig
- 3 Teile Öl
- 2 Teile Senf
- Salz und Pfeffer
- nach Wunsch Schnittlauch oder Petersilie

Besitzer von nur einem Teller oder einer Schale fangen damit an, das Dressing zu rühren und schnippeln dann alle anderen Zutaten hinein. Der solchermaßen entstandene Wurstsalat schmeckt pur oder mit Brot und lässt sich prima in eine Lunchbox packen. Als solche tut es in diesem Fall zum Beispiel auch ein verschließbarer, gebrauchter großer Einweg-Kaffeebecher mit Deckel, den man vorher (natürlich) ausspült und bitte aufrecht transportiert. Eine Plastikgabel dazu, fertig ist der *mobile lunch*.

Tabouleh

Ein kleines bisschen Vorbereitung muss in diesem Fall sein: Bei Bulgur, den man im gut sortierten Supermarkt oder im orientalischen Gemüseladen finden kann, handelt es sich um vorgekochten und getrockneten Weizen (Weizengrütze), der (je nach Packungsanweisung) zwischen einer halben Stunde und mehreren Stunden in heißem Wasser quellen muss. Beim Einkauf also auf einen Bulgur achten, der schnell quillt. Als Alternative empfiehlt sich Couscous, feinerer Weizengrieß, der mit kochendem Wasser aus dem Wasserkocher übergossen wird und schon nach 10 Minuten fertig ist – allerdings ist das Mouthfeeling natürlich ein anderes.

Danach ist man allerdings mit wenigen Handgriffen bei einem tollen, frischen, sättigenden Sommersalat angekommen.

- 1 Tasse Bulgur/Couscous
- 1 kleine Zwiebel
- 3 Tomaten
- 1 Handvoll frische Minzblätter (ca. ½ Bund, je nach Größe des Bundes)
- 1 Zitronen
- Olivenöl
- Salz und Pfeffer

Bulgur einweichen. Geduldig warten.

Das Einweichwasser abgießen und den Bulgur in ein sauberes Küchentuch (ein festes Stück Küchenpapier tut's) schütten, das restliche Wasser herauspressen und den Bulgur in die große Tasse/Essschale/Schüssel geben. (Wer keine frische Zwiebel hat, kann beim Einweichen einen Esslöffel gefriergetrocknete Zwiebel zugeben und spart sich den nächsten Schritt.)

Alternativ: Couscous überbrühen, so dass einige Millimeter Wasser auf dem Grieß stehen. Wenn das Wasser schnell aufgesogen wird, eventuell vorsichtig Wasser nachgießen.

Die Zwiebel fein hacken. Die Tomaten vierteln, das Innere herausdrücken (entkernen) und den verbliebenen Rest würfeln. Die Minze hacken, die Zitrone auspressen. Alles mit dem Bulgur/Couscous mischen und dann mit Olivenöl, Salz und Pfeffer würzen und abschmecken.

Sättigender Obstsalat

Diesen Salat isst Petra auch gern mal als reichhaltiges Frühstück.

- 1 Banane
- 1 Avocado, vorzugsweise der Sorte Hass (dunkle, riffelige Schale)
- 1 Hand voll blaue Weintrauben
- wenig Walnussöl

Banane und Avocado schälen und in Scheiben schneiden. Weintrauben halbieren. Bananen- und Avocadoscheiben abwechselnd auf einem Teller anrichten (oder einfach alles in die Essschale geben), Weintrauben darüber streuen. Mit dem Walnussöl dünn beträufeln, verspeisen.

Das Walnussöl – das zusätzlich zum tollen Aroma gesunde Omega-3-Fettsäuren liefert – gibt es im Supermarkt in kleinen (100 ml-)Fläschchen, und auch wenn man ersatzweise ein neutrales Pflanzenöl nehmen könnte, ist das einfach nicht dasselbe. Sehr lecker macht sich stattdessen Macadamia-Nussöl.

TEIL II

Mamas Liebling

»Lass nur, ich mach das schon.«

Diese und ähnliche Sätze waren Zeit des bisherigen Lebens das Damoklesschwert, das über dem Kopf von Mamas Liebling hing. (Und das ganz egal, ob es sich hierbei um die männliche oder weibliche Inkarnation des Geeks handelt.)

Daheim liebevoll umsorgt zu werden, mag auf den ersten Blick bequem sein, aber man ist auch auf Gedeih und Verderb dem elterlichen Geschmack ausgeliefert. Das beginnt oft schon bei morgendlichen Zwängen (»Ohne Frühstück gehst du mir nicht aus dem Haus!«) führt über staubtrockene Pausenbrote bis hin zu kulinarischen Sünden wie brikettartigem Braten (»Der Papa mag den Braten halt gut durch!«), fetttriefenden Saucen (»Da muss noch Butter ran!«) und zerkochtem Gemüse in der ewig gleichen weißen Mehlsauce.

Doch ist man endlich dem elterlichen Herd entkommen, stellt man fest, dass Muttern einem leider nicht einmal verraten hat, wie viele Löffel Kaffeepulver man für eine Kanne Wasser braucht.

Die meisten Geeks bringen diese Phase mit dem bewährten Trial-and-Error-Verfahren hinter sich, das einem auch am Rechner oft gute Dienste leistet. Doch was soll man sagen? Ein abgestürzter Server oder ein geschrottetes Dateisystem sind bei weitem nicht so schauderhaft wie ein Koch-GAU. Und mit leerem Magen programmiert es sich nicht gut. Deswegen liefern wir Euch in den folgenden Abschnitten bewährte Küchenscripts zum direkten Ausführen.

KAPITEL 5

Basisküche

Die unter anderem einfachsten Mahlzeiten der Welt? Das ordinäre Butterbrot und das gekochte Ei. Die beliebteste Beilage in deutschen Küchen? Die Kartoffel! Wie man diese Basislebensmittel zubereitet, erklären wir Euch im Folgenden. Außerdem machen wir einen Exkurs zu Reis und Gemüse und weihen Euch in die Geheimnisse schmackhafter Saucen ein.

5.1 Basiswissen Brot

Problem

Brot ist lecker. Brot backen ist allerdings total schwierig. So richtig können das nur Bäcker. Und will man selbst Brot backen, braucht man entweder einen richtigen Brotofen, einen Brotstein oder einen Brotbackautomaten und eine Backmischung mit Geling-Garantie. Wenn sich nicht mal die eigene Mutter ans Brotbacken heranwagte ...

Lösung

Tatsächlich braucht man nichts davon wirklich. Für ein einfaches frisches Frühstücksbrot reichen das Mehl und ein Tütchen Trockenhefe aus dem Basisvorrat. Wie die kommenden Seiten beweisen, braucht man nicht einmal zwingend einen Backofen.

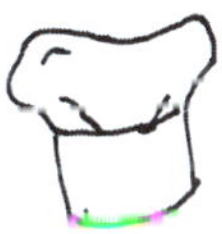

Man kann sich die Küchenfläche nun natürlich mit einem Brotbackautomaten zustellen. Diese liefern aber allenfalls drittklassiges, meist viel zu feuchtes Brot und müssen außerdem aufwändig gereinigt werden. Unterm Strich kommt dabei keine Arbeitserleichterung heraus, vergleicht man es mit pfannengebackenem oder Backofen-Brot.

Diskussion

Woher unser verzerrtes Bild der Brotherstellung kommt, ist nicht ganz einfach nachzuvollziehen. Ist es die Erinnerung an frühere Zeiten, als ein ganzes Dorf sich einen Brotofen teilte und einmal die Woche einen riesen Rummel vollzog, mit Sauerteigansatz, Vorteig, Hauptteig, gehen lassen etc., und das Ganze auch noch abhängig von Wettereinflüssen (Luftdruck, Luftfeuchtigkeit und Wärme) war, so dass also tatsächlich eine ganze Fuhre Brot misslingen konnte? Oder ist es der feste Glaube, dass man die Geheimnisse eines dreijährigen Lehrberufs nicht einfach im stillen Kämmerlein entmystifizieren kann und darf?

Fakt ist, wenn wir zu Hause Brot oder Pralinen herstellen, erreicht das nicht die industrielle Perfektion, die wir heutzutage gewohnt sind. Aber die Ergebnisse können durchaus gut, kreativ und lecker sein, wenn wir entsprechend sorgfältig und mit Spaß an der Sache vorgehen.

Brote kann man auf drei Arten herstellen: mit Backpulver, mit Hefe oder mit Sauerteig. Sauerteigbrot ordnen wir eher der Kategorie »Kulinarischer Geek« zu, denn es erfordert einen höheren Aufwand und mehr Geschick. Backpulverteig eignet sich eigentlich nur für schnelle, dünne Fladenbrote aus der Pfanne. Hefeteig ist dagegen kein großer Zauber, wenn man einmal gelernt hat, mit ihm umzugehen. Er mag es warm, frei von Zugluft und möglichst feucht. Je nach Wetterlage geht er wie verrückt oder nur mäßig, aber er gelingt meistens.

Als Nächstes müssen wir etwas über das Mehl wissen, mit dem wir arbeiten. Weizenmehle sind durch den Weizenkleber Gluten klassische, leicht zu verarbeitende Brotmehle. Allerdings hält Weizenmehl Feuchtigkeit nur schlecht. Reine Weizenmehlbrote werden daher bei falscher Lagerung innerhalb eines Tages altbacken. Wenn Ihr also Weißbrotfanatiker seid und ein Bäcker möchte Euch ein Brot mit 15-prozentigem Roggenmehlanteil verkaufen, dann will er Euch nicht zu gesundem Essen nötigen. Nein, er ist einfach ein Bäcker, der noch etwas von seinem Handwerk versteht und der will, dass Ihr Spaß an dem Brot habt, bis Ihr es aufgegessen habt und es nicht stattdessen an die Enten im Park verfüttern müsst.

Aber nicht nur Anteile von Roggenmehl machen ein Weizenbrot länger haltbar, das Gleiche erreicht man mit der Zugabe von Buchweizenmehl oder Kartoffeln. Meistens verbessert sich durch eine solche Mischung auch der Geschmack, er wird frischer und runder.

Reine Roggenmehlbrote gelingen mit Hefe generell nicht. Ihnen fehlt das Gluten zwar nicht völlig, aber die im Roggenmehl enthaltenen Schleimstoffe unterdrücken den Aufbau eines Klebergerüsts, wie wir es im Weizenteig vorfinden. Das Gas, das beim Wachsen der Hefe entsteht, braucht aber ein solches Gerüst, um den Teig aufblähen zu können. Wer mit Hefe arbeiten möchte, darf dem Teig also nur wenig Roggenmehl zusetzen. Roggenmehlbrote oder Mischbrote mit einem hohen Roggenanteil müssen zwingend mit Sauerteig angesetzt werden.

(Roggen-)Sauerteig

Im (Roggen-)Sauerteig arbeiten im Wesentlichen zwei Arten von Bakterien: homofermentative und heterofermentative Milchsäurebakterien. Sie bewirken den sogenannten *Pasteur-Effekt*:

- Homofermentative Gärung: Glukose → Milchsäure + 218 kJ Energie
- Heterofermentative Gärung: Glukose → Milchsäure + Ethanol + Kohlendioxid
- und gleichzeitig: Glukose → Milchsäure + Essigsäure

Die Milchsäurebakterien zersetzen also einen Teil der Kohlenhydrate im Mehl zu Milchsäure zu Essigsäure und einen geringen Anteil Kohlendioxid. Die Hefen tragen ebenfalls Kohlendioxid sowie kleine Mengen Alkohol (Ethanol) zum Gärungsprozess bei. Der Alkohol wird von den Essigsäurebakterien in Essigsäure umgewandelt. Durch verschiedene Bedingungen (Gärungszeit, Mischungsverhältnis, Temperatur) kann Einfluss auf die Anteile der einzelnen Gärungsprodukte und somit auf Eigenschaften und Geschmack (Wirkung) des Sauerteigs genommen werden. (zitiert nach Wikipedia)

Gründe für die Verwendung von Sauerteig:

- Technologisch: Da sich im Roggenteig durch die Anwesenheit von Pentosanen (Hemicellulose) kein Klebergerüst ausbildet wie beim Weizenteig, muss beim Backprozess Stärke das Gebäckgerüst bilden. In Roggenmehlen sind aber häufig sehr aktive Amylasen tätig, die die Stärke abbauen und eine Stärkeverkleisterung unmöglich machen. Die im Sauerteig gebildete Säure verhindert dagegen den Stärkeabbau.
- Geschmacklich: Das säuerliche Aroma ist bei dunklen Gebäcken sehr beliebt. Dabei bildet Milchsäure ein feines mildes Aroma, Essigsäure bewirkt ein schärferes Aroma. Die Kunst bei der Sauerteigbereitung besteht darin, das Verhältnis von Milch- und Essigsäure auf ein Verhältnis zu bringen, das das Produkt wohlschmeckend und aromatisch macht. Dies wird durch die Wahl von Temperatur und Teigfestigkeit erreicht. Die Aromabildung durch die Hefegärung sollte ebenfalls nicht unterschätzt werden.
- Teiglockerung: Das gebildete CO_2 lockert den Teig (biologische Lockerung). Zweck eines jeden Sauers ist die Förderung von Hefen, die Kohlendioxid bilden und den Teig lockern. Eine Lockerung ist notwendig, damit während des Backens die Hitze vollkommen in den Teigling eindringen kann. Dichte, also unlockere Teige haben nur eine geringe Wärmeleitfähigkeit. Dadurch ist der Kern des Gebäcks noch roh, während die Oberfläche bereits verbrennt.
- Haltbarmachung: Die Säure führt außerdem zu einer längeren Haltbarkeit des Brots, da sie einem Befall durch Schimmelpilze entgegenwirkt.

Aber noch einmal zum Weizenmehl und dem Weizenkleber: Gluten ist nur in den Proteinvorstufen Gliadin und Glutenin im Weizenmehl enthalten. Erst durch mechanische Bearbeitung, das heißt durch intensives Kneten, verbinden sich die Vorstufen zu Gluten.

Es reicht für ein Brot also nicht, die Zutaten locker zu vermengen. Brot *muss* geknetet werden und das gründlich. Zusätzlich muss beim maschinellen Kneten auf die Knetdauer geachtet werden, denn ein »Überkneten« lässt den Teig zäh und gummiartig werden.

Vermutlich gibt es gerade unter hochsensiblen Geeks viele Gluten-Allergiker, für die das Brotbacken deutlich problematischer ist. Das Thema Glutenunverträglichkeit (Zöliakie oder Sprue) würde allerdings den Rahmen dieses Buchs sprengen. Hier möchten wir dazu raten, sich ein Sachbuch zum Thema zu besorgen. Viele hilfreiche Artikel und Rezepte findet man bei *http://gflinks.com/*. Nicht nur Betroffene werden Spaß an den tollen Rezepten von Shauna, dem Gluten-free Girl haben (*http://glutenfreegirl.blogspot.com/*).

Noch ein kleiner, abschließender Tipp zu Hefeteig-Broten: Verständlicherweise möchte man sich morgens vielleicht nicht mehr die ganze Arbeit machen, um ein Frühstücksbrot auf dem Tisch zu haben. Wer aber das Brot abends vorbereitet und es über Nacht an einem warmen Ort gehen lässt, sieht sich am nächsten Tag einem wahren Hefemonster gegenüber. Das ist nicht so, wenn man den Teig über Nacht an einem kühlen Ort gehen lässt, wobei der Kühlschrank allerdings zu kalt sein kann. Eine lange Gehzeit bei kühlen Temperaturen entspricht etwa einer Stunde Gehzeit in einer warmen Umgebung.

Siehe auch

Im WWW gibt es fantastische Quellen zum Brotbacken, und eine davon möchten wir Euch besonders ans Herz legen, nämlich *Petras Brotkasten – http://www.petras-brotkasten.de/*.

5.2 Einfaches Hefebrot

Problem

Sonntagmorgen. Das Brot ist alle und die nächste Tankstelle ist einfach zu weit weg.

Lösung

Eine Geekküche, in der die von uns empfohlenen Basislebensmittel vorrätig sind, ist durchaus in der Lage, schnell für Ersatz zu sorgen. Mehr als Mehl, einen Beutel Trockenhefe, Olivenöl und etwas Salz braucht man nicht, um in etwas über einer Stunde ein duftendes Brot auf dem Tisch stehen zu haben.

Diskussion

```
========== REZKONV-Rezept - RezkonvSuite v1.2

     Titel: Weißbrot
Kategorien: Backen, Brot, Einfach
     Menge: 1 Brot

   500        g  Mehl Type 550
    15        g  Salz; [10g reichen auch]
    55       ml  Olivenöl
    20        g  frische Hefe
   275       ml  Wasser

============================ QUELLE ============================
         Das Geek-Kochbuch, von
         Mela Eckenfels u. Petra Hildebrandt
                   -- Erfasst *RK* 15.06.2006 von
                   -- Petra Hildebrandt

Alle Zutaten in einer großen Schüssel mischen. Achtung, die Hefe
sollte nicht direkt auf dem Salz liegen. Mit den Händen zu einem
elastischen Teig verkneten. Mit Küchenfolie abdecken und 1 Stunde
gehen lassen.

Backform mit Backpapier auslegen. Teig zu einer Rolle formen und in
die Backform geben.

Ofen auf 220°C vorheizen. Teig währenddessen 30-60 Minuten gehen
lassen.

Brot im Ofen 35 Minuten backen. Aus der Form stürzen, mit den
Fingerknöcheln auf den Brotboden klopfen. Wenn es hohl klingt, ist
das Brot fertig. Auf einem Kuchengitter abkühlen lassen.

=====
```

5.3 Eier-HowTo

Problem

Die Beschreibung Deiner Mutter, wie man ein Ei kocht, könnte folgendermaßen aussehen: Du legst Dein Ei in kaltes Wasser, denn gibst Du es direkt in kochendes Wasser, wird es platzen. Dann stellst Du den Küchentimer auf 7 Minuten, nimmst es nach Ablauf der Zeit aus dem Wasser heraus und schreckst es unter kaltem Wasser ab, damit es sich besser pellen lässt. Schon hast Du ein perfektes Sieben-Minuten-Ei.

Was daran das Problem ist? Diese Beschreibung ist in beinahe jedem Teil falsch.

Lösung

Nun folgt ein kleiner Exkurs in angewandter Kochphysik und grundlegendes Wissen über Eier.

Diskussion

Das perfekte Ei zu kochen ist nicht unmöglich, für einen durchschnittlichen Geek aber etwa so schwer zu erreichen wie ein Vierer im Lotto.

Aber rollen wir die oben aufgeführte Anleitung, die in vielen Haushalten exakt so durchgeführt wird, einmal von hinten auf.

Wir haben gelernt, dass ein Ei sich dann gut pellen lässt, wenn es nach dem Kochen mit kaltem oder Eiswasser abgeschreckt wird, und wie viele urbane Legenden hält sich auch diese hartnäckig. Das Abschrecken dient jedoch nur einem Zweck: den Kochvorgang innerhalb des Eis zu unterbrechen und die weitere Denaturierung der Eiweiße zu stoppen, nachdem man es aus dem heißen Wasser genommen hat. Der nette Nebeneffekt ist natürlich, dass man sich beim Pellen die Pfoten nicht verbrennt ...

Aber warum lässt sich das eine Ei gut pellen und beim anderen reißen große Stücke aus dem Eiweiß heraus? Die Antwort liegt im Alter des Eis begründet, beziehungsweise in seinem pH-Wert. Direkt nach dem Legen besitzt das Ei einen pH-Wert von ca. 7. Mit jedem Tag, den es gelagert wird, entweicht Kohlendioxid und das Ei wird basisch, bis es nach vier Tagen einen pH-Wert von knapp 9 erreicht. Dadurch haftet die Schale nicht mehr so gut an der dünnen Eihaut und das Ei lässt sich problemlos pellen.

Das heißt, frische Eier, die Ihr bei Oma auf dem Hühnerhof sammelt, solltet Ihr besser für Spiegel- oder Rührei verwenden (oder für ein leckeres, frisches Tiramisu). Als gekochtes Frühstücksei eignet sich besser eines, das ein paar Tage im Kühlschrank ruhen durfte.

Der mittlere Teil der Aussage, 7 Minuten im Wasser machen ein perfektes Sieben-Minuten-Ei, trifft leider auch nicht zu. Ein Ei ist ein kleines Wunderwerk der Biologie und mit einfachen Aussagen nicht so leicht auf Linie zu bekommen. Was nach sieben Minuten aus Eurem Ei geworden ist, hängt ab von der Größe des Eis, ob es bei Zimmertemperatur aufbewahrt wurde oder im Kühlschrank, welche Temperatur dort herrschte (ein Ei, das bei 20°C gelagert wurde, gart schneller als eines, das bei 18°C gelagert wurde), von der Temperatur des Wassers zu dem Zeitpunkt, zu dem Ihr das Ei in den Topf legt, von der Wärmeleitfähigkeit Eures Eiertopfs und dem Füllstand des Wassers. Und eben, ob Ihr das Ei danach abschreckt oder bei Zimmertemperatur stehen lasst.

Setzt Ihr ein Ei zum Beispiel immer mit Wasser direkt aus der Leitung auf, so schwankt die Wassertemperatur zwischen Sommer und Winter um einige Grad. Ein Ei, das im Sommer perfekt wachsweich gerät, ist im Winter nach 7 Minuten noch glibberig.

Wollt Ihr reproduzierbare Ergebnisse haben, solltet Ihr das Eierkochen ritualisieren und beispielsweise das Ei immer direkt aus dem Kühlschrank nehmen, wo es stets im Eierfach gelagert wird. Am besten legt Ihr das Ei immer in kochendes Wasser ein, denn dessen Temperatur ist definitiv immer 100°C. Ebenso werden jedes Mal der gleiche Topf und die gleiche Herdplatte verwendet. Alle anderen Platten und der Backofen bleiben aus, um eine unterschiedliche Herdtemperatur durch Spannungsschwankungen in alten Gebäuden zu vermeiden. Ihr verwendet einen Küchentimer und danach wird das Ei – ganz nach Gusto – abgeschreckt oder eben nicht. Aber denkt daran, dass auch hier die Schwankungen der Wassertemperatur Auswirkungen auf das fertige Ei haben.

Aber warum soviel Aufwand treiben, wenn man das Ei auch einfach so lange im heißen Wasser liegen lassen kann, bis es durch und durch hart ist? Knochenharte Eier mögen eine Versicherung sein, dass auch die letzte Salmonelle tot danieder liegt, ein Genuss ist so ein bröckeliges, grünes Eigelb allerdings nicht – ganz egal, wie viel Mayonnaise darüber gekippt wird.

Wer sich näher darüber informieren will, bei welcher Temperatur welcher Teil des Eis denaturiert, dem sei die Tabelle auf Seite 70 von *Die letzten Geheimnisse der Kochkunst* (siehe unten) empfohlen. Hier soll nur soviel gesagt sein, dass auch der Kern mindestens eine Temperatur von 55°C erreichen muss, um das Risiko einer Salmonelleninfektion auszuschließen.

Nun zu einem weiteren Teil Irrglauben über Eier: Eier reißen oder platzen prinzipiell, wenn sie in kochendes Wasser eingelegt werden. Zum Platzen der Eier führen zwei Faktoren: eingeschlossene Luft in der kleinen Luftblase am stumpfen (breiten) Ende des Eis, die sich beim Erwärmen ausdehnt, und Osmose zwischen einer Umgebung mit wenig gelösten Salzen und einem Objekt, dessen Inhalt mehr gelöste Salze enthält. Die Lösung liegt auf der Hand: Man piekt das Ei am stumpfen Ende mit einem spitzen Gegenstand (Eierpieker, Nadel) an und salzt das Kochwasser. Und gibt man dem Wasser noch einen Schuss Essig hinzu, tritt das Eiklar nicht aus, sollte die Schale doch reißen.

Nun steht dem Genuss des morgendlichen Frühstückseis nichts mehr im Weg. Man muss übrigens nicht zwingend nur mit Salz und Brot essen. Auch ohne Brot, mit einem Klecks Mayonnaise oder scharfem Senf oder noch viel, viel besser, mit gutem Meerrettichsenf ist es ein leckerer Bestandteil der Lunchbox.

Siehe auch

- Christoph Drösser, *Stimmt's? Noch mehr moderne Legenden im Test*, rororo, 3-499-60933-9
- Quarks & Co, *QuarksScript* Wunder Ei, WDR Fernsehen, *http://www.quarks.de/pdf/Q_Ei.pdf*
- Peter Barham, *Die letzten Geheimnisse der Kochkunst*, Piper, 3-492-24359-2
- Harold McGee, *On Food and Cooking*, SCRIBNER, 0684800012
- News for Curious Cooks, das Blog von Harold McGee: *http://curiouscook.blogspot.com/*

5.4 Ziplock-Omelett

Problem

Ich will ein Omelett machen, aber ich habe (noch) keine Pfanne.

Lösung

Omeletts kann man hervorragend ganz ohne Pfanne herstellen, vorausgesetzt, man hat einen Herd, einen Kochtopf und pro Portion einen Gefrierbeutel, wenn es etwas hübscher sein soll, einen Ziplock-Beutel (diese Gefrierbeutel mit Reißverschluss).

Diskussion

Ein Omelett aus dem Gefrierbeutel klingt zunächst blödsinnig, bringt aber eine Vielfalt von Vorteilen mit sich. Deswegen fangen wir mit dem einzigen Nachteil an: Das Ziplock-Omelett benötigt etwas mehr Zeit als andere Omeletts. Aber: viel weniger Arbeit.

Und was noch sehr viel schöner ist: Ziplock-Omeletts sind ideal, um auch eine Gruppe von Leuten beim Frühstück oder einem schnellen Fressgelage zu verköstigen. Bis zu sechs der Omeletts kann man zusammen in einem Topf garen und jeder bekommt genau das Omelett, das er haben will.

Pro Portion benötigt man:

- 1 Gefrierbeutel, im Idealfall mit Reißverschluss oder etwas Garn zum Zubinden
- bei mehreren Leuten: wasserfester Marker zum Beschriften des eigenen Beutels
- 2 Eier (nie mehr pro Portion nehmen!)
- weitere Zutaten nach Wahl, Wunsch und Geschmack, mundgerecht zerkleinert: Käse, Tomate, Schinken, Thunfisch, Kapern ...
- für ein würziges Omelett Salz und Pfeffer, für ein süßes gegebenenfalls Zucker

Zuerst: Einen Topf mit Wasser aufsetzen. Bei mehreren Leuten: Mit wasserfestem Marker Namen auf den Beutel schreiben.

Ihr schlagt die beiden Eier in Euren Beutel auf, zerdrückt sie etwas und gebt die übrigen Zutaten hinein. Verrührt vielleicht noch einmal alles mit der Gabel, dann drückt Ihr so viel Luft wie möglich aus dem Beutel und verschließt ihn entweder mit dem Reißverschluss oder Ihr bindet ihn fest mit einem Faden zu.

Sobald das Wasser sprudelnd kocht, gebt Ihr den oder die Beutel in den Topf und lasst alles auf hoher Einstellung exakt 13 Minuten kochen. Anschließend Beutel herausnehmen, den Inhalt auf einen Teller geben und genießen.

Aber eine Pfanne solltet Ihr Euch trotzdem kaufen!

5.5 Gemüse-HowTo

Es gibt so viele Gemüse und Zubereitungsarten, dass wir vermutlich noch in vier Jahren an diesem Manuskript säßen, wollten wir sie alle aufzählen. Wir kennen viele Geeks, die mit Überzeugung von sich sagten »Ich mag kein Gemüse«, und dann völlig baff waren, wenn sie bei uns Gemüse, die sie ablehnten, plötzlich richtig lecker fanden. Einige Beispiele:

»Der Rosenkohl schmeckt ja gar nicht bitter.« (Gerald A. aus H., überrascht, als er nach jahrelanger Rosenkohlabstinenz bei Petra das Gemüse, das mit Geflügelfond, Majoran und Pinienkernen gegart war, aus reiner Höflichkeit gegenüber der Gastgeberin kostete.) Auch unsere Lebenspartner gehören zu den solchermaßen Überraschten: »Da könnte ich mich reinsetzen!« (Bernd, der erklärte Kohlhasser, nach der dritten Portion von Melas »Cole Slaw«.)

Deswegen möchten wir Euch hier anstelle eines HowTo ermutigen, einfach mal andere Zubereitungsarten auszuprobieren als die, die Ihr von zu Hause kennt (und eklig findet). Beispielsweise muss Gemüse weder zwingend totgekocht noch in weißer oder brauner Sauce ertränkt werden. Viele Gemüse schmecken roh geraspelt und mit einem tollen Dressing wirklich lecker und machen sich im Wok oder mit indischen oder asiatischen Gewürzen ganz anders, ja selbst die simple Zugabe von Zitrone oder Tomatenwürfeln kann einem vorher unbeliebten Gericht Flair und ein tolles Aroma verleihen. Rezept-Ideen dazu findet Ihr im Folgenden und in den in Rezept 1.6 aufgeführten Rezeptquellen.

5.6 Die einfachste Gemüsesuppe der Welt

Problem

Ihr würdet gern eine Suppe mit Gemüse essen. Aber Gemüsesuppe kochen ist aufwändig, erfordert massenhaft Schnippelarbeit und unglaublich viele verschiedene Gemüse.

Lösung

Ein großer europäischer Tiefkühlkost-Anbieter hat genau das, was Ihr braucht: Tiefkühl-Suppengemüse. Dazu Wasser und zwei Gemüsebrühe-Würfel, und fertig ist eine leckere, gesunde Suppe.

Diskussion

Unsere Erfahrungen mit Tiefkühl-Suppengemüse vom Discounter ergaben, dass in den Paketen meist nur sehr wenige Gemüsesorten enthalten sind, die meist zu feinen Stückchen geschreddert sind. Das ist untauglich für eine wirklich gute, vielseitige Suppe. Und Achtung, das Gemüse von Iglo gibt es auch *mit* Fleischbrühe drin, und das wollt Ihr nicht (weil es eklig schmeckt, ehrlich)! Es lohnt sich wirklich, eine Packung Tiefkühl-Suppengemüse von Iglo, Frosta oder aus dem Bioladen zu kaufen.

Das Suppengemüse, meist im 450-Gramm-Paket, kommt in einen Topf oder in die große Deckelpfanne. Nun gießt Ihr 1 Liter (4 Kaffeebecher) Wasser dazu und werft zwei Gemüsebrühe-Würfel (aus dem Reformhaus, Bioladen oder der Bio-Ecke Eures Supermarktes, ohne Glutamat drin) hinein, dreht den Herd an und lasst alles 30 Minuten kochen – Wecker, Stoppuhr, Eieruhr oder Küchentimer nicht vergessen! Und schon könnt Ihr loslöffeln. Wagemutigere Geeks tun auf der Hälfte der Kochzeit eine Handvoll Nudeln oder Kartoffeln aus dem Glas dazu und Fortgeschrittene ergänzen die Mixtur gleich zu Beginn mit einer geschälten, gewürfelten frischen Kartoffel. Würstchen kommen optional hinzu.

5.7 Kartoffeln-HowTo

Problem

Kartoffeln, das ist doch dieses mehlige, geschmacklose Zeug, das zu Hause zu jeder »richtigen« Mahlzeit dazu gereicht wurde, oder? Und das man höchstens in Form von Fritten genießen kann?

Generationen von Essern kennen Kartoffeln nur als weißlichen Salzpamps, aka die angeblich einzig richtige Methode Kartoffeln zuzubereiten. Wenn wir Euch ein Geheimnis verraten dürfen: Beide Autorinnen haben, seit sie die Hoheit über eine eigene Küche erlangt haben, kein einziges Mal Salzkartoffeln gekocht.

Lösung

Es gibt unzählige Alternativen zur Salzkartoffel, die noch dazu sehr viel besser schmecken. Eine Übersicht der gängigsten Zubereitungsarten haben wir für Euch zusammengestellt.

Diskussion

Ehe wir uns an die gar nicht so hohe Kunst des Kartoffelkochens wagen, noch ein Wort zu Kartoffelsorten. Im Wesentlichen gibt es drei Sorten von Kartoffeln:

- festkochend – die ideale Salatkartoffel
- vorwiegend festkochend – die Kartoffel für so ziemlich jeden Zweck
- mehligkochend – ideal für Suppen und ganz feine Pürees

Die meisten Kartoffeln, die Ihr im Supermarkt kauft, sind Allzweckkartoffeln und gehören zu einer der vorwiegend festkochenden Sorten. Aber es schadet nicht, dennoch beim Einkauf darauf zu achten, welchen Beutel Ihr erwischt. Es ist nämlich sehr ärgerlich, wenn Ihr Bratkartoffeln machen wollt und am Ende nur eine mehlige Pampe in der Pfanne habt ...

Pellkartoffeln

Die wohl einfachste, vielseitigste und wohlschmeckendste Art und Weise, Kartoffeln zu kochen, sind die guten alten Pellkartoffeln. Im Idealfall sollten die Kartoffeln dafür nicht zu groß, maximal in der Größe eines normalen Hühnereis, gern kleiner, sein. Was Ihr sonst noch braucht: reichlich Salz, Wasser und einen Topf. Wer mag, nimmt noch Kümmel dazu, wagemutige Gemüter versuchen es auch mal mit Kreuzkümmel.

Und so gehts: Die Kartoffeln soweit wie möglich vom Dreck befreien, dann in den Topf geben und knapp mit Wasser bedecken. Pro Portion Pellkartoffeln etwa 1-2 TL Salz zugeben, nach Wunsch pro Topf noch einen Teelöffel Kümmel- oder Kreuzkümmel. Das Ganze zum Kochen bringen und etwa 20 Minuten garen lassen. Kleinere und jüngere Kartoffeln sind unter Umständen etwas früher gar, deswegen gegen Ende der Kochzeit mit der Spitze eines scharfen Küchenmessers in die Kartoffeln pieksen, um festzustellen, ob sie schon weich sind.

Abgießen, pellen und essen, und zwar zu allem, was Ihr mögt, oder pur mit etwas Butter und Salz oder, wie man es auf den Kanarischen Inseln macht, mit Mojo, einer scharfen Chili-Knoblauchsauce.

Ofenkartoffeln

Wer einen Backofen sein Eigen nennt und vielleicht auch gern im Steakhouse speist, kennt die leckeren weichen Ofenkartoffeln, die meist von einem Löffel Sour Cream, einer mit Kräutern und Gewürzen versehenen Art Kräuterquark, oder auch anderen Belägen gekrönt sind. Solche Kartoffeln sind ideal als Beilage für die große, hungrige Gästeschar. Für einen allein lohnt sich der Aufwand eher nicht, außer man backt im heißen Ofen nebenher noch Kuchen, Pizza, Brot ...

Für Ofenkartoffeln benötigt man pro Person mindestens eine große, schöne Kartoffel. Die wird gründlich gewaschen und abgeschrubbt, notfalls mit einem (sauberen!) Spülschwamm (ScotchBrite oder ähnliches). Dann die Kartoffel abtrocknen oder an der Luft trocknen lassen. Beide Enden der Kartoffel werden mit einer Gabel eingestochen, damit beim Backen der Dampf entweichen kann. Nun die Kartoffel(n) mit ein wenig Öl oder Butter einreiben, mit Salz und Pfeffer würzen und auf ein Backblech setzen. Bei mehreren Kartoffeln unbedingt Platz dazwischen lassen, sonst dämpfen sie, statt zu backen! Den Backofen auf 200°C vorheizen und die Kartoffeln ungefähr eine Stunde backen, dann sind sie außen leicht knusprig und innen locker und gar. Oben aufschneiden, etwas auseinander drücken und mit Beilage nach Wahl essen.

Wer sich jetzt wundert, warum Steakhouse-Kartoffeln in Folie daher kommen: weil sie vorgebacken und später nochmal aufgebacken werden.

Backblech-Kartoffeln

Backblech-Kartoffeln sind zusammen mit Kräuterquark oder Zaziki eine komplette Mahlzeit, die nicht viel Arbeit macht. Die Kartoffeln gut waschen und der Länge nach halbieren. Mit den Schnittflächen in Kümmelsamen oder eine Kräutermischung drücken (das Gewürz dazu auf ein Tellerchen geben). Mit der Schnittfläche nach unten auf ein geöltes Backblech setzen und im 200°C heißen Ofen 30-45 Minuten backen.

Bratkartoffeln

Bratkartoffeln macht man am besten aus Pellkartoffeln vom Vortag. Die Kartoffeln schälen, in halbzentimeterdicke Scheiben schneiden. Die große beschichtete Pfanne mit etwas Fett (optimal ist halb Butter, halb Olivenöl) versehen und darin die Kartoffeln langsam (!) braun braten. Erst gegen Ende salzen und pfeffern, nicht zu häufig wenden, sondern lieber erst auf einer Seite knusprig werden lassen. Nach Wunsch während des Bratens Speckwürfel oder Zwiebelwürfel hinzufügen. Gut zu Bratkartoffeln passen auch Thymian, Majoran oder Schnittlauch.

Rösti

Man muss keine Schweizer Gene besitzen, um Rösti zuzubereiten. Man braucht, ähnlich wie bei den Bratkartoffeln, Pellkartoffeln vom Vortag, eine große Pfanne, Butterschmalz, Butter, Salz, Pfeffer, Geduld und eine Reibe.

Zunächst reibt bzw. raspelt man die geschälten, kalten Kartoffeln grob. Dann die Pfanne heiß werden lassen, etwas Butterschmalz, Schmalz oder ein hocherhitzbares Öl hineingeben und anschließend ein wenig Butter dazu tun. Nun gibt man die Kartoffeln in die Pfanne und drückt sie mit einem Pfannwender zu einem großen Kuchen zusammen. Einen kleinen Topfdeckel oder einen Teller darauf legen, um die Masse zu beschweren. Bei milder Hitze die Rösti langsam braun braten, ungefähr 20 Minuten lang. Salzen und pfeffern, dann die Pfanne umdrehen, so dass die Rösti auf dem Deckel oder Teller zu liegen kommen, und von dort mit der Unterseite zuoberst wieder in die Pfanne gleiten lassen. Fertig braten.

Schmeckt pur, zu Käse, Tomate, Gemüse ...

Kartoffelpüree

Ja, es gibt diese komischen Pakete mit Flocken drin. Aber egal, was die Werbestrategen auch versprechen: Es schmeckt eben nicht wie bei Mutti! Dabei ist Kartoffelbrei oder -püree eine der einfachsten Sachen der Welt.

Ihr könnt Eure ganz normale Haushaltskartoffel nehmen, solange »vorwiegend festkochend« draufsteht, das ist bei den meisten der Fall. Mehligkochende Kartoffeln eignen sich auch, ergeben aber eher ein weicheres, feineres Püree.

Hier kommt tatsächlich der Moment, in dem Ihr Salzkartoffeln kochen dürft. Anders gesagt, die Kartoffeln werden geschält, ehe Ihr sie in den Topf tut.

Man kann Kartoffelpüree auch aus Pellkartoffeln machen, das ist aber mit ein wenig mehr Aufwand verbunden, da Ihr dann die Kartoffeln aus dem Topf nehmen, pellen, den Topf reinigen und dann alles wieder in den Topf geben müsst. Wenn Ihr allerdings ohnehin eine Kartoffelpresse verwendet, könnt Ihr auch zunächst Pellkartoffeln machen, sie ergeben ein festeres und aromatischeres Püree.

Also: Die Kartoffeln schälen, waschen und vierteln, knapp mit Wasser bedecken und eine Prise Salz hinzugeben, dann in ungefähr 18 Minuten gar kochen. Das Wasser abgießen (den Topfdeckel auflegen und festhalten – Vorsicht, nicht die Finger verbrennen, Topflappen nehmen!).

Bereitstellen solltet Ihr etwas Butter, Salz, Pfeffer, Muskatnuss und ein wenig Milch oder Rahm. Petras Großmutter hat die Milch immer angewärmt für den Kartoffelbrei, aber das ist Geschmackssache. Petra macht den Brei mit etwas kalter Milch an.

Wenn Ihr Salzkartoffeln gekocht habt, die abgegossenen Kartoffeln einen Moment auf der Herdplatte stehen lassen, damit das Restwasser verdampfen kann. Nun mit einem Kartoffelstampfer oder der Kartoffelpresse die Kartoffeln zerdrücken. Kleine Mengen kann man auch mit einer Gabel realisieren. Einen Klacks Butter unterrühren, Gewürze auf die Oberfläche geben, etwas Milch zugießen und mit dem Kochlöffel oder Schneebesen durchrühren. Je nach Wunsch noch Milch und/oder Butter dazugeben, bis das Püree so ist, wie Ihr es haben möchtet.

5.8 Reis-HowTo

Problem

Reis ist ein idealer Gast im Geek-Haushalt. Wenn ihn nicht gerade Lebensmittelmotten besetzen, hält er sich unbegrenzt und ist vielseitig einsetzbar. Die meisten Geeks werden zunächst zu Kochbeutelreis greifen – auch wir sind damit aufgewachsen. Die Erkenntnis, dass es auch anderen Reis gibt, kam erst später. Aber wie bereitet man Reis überhaupt zu?

Lösung

Mit Kochbeutelreis kann man relativ wenig falsch machen. Die Anleitung zur Zubereitung steht auf der Verpackung, und Ihr solltet Euch daran halten. Für den Geek im Larval Stage ist eventuell auch Instantreis interessant, auch hier werden die Manpages mit dem Produkt geliefert. Weitere interessante Reissorten sind Sushi-Reis, brauner (Vollwert-)Reis, Wildreis, Thai-Reis und Basmati-Reis sowie der allgegenwärtige US-Parboiled Reis, den es auch im Discounter im 1-Kilo-Paket gibt. Wer gern asiatische Reissorten isst, sollte sich im asiatischen Lebensmittelhandel umsehen, dort ist der Reis deutlich billiger als das, was deutsche Markenhersteller auf den Markt bringen. Im türkischen Gemüseladen gibt es meist günstigen Mittelkornreis, der als Allzweckreis taugt.

Bei uns sieht die Reisverteilung folgendermaßen aus: Mela hat meist einen großen Beutel Sushi-Reis auf Vorrat zu Hause, außerdem 1 kg Basmati-Reis als Alltagsreis und Reisflocken für Frühstücksdrinks. Petra hat einen 4,5kg-Sack thailändischen Duftreis oder Bruchreis derselben Sorte im Haus, plus eine kleine Menge Risotto-Reis (Carnaroli) und Sushi-Reis, früher oft auch Basmati-Reis.

Die Zubereitung von Reis ist unter anderem davon abhängig, für was Ihr den Reis benötigt.

Diskussion

Überall da, wo eine Gebrauchsanweisung auf der Packung steht, ist das Reiskochen unproblematisch. Lästig wird es erst bei speziellen Anwendungen.

Wie man *Sushi-Reis* für Sushi zubereitet, findet Ihr auf Seite 167.

Milchreis

Milchreis ist für den normalen Geek eine gefährliche Sache, da er schneller anbrennt und/oder überkocht, als Du einen Feed gelesen hast. Stattdessen raten wir zu Milchreis aus Reisflocken.

Grundrezept für 1 Person:

- 2 Tassen Milch
- 1 Tasse Reisflocken
- etwas Zitronenschale, frisch oder gefriergetrocknet
- 1 Prise Salz

optional:

- Zucker
- Zimt
- Apfelmus
- eingemachtes Obst

Die Milch in einer Stielkasserolle mit der Zitronenschale und dem Salz zum Kochen bringen – dabei nicht weglaufen! Die Reisflocken einrühren und das Ganze rund 5 Minuten köcheln lassen, bis die Flocken weich sind. Herdplatte abschalten und nun nach Geschmack Zucker unterrühren oder nur mit Zucker und Zimt bestreuen. Oder Dosenobst unterrühren. Oder Dörrobst hineinschneiden. Oder Mus. Oder was Euch sonst noch einfällt.

Risotto

Ein *Risotto* ist ein sehr dankbares Gericht, das im magersten Fall aus ein bisschen Zwiebel, Butter oder Öl, Reis und Brühe besteht.

Ideal ist natürlich Risotto-Reis (Carnaroli, Vialone und Co.), aber auch ganz normaler Mittel- oder Rundkornreis und selbst Langkornreis ergeben eine leckere Mahlzeit, die sich mit wenigen Zutaten realisieren lässt.

Grundrezept für 4 Portionen:

- 1 Zwiebel
- 2 Esslöffel Butter
- 250 g Risotto-Reis
- ½ Glas Weißwein
- Brühe (Instant, Gemüsebrühe, Hühnerbrühe, Fond etc.)
- Parmesankäse, frisch gerieben, mindestens 50 g

Die Zwiebel fein würfeln, in der Hälfte der Butter andünsten, den Reis dazugeben und gut umrühren. Nach einigen Minuten den Wein dazugießen und unter Rühren fast verkochen lassen. Immer weiter rühren und nach und nach heiße (das ist wichtig!) Brühe zugeben, immer so viel, dass der Reis gerade mit Flüssigkeit bedeckt ist.

Am Ende der Kochzeit – das sind ungefähr 20 Minuten, außer bei Vollkornreis – nehmt Ihr den Risotto vom Herd und rührt die restliche Butter und den Parmesankäse unter.

Die Zubereitung funktioniert immer nach demselben Verfahren, mit denselben Arbeitsschritten, mit zusätzlichen Zutaten und Zugaben (Gemüse, Wurstreste, Pilze, Huhn ...) könnt Ihr nach Lust, Laune und Restelage experimentieren. Wichtig ist nur, Ihr müsst neben dem Risotto stehen bleiben und rühren, rühren, rühren.

Das Rühren beim Risotto verhindert nicht bloß das Anbrennen, sondern sorgt vor allem zusammen mit der nach und nach zugegebenene Brühe für dessen cremige Konsistenz: Durch das Aneinanderreiben der Reiskörner wird weitere Stärke vom Rundkornreis abgelöst, die die Brühe bindet und den Risotto cremig macht. Gibt man die ganze Flüssigkeit auf einmal hinzu, hat man Reissuppe oder -pappe, aber eben keinen Risotto.

Beilagen-Reis

Reis als einfache Beilage: Soll der Reis werden wie im Chinarestaurant, bietet sich vor allem der einfache Bruchreis an. Er ist billig, wohlschmeckend und ergibt ein zuverlässig konstant mit Stäbchen essbares Ergebnis. Auf 1 Tasse Reis kommen 2 1/2 Tassen Wasser. Den Reis aufsetzen, zum Kochen bringen, durchrühren und mit einem Essstäbchen unter dem Deckel oder angeschrägtem Topfdeckel auf der niedrigstmöglichen Flamme des Herds 20 Minuten ausquellen lassen. Fertig. Für körnigeren Reis etwas weniger Wasser nehmen.

Basmati-Reis funktioniert genauso, nur dass hier das Verhältnis Reis zu Wasser 1:2 Tassen beträgt, ebenso bei Vollkornreis. Vollkornreis muss allerdings bis zu 50 Minuten garen, je nach Sorte und Alter des Reis.

5.9 Saucen-HowTo

Problem

Saucen gelten als schwer zu erklimmender Gipfel der Kochkunst, ganz besonders wenn es um solch *feine* Saucen wie eine *Sauce Hollandaise* geht. Nicht nur viele Geeks, auch viele gestandene Hausfrauen und -männer kapitulieren vor dieser Herausforderung und greifen zu Fix-Saucenbindern oder einer Hollandaise aus dem Tetrapak.

Lösung

Wer einmal den Sprung gewagt hat und eine selbstgekochte Hollandaise (leicht, luftig und aromatisch) mit einem Fertigprodukt (pappig und schwer) vergleicht, weiß den geringen Mehraufwand zu schätzen.

Mit einer selbst gemachten Sauce wird außerdem auch die fadeste Pasta noch zur Delikatesse.

Einige der robusteren Saucenarten lassen sich prächtig vorkochen, einfrieren oder trocknen. Aber selbst die Kür kann gelingen, ohne stundenlang schwitzend die Sauce von Hand im Wasserbad aufzuschlagen.

Wem die ewig gleiche Tomatensauce schon zu den Ohren rauskommt, der findet hier zwar auch eine Tomatensauce, aber ebenso geschmackvolle und interessante Alternativen.

Diskussion

Bolognese-Sauce

- 500 g Rinder- und Schweinehack, frisch vom selben Tag oder tiefgekühlt
- 2-3 Zwiebeln mittlerer Größe
- Schmalz oder Olivenöl
- 1-2 Esslöffel Suppengrün, tiefgekühlt oder gefriergetrocknet
- etwas Rotwein
- 2-3 Esslöffel Tomatenmark
- Fleischbrühe

- italienische Gewürzmischung von Seite 84
- ½ TL gefriergetrockneter Knoblauch
- Salz und Pfeffer

Die Zwiebel fein würfeln und in einer großen Pfanne mit Olivenöl oder Schmalz glasig dünsten. Das gemischte Hackfleisch auf hoher Stufe unter regelmäßigem Rühren anbraten und mit etwas Rotwein ablöschen. Das Suppengrün und das Tomatenmark zugeben, mit Fleischbrühe angießen, bis das Hack knapp bedeckt ist. Mit Salz, Pfeffer und der italienischen Gewürzmischung abschmecken und noch ca. 30 bis 40 Minuten auf kleiner Flamme köcheln lassen.

Gleich essen, in Portionen einfrieren oder wie im Rezept 6.8 beschrieben weiterverarbeiten. Passt gut zu Nudeln, Kartoffeln und Reis oder als Füllung einer Lasagne.

Klassische Tomatensauce

- 2-3 mittelgroße oder 1 große Zwiebel(n)
- Olivenöl
- 1 Schuss Weißwein
- 1 Dose geschälte Tomaten
- 2-3 gehäufte Esslöffel Tomatenmark
- 2-3 Esslöffel Suppengrün, tiefgekühlt oder gefriergetrocknet
- ¼ l Gemüsebrühe
- Salz, Pfeffer
- italienische Gewürzmischung von Seite 84
- 1 Schuss Sojasauce
- 1 Prise Zucker

Die Zwiebeln fein hacken oder direkt gefriergetrocknete Zwiebeln aus dem Notvorrat verwenden. Das Olivenöl in einer ausreichend großen Stielkasserolle erhitzen und die Zwiebeln darin glasig dünsten. Mit Weißwein ablöschen und das Tomatenmark hineinrühren. Die Dose geschälte Tomaten hinzugeben und die Tomaten mit einem Kartoffelstampfer oder dem Kochlöffel vorsichtig zerdrücken. Mit der Gemüsebrühe auffüllen, das Suppengrün dazugeben und kurz köcheln lassen. Mit Salz, Pfeffer, Gewürzmischung, Sojasauce und Zucker abschmecken.

Die Variationsmöglichkeiten bei dieser Tomatensauce sind unendlich. Mögliche Ergänzungen wären: Dosenmais, Dosenthunfisch, Gemüsereste, klein geschnittener Kochschinken, klein geschnittene Salami-Abschnitte, kalte Fleischreste, Bratwurst usw.

In Portionen einfrieren, direkt essen oder wie in Rezept 6.8 weiterverarbeiten.

Sauce Hollandaise

Ehrlich: Sauce Hollandaise kann man selbst machen und das ganz ohne Pülverchen aus der Tüte oder dem Tetrapak. Und sie schmeckt fantastisch.

Für 2-4 Portionen

- 6 Eigelb
- 100 ml Weißwein, trocken
- 1 Esslöffel Zitronensaft
- 2 Teelöffel Zucker
- Salz und Pfeffer
- 120 g kalte Butter

Die Butter in kleine Würfel schneiden. Die übrigen Zutaten mit dem Schneebesen in einem Topf kalt aufschlagen und dann unter Rühren langsam erwärmen. Dabei weiter mit dem Schneebesen aufschlagen, bis eine dickliche, schaumige Creme entsteht.

Den Herd abschalten und nach und nach die Butterwürfel unterrühren, bis sich eine gleichmäßige Sauce gebildet hat.

Passt auch unmodifiziert zu Spargel, Fisch, Steak und mehr.

Ab hier könnt Ihr dann experimentieren, z.B. Wasabipaste unterrühren oder Chili- und Tomatenwürfel oder auch fein geriebenen Käse für die Käsesauce deluxe. Die Wasabi-Variante schmeckt umwerfend gut zu frischem Spargel und mit ein, zwei Löffelchen körnigem Senf macht die Sauce aus etwas gebratenem Lachs mit Reis schon ein festliches Abendessen.

Sauce Bearnaise

Die Sauce Bearnaise ist ein direkter Verwandter der Sauce Hollandaise, aber ein kleines bisschen anspruchsvoller. Dennoch lohnt es sich, für einen besonderen Anlass, etwa zu einem tollen Fisch oder Filetsteak, den Aufwand auf sich zu nehmen. Der Respekt Eurer Gäste wird Euch sicher sein.

Für den Ansatz:

- 1 Schalotte
- 1 Hand voll Estragonblätter oder etwas gefriergetrockneter Estragon
- 3 Esslöffel Weißweinessig
- 1 Teelöffel etwas angedrückte Pfefferkörner
- Salz

Für die Sauce:

- 2 Eigelb
- 250 g kalte Butter, in Würfeln
- frische Estragonblätter oder etwas gefriergetrockneter Estragon

Die Zutaten für den Ansatz gebt Ihr in einen kleinen Topf (Kasserolle) und lasst sie auf die Menge von etwa 1 Esslöffel einköcheln. Das dauert meist um die 6-8 Minuten. Durchsieben, kalt werden lassen und dann wieder in den (gereinigten) Topf geben.

Die Eigelbe dazugeben, aufschlagen und unter Rühren alles sanft erwärmen, bis es wirklich heiß und schaumig gerührt ist. Nun noch wie bei der Hollandaise die Butterwürfel unterziehen, bis eine glatte Sauce entstanden ist, und zum Schluss den Estragon hinzufügen.

Einfache Senfsauce

Sahne und etwas Senf, mehr braucht es nicht für eine Senfsauce. Auf 1 Päckchen/Becher Sahne rechnet man 2-3 Esslöffel (scharfen) Senf. In der Kasserolle, Pfanne oder dem Topf Sahne und Senf verrühren, 5 Minuten köcheln lassen.

Wer Fisch oder Fleisch in der Pfanne gebraten hat, gibt Senf und Sahne direkt nach dem Braten mit in die Pfanne und nutzt so den Bratensatz für den Saucengeschmack. Optionale Zugaben sind:

- 1 Schuss Wein
- 1 Teelöffel Zitronensaft
- körniger Senf
- Kapern
- frisch gehackte Kresse, Petersilie oder auch Estragon

Klassische Weinsauce

- 3-4 Esslöffel Olivenöl
- 3-4 Esslöffel Mehl
- 1 kleine Zwiebel oder 1-2 Teelöffel gefriergetrocknete Zwiebeln
- 100 ml Weißwein
- etwas Wasser
- 1-2 Teelöffel Bio-Gemüsebrühe-Pulver
- 1 knapper Esslöffel Zitronensaft
- saure Sahne
- Salz, Pfeffer

Die Zwiebel fein würfeln. Das Olivenöl in einer Stielkasserolle erhitzen und die Zwiebeln darin glasig dünsten. Sie sollten nicht bräunen. Das Mehl dazugeben und beständig rühren, damit es nicht klumpt. Jetzt den Wein langsam hinzufügen, dabei weiter beständig mit einem Schneebesen rühren, um Klumpen zu vermeiden. Unter fortgesetztem Rühren Wasser zugießen, bis die Sauce weder zu fest noch zu flüssig ist. Nun mit Gemüsebrühe, saurer Sahne, Zitronensaft, Salz und Pfeffer abschmecken.

Saucen auf Mehlbasis gelten nicht als Zeichen der hohen Kochkunst, weil sie oft eher schwer sind und schon zu unseren Kinderzeiten das Gemüse oft in einer hellen Mehlsauce ertränkt wurde. Aber Olivenöl, Mehl, gefriergetrocknete Zwiebeln und Gewürze sollten im Notvorrat vorhanden sein. Die saure Sahne lässt sich durch die haltbare Sahne aus dem Notvorrat ersetzen und Zutaten, die etwas Geschmack in die Sauce bringen wie Wein, Zitronensaft oder Bratenfond, lassen sich meistens auch noch auftreiben.

Kochunfälle – hier der zur Entstehung dieses Rezepts führende

Das Rezept, wie Ihr es hier vorfindet, wurde von Mela aus den Notvorräten eines LARP-Veranstalters zusammengeworfen, als der eigentlich dort tätigen Köchin das geplante Essen angebrannt war. In ganz anderen Mengen natürlich!

Vanillesauce

Kein Vergleich mit der Instantsauce aus dem Päckchen!

- 1 Ei
- 1/2 l Milch
- 1 Vanillestange
- 2 Esslöffel Rohrzucker
- 2 Teelöffel Speisestärke

Die Vanilleschote der Länge nach aufschlitzen und das Mark auskratzen. Die Milch mit dem Zucker, dem Vanillemark und der Vanilleschote langsam zum Kochen bringen. Die Speisestärke in einer Tasse mit etwas kalter Milch anrühren, bis sie nicht mehr klumpt. Das Ei trennen und das Eiweiß steif schlagen (elektrischer Handrührer).

Sobald die Milch kocht, die Vanilleschote entfernen und unter ständigem Rühren mit einem Schneebesen die angerührte Stärke rühren. Kurz aufwallen lassen, dann vom Feuer ziehen. Das Eigelb unterrühren und zuletzt das steife Eiweiß unterheben.

Vinaigrette

Die *Sauce Vinaigrette*, das wohl bekannteste Salatdressing, bestehend aus Essig und Öl, ist ein Küchenklassiker, der sich vielseitig je nach Geschmack und Anwendungszweck verändern lässt, indem man hellen oder dunklen Essig, Olivenöl, neutrales Öl oder auch Nussöle (stets mit anderen Ölen gemischt) einsetzt und natürlich mit verschiedenen Kräutern experimentiert. Auch die Zugabe von aromatisiertem Senf ergibt interessante neue Kombinationen, wie wäre es beispielsweise mit Estragonsenf, Cassis-Senf oder Meerrettichsenf?

Unverzichtbar für die Vinaigrette sind Essig und Öl im Verhältnis 1:3 (1 Teil Essig auf 3 Teile Öl). Wichtig ist vor allem, dass das Öl zuletzt in die Vinaigrette gerührt, geschlagen oder auch geschüttelt wird. Mit ein wenig Senf wird die Sauce schön sämig, chemisch nämlich eine Emulsion.

Vorgehensweise:

1 Esslöffel Essig mit 1 Prise Salz und ggf. Pfeffer verrühren. Würzzutaten wie Kräuter, Knoblauch und 1/2-1 TL Senf unterrühren. Zum Schluss das Öl unterschlagen. Bequeme Naturen geben alles in ein gut verschließbares Marmeladenglas und schütteln es durch. Vor der Verwendung noch einmal durchrühren oder schütteln und bis dahin kühl aufbewahren.

Wer einen dezenten Knoblauchton in seinem Dresssing mag, piekt eine geschälte Knoblauchzehe mit der Gabel an und lässt diese bis zur Verwendung im Dressing ruhen, dann herausnehmen.

KAPITEL 6

Vorratsküche

Selbst Geeks vom Typ Kulinarischer Geek sind selten täglich in der Küche anzutreffen. Einmal im Monat oder alle zwei Wochen einen Tag in der Küche zu verbringen, eventuell gemeinsam mit guten Freunden, und danach jeden Tag ein vorgekochtes Lieblingsgericht aus dem Tiefkühlschrank nehmen zu können oder ein Einmachglas zu öffnen, klingt dagegen verlockend. Und gemeinsam gestaltet sich sowohl die ganze Schnippelei einfacher als auch die Beseitigung des Riesenchaos hinterher.

6.1 Eingemachte Kuchen

Problem

»Hätt' ich dich heut' erwartet ...« so beginnt ein ehemals bekannter Werbesong. Die damit beworbenen, haltbaren Kuchen im Glas erwiesen sich beim Testessen leider als nur wenig spannend. Dabei wäre es so schön, den Lieblingskuchen im Schrank stehen zu haben und bei spontanem Appetit einfach aufzumachen, ganz egal ob Gäste kommen oder nicht.

Lösung

Sofern es sich bei dem Lieblingskuchen um einen klassischen Rührkuchen handelt, ist das gar kein Problem. Die eher großmütterlich anmutende Technik des Einweckens macht es, bei überschaubarem Aufwand, möglich.

Diskussion

Auch ohne teure Ausrüstung wie einen Einkochtopf mit Thermometer kann man Kuchen zuhause einwecken. Ihr braucht dazu:

- 1 großer Topf, bei dem der Deckel noch schließt, wenn ein WECK-Halbliter-Sturzglas darin steht, und der eventuell sogar hoch genug ist, dass man zwei Ebenen Kuchen gleichzeitig einwecken kann.

- mehrere WECK-Halbliter-Sturzgläser, komplett mit passenden Gummiringen, Deckeln und Spannklammern
- den Labelprinter aus dem Netzwerk-Equipment

Noch ein Rat vorweg: Am besten bereitet Ihr die doppelte Menge Teig zu, macht die Hälfte im Glas ein und backt in einer normalen Form noch einen Kuchen zum Naschen, bevor Ihr aus lauter Kuchenlust direkt an die Vorräte geht.

Vorgehensweise für alle Kuchen im Glas

Zuerst solltet Ihr kurz überprüfen, ob alle benötigten Hilfsmittel vorhanden sind:

Ausreichend Sturzgläser ohne Schäden, passende Gummiringe, die weder kleben noch brüchig sein dürfen (einer pro Glas), drei Spannklammern pro Glas, ein Backpinsel, weiche Butter und Semmelbrösel. Optional könnt Ihr auch den WECK-Einfülltrichter und -Glasheber benutzen.

Die Gläser müssen absolut sauber sein, daher direkt vorher von Hand oder in der Maschine durchspülen. Jedes Glas mit Butter einstreichen und mit Semmelbröseln ausstreuen. Dabei müsst Ihr darauf achten, dass die Glasränder absolut sauber bleiben, hier kann jeder Fettschmierer oder Krümel dazu führen, dass sich das Glas direkt nach dem Einwecken wieder öffnet.

Mit Hilfe des Einfülltrichters (wenn ohne, dann sehr vorsichtig) den Teig nicht ganz bis zur Hälfte der Glashöhe einfüllen und die Gläser offen, ohne Deckel in den vorgeheizten Backofen stellen. Die Temperatur und Backdauer wie in den Rezepten angegeben wählen und gegen Ende der Backdauer mit einem Holzspießchen nachprüfen, ob der Teig durchgebacken ist. Wenn keine Krümel am Stäbchen hängen bleiben, ist der Kuchen fertig. Die Gläser aus dem Ofen nehmen und soweit abkühlen lassen, dass Ihr Euch beim Anfassen nicht verbrennt.

Ist beim Backen ein Kuchen über den Rand des Glases hinausgestiegen, muss der überstehende Teil nun abgeschnitten werden. Auch hier wieder darauf achten, dass der Rand penibel sauber bleibt.

Die Gummiringe und Deckel auflegen, so dass sie rundum korrekt miteinander abschließen und die Gläser mit je drei Spannklammern fest verschließen.

In einen ausreichend großen Topf Wasser bis etwa zwei Drittel der Glashöhe einfüllen. (Auch höher, wenn der Topf groß genug ist, um 2 Reihen von Gläsern übereinander einwecken zu können. Dann sollten auch die oberen Gläser noch mindestens bis zur Hälfte im Wasser stehen.) Das Wasser erwärmen, bis es etwa die Temperatur erreicht hat, die die verschlossenen Kuchengläser noch haben, und die Gläser dann hineinstellen, zum Beispiel mit Hilfe des WECK-Glashebers.

Einen passenden Deckel auf den Topf legen und das Wasser zum Kochen bringen. Die Kuchen 20-30 Minuten (je nach Restwärme der Gläser) im kochenden Wasser einwecken.

Danach aus dem Topf nehmen (Vorsicht, Verbrühungsgefahr!) und auf einem Tuch abtropfen und abkühlen lassen.

Nach dem Einwecken kommt die Nagelprobe. Wenn die Gläser vollständig abgekühlt sind, werden die Spannklammern entfernt und Ihr versucht einmal kräftig, den Deckel nach oben abzuziehen. Alle Elektronik-Bastler-Geeks kennen das aus der Zeit, in der sie lernen mussten, kalte Lötstellen von brauchbaren Lötstellen zu unterscheiden. Ein kräftiger Zug am Kabel darf dieses nicht von der Lötstelle lösen, ebensowenig darf der Deckel bei einem einfachen Zug nach oben aufgehen. Natürlich nicht an der Gummilasche ziehen. Die ist ja zum Öffnen gedacht.

Nun nur noch die Gläser mit der Kuchenart und dem Datum beschriften, ins Vorratsregal räumen und innerhalb von 6 Monaten aufbrauchen.

Statt der hier von uns beschriebenen Methode in zwei Schritten kann man Kuchen im Glas auch in einem Schritt backen, indem man die verschlossenen Gläser direkt in den Backofen stellt. Wir haben uns jedoch dagegen entschieden, diese Methode zu präsentieren, da sie für eher unerfahrene Koch-Geeks mindestens zwei Fußangeln bereithält: Einmal kann die Stäbchenprobe nicht durchgeführt werden und der Kuchen kommt eventuell nicht ganz durchgebacken in den Schrank. Wird zweitens zuviel Teig in die Gläser gegeben, quillt er heraus und kann nicht einfach vor dem Einwecken abgeschnitten werden.

Wer unter Euch den Kuchen im Glas nun verfallen ist, sollte sich die beiden Buchtipps weiter unten vornehmen und seine Fähigkeiten Schritt für Schritt verfeinern.

Eingemachter Rotweinkuchen

Dieses Rezept kursiert schon seit Jahrzehnten in Melas Familie, auch im Glas eingeweckt schmeckt der Kuchen ausgezeichnet und ist eine gute Möglichkeit, den Bonus-Lambrusco der Pizzeria zu verwerten.

- ½ Tasse Rotwein
- 200 g gemahlene Haselnüsse (meist genau eine Packung)
- 150 g Zartbitter-Kuvertüre
- 7 Eier
- 1 Tasse Zucker
- 1½ Tassen Mehl
- 1 Päckchen Backpulver
- ½ Packung Butter

Zuerst die Kuvertüre in nicht zu feine Stückchen hacken und beiseite stellen.

Butter bei Zimmertemperatur weich werden lassen oder auf einer niedrigen Stufe auf dem Herd schmelzen. Die Eier mit dem Zucker aufschlagen (Handrührgerät) und Butter, Rotwein und die Haselnüsse unterrühren. Mehl mit dem Backpulver vermischen und dann in kleinen Portionen unter den Teig rühren. Der Teig wird nun mit jeder Portion Mehlgemisch schwerer und wer nicht von Beginn an mit einem Handrührgerät gearbeitet hat, sollte es nun tun. Zuletzt werden die Kuvertüre-Bröckel untergerührt, sodass sie sich gleichmäßig im bisher recht flüssigen Teig verteilen.

Ab hier geht es mit der generellen Vorgehensweise für Kuchen im Glas weiter.

Dieser Kuchen muss im vorgeheizten Backofen bei 180°C ca. 30 Minuten backen. Das Rezept reicht für ca. 4-5 Kuchen im Halbliterglas.

Eingemachter Rumkuchen

- 200 g Butter
- 1 ¼ Tasse Zucker
- 4 Eier
- 1 Päckchen Bourbon-Vanillezucker
- 2 ¼ Tasse gemahlene Mandeln
- 3 Tassen Mehl
- 100 ml braunen Rum
- 1 Päckchen Backpulver
- 150 ml Milch
- 1 Prise Salz

Die Eier trennen und das Eiweiß steif schlagen. Butter bei Zimmertemperatur warm werden lassen oder auf niedriger Stufe auf dem Herd anschmelzen. Mit Zucker, Eigelb, Vanillezucker und Salz schaumig rühren, die Mandeln einrühren und dann den Eischnee vorsichtig unterheben. Das Mehl mit dem Backpulver vermischen und durchsieben. Nun portionsweise das Mehl abwechselnd mit etwas Milch und dem Rum in den Teig rühren.

Ab hier geht es mit der generellen Vorgehensweise für Kuchen im Glas weiter.

Dieser Kuchen muss im vorgeheizten Backofen bei ca. 150°C eine knappe Stunde backen. Das Rezept reicht für ca. 5-6 Kuchen im Glas.

Siehe auch

- Seite der Firma WECK mit Informationen zu ihren Produkten: *http://www.weck.de/*
- Gläser & Flaschen, Onlineshop mit WECK-Sturzgläsern und Zubehör: *http://www.glaeserundflaschen.de/*

- Im Blog »Küchenlatein« findet sich eine bebilderte Anleitung für Kuchen im Glas: *http://ostwestwind.twoday.net/stories/1292576/*
- »Das WECK-Einkochbuch«, beziehbar über *www.weck.de* (s.o.) oder im Buchhandel, ISBN 3921034051
- Christiane Kurzydem, »Kuchen im Glas«, Gräfe und Unzer, ISBN 3774265291

6.2 Erbseneintopf auch für Vegetarier

Problem

Ein leckerer Eintopf wäre eine tolle Sache, aber für eine Person stundenlang kochen? Und meine Freundin ist Vegetarierin – ein deftiger Eintopf ohne Speck, geht das?

Lösung

Gerade weil sich die übrigens recht unkomplizierte Zubereitung eines Eintopfs nur für eine größere Menge eignet, ist ein Erbsen- oder Linseneintopf genau das richtige Essen für die Vorratsküche: einmal gekocht, mehrere Portionen eingefroren und/oder kühlgestellt und dann an die hungrige Meute verfüttert! Und auch ohne Schweinernes kann man leckere Eintöpfe kochen.

Diskussion

Bitte sehr, das Rezept für den garantiert leckeren, massentauglichen und vegetarierfreundlichen Erbseneintopf – die geheime Zutat: Sesammus, im türkischen Gemüseladen und manchem Supermarkt als Tahin(i) zu finden.

```
========== REZKONV-Rezept - RezkonvSuite v1.2

     Titel: Erbsensuppe vegetarisch
Kategorien: Eintopf, Erbsen, vegetarisch
     Menge: 1 Rezept

    300        g  grüne Erbsen, getrocknet
      2      Ltr. Wasser
      1           Lorbeerblatt
      1     Teel. Fenchelsamen, leicht im Mörser zerstoßen
                  -- oder 1 Beutel Fencheltee, nur das Innenleben
      1           Zwiebel geschält und geviertelt
      2           Möhren
      1           Petersilienwurzel
      2     Teel. Majoran, getrocknet
      1     Teel. Pimentkörner, grob zerdrückt oder im Mörser
                  -- zerstoßen
      1     Teel. Salz
```

```
                Gemüsebrühepulver o. -würfel, nach Geschmack
   4      Essl. Tahini bzw. Sesammus
 100      Gramm Schmand o. saure Sahne
                Petersilie, gehackt, zum Bestreuen
                Salz und Pfeffer
   1            Liebstöckelzweig, optional

============================ QUELLE ============================
          Das Geek-Kochbuch, von
          Mela Eckenfels u. Petra Hildebrandt
                    -- erfasst *RK* 31.07.2006 von
                    -- Petra Hildebrandt

Erbsen im Wasser über Nacht oder ca. zehn Stunden einweichen, dann im
Einweichwasser mit dem Lorbeerblatt und dem Fenchel zum Kochen
bringen. Das Gemüse putzen und klein schneiden und mit Zwiebel,
Majoran und Liebstöckel zu den Erbsen geben. Auf milder bis
mittlerer Hitze ca. 90 Minuten köcheln lassen, dann die Suppe
pürieren und mit Gemüsebrühe abschmecken (meist muss auch noch
zusätzlich Salz dazu). Nochmal aufkochen, Piment zugeben, eine
Viertelstunde durchziehen lassen. Tahini einrühren, nun darf die Suppe
nicht mehr kochen. Abschmecken mit Salz und Pfeffer. Suppe mit je einem
Klacks Schmand und gehackter Petersilie in tiefen Tellern servieren.

=====
```

Wenn Ihr nun noch daran denkt, beim Kochen des Eintopfes regelmäßig umzurühren (je größer die Suppenmenge, desto mehr Kraft braucht man dafür!), brennt die Suppe auch nicht an ...

Mit dem Pürieren etwas warten, bis die Suppe ein wenig abgekühlt ist. Pürieren geht am besten mit dem Stabmixer im Topf. Es soll keine Erbsencremesuppe herauskommen, die Suppe darf und soll gern stückig sein, aber eben auch abbinden und etwas cremig werden.

Wer keinen Stabmixer hat, aber einen Standmixer, befördert einige Kellen Suppe in den Mixbehälter. Unbedingt abkühlen lassen und bei fest geschlossenem Deckel mit ausreichend Flüssigkeit *sehr* vorsichtig unter mehrfachem An- und Ausschalten mixen! Petra hat mit Brokkolisuppe im Mixer schon mal eine Wand grün gesprenkelt und sich fast verbrüht ...

Wer die Suppe nicht gleich komplett verzehrt, kann nun an die Bevorratung gehen. Portionsweise füllt man die heiße Suppe in Schraubdeckelgläser und schraubt diese zu (hält sich einige Tage im Kühlschrank) oder die abgekühlte Suppe in Einfrierdosen, die man, sobald die Suppe ganz kalt ist, im Tiefkühlfach lagert (hält sich etwa 3 Monate).

6.3 Italienische Kräutermischung

Problem

Die meisten kauffertigen Kräutermischungen sind vom Preis-Leistungs-Verhältnis her nicht so prickelnd. Der ständig hektische Geek ist aber viel zu unleidlich, um die Gewürze für Spaghettisauce oder Pizza jedes Mal von neuem zusammenzustellen – zumal er es gewohnt ist, redundante Handgriffe am Computer irgendwann mal in ein fertiges Skript zu gießen.

Lösung

Man skriptet, ähm, mischt einmal die italienische Kräutermischung, füllt sie in ein gut schließendes Glas und beschriftet dieses per Labelprinter, den man sicher irgendwo rumfliegen hat, weil man schließlich auch die LAN-Kabel beschriften musste.

Diskussion

Die hier hergestellte Menge an Gewürz reicht genau für das weiter hinten folgende Rezept für hausgemachte Tiefkühlpizza. Und größere Mengen lassen sich wunderbar auf Vorrat machen.

Gewürzmischung:

- 2 EL Thymian
- 2 EL Oregano
- 1 EL Basilikum
- 1 TL Salbei
- ¼ TL scharfes Paprikapulver

Rezepte in diesem Buch, die die Gewürzmischung verwenden:

- Auflauf aus der Pfanne, 2 Rezepte (Seite 116)
- Blumenkohl-Hackfleisch-Auflauf (Seite 140)
- Bolognese-Sauce (Seite 72)
- hausgemachte Tiefkühlpizza (Seite 85)
- klassische Tomatensauce (Seite 73)
- Nudeln minimalistisch (Seite 48)
- Pfannen-Calzone (Seite 118)
- Salatdressing auf Vorrat (Seite 91)

6.4 Hausgemachte (Tiefkühl-)Pizza

Problem

Tiefkühlpizzen sind furchtbar praktisch, haben aber vier Nachteile, die sich je nach Esser unterschiedlich stark auf den Genuss auswirken.

Erstens weisen sie oft nur Spurenelemente von Käse auf. Freunde einer guten Käsepizza designen bei dieser Gelegenheit nicht nur den Käse nach, sondern legen hier noch ein Stückchen Salami, da noch etwas Thunfisch und auch eine frische Tomate drauf.

Zweitens sind die Grundzutaten eigentlich sehr billig, so dass beim Preis nur Billigst-Discounterpizzen mithalten können, die dann aber in der Qualität gegenüber selbst gemachten weit abgeschlagen sind.

Drittens enthalten die meisten Industrienahrungsmittel Zusatzstoffe, auf die man gerne auch verzichten kann.

Und viertens: Selbst teure Tiefkühlpizzen liegen in puncto Geschmack und Saftigkeit weit hinter einer frischen Pizza.

Aber auch wenn ein Pizzateig kein großer Zauber ist, möchte man meist nicht noch eine Stunde warten, um ihn gehen zu lassen, bevor man auch nur dran denken kann, die Pizza zu belegen und in den Ofen zu schieben.

Lösung

Die *hausgemachte* Tiefkühlpizza wird am besten an einem freien Tag in Massenproduktion in der WG oder mit ein paar Freunden zusammen hergestellt. Ideal ist diese selbst gemachte Tiefkühlpizza übrigens auch für den Geek im Larval Stage, wenn Freunde oder Bekannte die Pizza für ihn vorbereiten und ihm einfach in den Tiefkühler legen (vorausgesetzt natürlich, er hat einen Ofen oder zumindest eine Mikrowelle nebst Pizzabackteller).

Diskussion

Die vier Hauptvoraussetzungen für eine hausgemachte Tiefkühlpizza: Pizzateig, Tomatensauce, ein Ofen und ein ausreichend großes Tiefkühlfach, sofern man nicht zu den Glücklichen gehört, die einen Tiefkühlschrank oder eine Tiefkühltruhe besitzen.

Das folgende Rezept ergibt Pi mal Daumen zehn Tiefkühlpizzen in handelsüblicher TK-Pizza-Größe oder ca. 6 Pizzen mit dickem Boden.

```
========== REZKONV-Rezept - RezkonvSuite v1.2

     Titel: Tiefkühlpizza, selbst gemacht
Kategorien: Backen, Pizza
     Menge: 10 TKP
```

```
============================== TEIG ==============================
    1,2       kg  Mehl
    750       ml  lauwarmes Wasser
      3     Pack. Trockenhefe
    150       ml  Olivenöl
      2     Teel. Honig oder Zucker
      5     Teel. Salz
                  Mehl zum Bestäuben (für Fortgeschrittene
                  -- Maismehl oder Grieß)

===================== ZUTATEN TOMATENSAUCE =====================
    400       ml  Tomatenpüree
      4     Essl. Tomatenmark
      1    Prise  gefriergetrockneter Knoblauch, zerstoßen
      1     Teel. Salz
      1     Teel. Olivenöl

============================ GEWÜRZE ============================
                  italienische Kräuter aus Rezept 6.3 oder
                   -- 6 EL Fertigkräutermischung.
                   Pfeffer, nach Geschmack - darauf kann und
                   -- sollte verzichtet werden, wenn z.B. sehr
                   -- scharfe Salami verwendet wird

============================== UND ==============================
    400        g  geriebener Käse

============================ QUELLE ============================
        Das Geek-Kochbuch, von
        Mela Eckenfels u. Petra Hildebrandt
                  -- Erfasst *RK* 15.06.2006 von
                  -- Petra Hildebrandt

Vorgehen bei allen Pizzen:

Zuerst die Trockenhefe mit dem lauwarmen Wasser und einem Löffelchen
Hefe oder Zucker anfüttern. Mehl und Salz dazugeben und gut
verkneten. Das Olivenöl zum Schluss zusetzen und alles nochmal gut
durchkneten. Den Teig in eine wirklich große Schüssel geben und ca.
eine Stunde gehen lassen, dann noch einmal durchkneten und in gleiche
Teile aufteilen. Pizzateig auf _gefetteten_ oder mit Backpapier
ausgelegten Pizzatellern oder Backblechen ausrollen. (Bei Ikea gibt es
Antihaft-Pizzableche, die allerdings etwas größer als handelsübliche
Pizzateller sind.) Mit ein paar Löffeln der Tomatenmischung bestreichen
und die Pizzakräutermischung daraufstreuen. Nun je nach gewünschtem
Endergebnis weiter verfahren: Entweder bereitet Ihr die Pizzen als
Margarita vor, um sie erst vor dem Essen nach dem dann aktuellen
Geschmack oder Bedarf zu belegen, oder Ihr belegt sie komplett
fertig, um nur noch eine ofenfertige Pizza aus der Tiefkühltruhe
nehmen zu müssen.
```

```
Variante Pizza Margarita:

ca. 4 EL geriebenen Käse pro Pizza

Ofen auf maximale Temperatur vorheizen. Pizza einschieben, bis die
Ränder etwas aufgehen und der Käse anschmilzt. Dann direkt
herausnehmen, auf einer ebenen Fläche abkühlen lassen, auf
Backpapier vorfrieren. Sobald sie durchgefroren und nicht mehr
elastisch ist, kann die Pizza in Gefrierbeutel entsprechender
Größe umgelagert werden. In besonders gut ausgestatteten Küchen
kann sie natürlich auch vakuumverpackt werden.
Wer mag, streut direkt vor dem Verpacken noch etwas geriebenen
Käse auf die (kalte!) Pizza.

Variante mit Belag:

Ihr nehmt den Flyer eines beliebigen Pizzaservices zur Hand oder
geht auf die Webseite eines Lieferdienstes. Dort sucht Ihr Euch die
Pizza heraus, die Ihr normalerweise bestellen würdet, notiert Euch
die Zutaten auf der Einkaufsliste und kauft diese im Laden Eurer Wahl.
Verteilt den Belag gleichmäßig auf der Pizza, dann verfahrt weiter wie
bei der Pizza Margarita.

Variante: Boden mit Kräutern

Wer den Teig würziger mag, kann nach dem Gehen des Teigs etwas von der
italienischen Gewürzmischung unterkneten.

=====
```

Kochunfälle bei der Pizzaherstellung

Beim Test dieses Rezeptes war geplant, sechs der Pizzen auf Pizzatellern zu backen, die billigst (drei Stück für 3 €) bei Metro erstanden worden waren. Dummerweise vergaßen alle Beteiligten, daran zu denken, die Teller vorm Auflegen des Teigs auch einzufetten oder zumindest Backpapier unterzulegen. Zum Glück sind die Teller auch dazu gedacht, die Pizza von ihnen zu essen, denn anders wäre es in diesem Fall auch gar nicht gegangen.

Aus der Not heraus haben wir die Pizzen dann auch komplett mit Teller eingefroren. Also macht es besser als wir und fettet die Teller ein oder legt einfach Backpapier unter.

Siehe auch

- Pizzateig ohne Kneten: *http://www.evilmadscientist.com/article.php/NoKneadBread*

6.5 Hühnerpfanne aus dem Gefrierbeutel

Problem

Keine Lust auf große Küche. Am liebsten möchtet Ihr einfach nur etwas aus dem Tiefkühler nehmen und in die Pfanne werfen.

Lösung

Macht genau das. Nehmt ein Päckchen Eurer eigenen selbst gemachten Hühnerpfanne aus dem Tiefkühler, taut es auf und werft es in die Pfanne.

Diskussion

Okay, ganz ohne Arbeit kommt Ihr nicht davon. Aber die Arbeit könnt Ihr auf einen Vorratskochtag legen, an dem Ihr zum Beispiel günstig Hähnchenbrustfilet einkaufen konntet und die Überschüsse gleich in den Tiefkühler wandern. Erst würzen, dann einfrieren heißt der Trick. Das Fleisch wird mitsamt Marinade eingefroren und würzt sich quasi beim Auftauen selbst.

```
========== REZKONV-Rezept - RezkonvSuite v1.2

     Titel: Hühnerpfanne aus dem Gefrierbeutel
Kategorien: Huhn
     Menge: 1 Rezept

      2      Essl. Olivenöl
      1            Limette, Saft
      1            Zitrone, Saft
      1            Mandarine, Saft (oder Saft einer halben Orange)
      3      Teel. scharfes Paprikapulver; oder scharfes und süßes
                   -- gemischt
      1      Teel. Oregano
    1/2      Teel. Pfeffer
      1      Teel. Kräutersalz

============================== UND ==============================
      4            Hähnchenbrustfilets

============================ QUELLE ============================
          Das Geek-Kochbuch, von
          Mela Eckenfels u. Petra Hildebrandt
                   -- Erfasst *RK* 15.06.2006 von
                   -- Petra Hildebrandt

Die Hühnerbrustfilets in je vier flache Streifen schneiden und in
einen großen Gefrierbeutel geben.
```

```
Die Zutaten für die Marinade darübergeben, den Beutel gut
verschließen (ideal: Folienschweißgerät, dabei darauf achten, dass
der Beutel wirklich nahtdicht verschlossen ist, notfalls in einen
zweiten Beutel einschweißen!)

Flach liegend einfrieren.

Am Tag der Verwendung das Huhn in der Marinade auftauen lassen
- zum Beispiel morgens aus dem Tiefkühler nehmen und in den
Kühlschrank legen, abends verwenden.

Mitsamt Marinade in die Pfanne geben und auf starker Hitze gut
durchkochen, oder die Marinade soweit möglich abgießen und das Huhn
langsam gar braten.

Das Rezept funktioniert auch mit Hähnchenkeulen und anderen Hühnerstücken
gut, diese müssen aber länger garen - Huhn muss immer komplett durch sein!

Mit ein paar mitgebratenen Zucchinischeiben oder Paprikastreifen
wird eine vollständige Mahlzeit daraus. Natürlich kann man die
Hühnerstücke auch in ein Fladenbrot wickeln und dabei vielleicht noch mit ein
paar angebratenen Zwiebelringen aufpeppen.

=====
```

6.6 Rouladen

Problem

Immer nur Würstchen oder Schnitzel sind nicht das Wahre. Rouladen zu machen gilt aber als hohe Schule der Kochkunst, und selbst viele Hausfrauen trauen sich nur sonntags daran. Doch manchmal wäre es schön, einfach eine Roulade aus dem Tiefkühler nehmen und zu einem einfachen Abendessen mit Brot oder einem Essen mit Freunden auftauen zu können.

Lösung

Ihr ahnt es sicher: Rouladen sind überhaupt keine Zauberei und geradezu prädestiniert für die Vorratsküche. Mit der großen Deckelpfanne als Schmortopf sowie etwas Küchengarn (beim Metzger nach Fleischfaden fragen) oder einigen Rouladennadeln aus dem Supermarkt habt Ihr schon alles, was man an Hardware benötigt.

Diskussion

In eine handelsübliche große, tiefe Pfanne mit Glasdeckel, wie Ihr sie in Eurer Grundausstattung haben solltet, passen 4–6 Rouladen, je nachdem, wie groß die Fleischscheiben ausfallen.

Genaue Mengen können wir hier nur schwer angeben, da die tatsächlichen Mengen stark von den Rouladen abhängen, die Ihr bei Eurem Metzger gekauft habt. Die hier genannten Zutaten sind daher als Richtwert für 4 Portionen zu verstehen.

- 4 Rouladenscheiben
- 2 kleine Zwiebeln
- 100 g fetter Speck am Stück (Variante: durchwachsener Speck)
- scharfer Senf (Löwensenf extra scharf oder Dijonsenf)
- Salz, Pfeffer
- Paprikapulver, edelsüß, optional auch scharf
- Currypulver
- Fleischbrühe
- Mehl oder Saucenbinder
- Butter, Butterschmalz oder Pflanzenfett zum Braten

Zunächst trocknet Ihr das Fleisch mit Küchenpapier rundum ab und legt die Scheiben nebeneinander auf die Arbeitsfläche. Die Zwiebeln werden fein gehackt, der Speck fein gewürfelt.

Jede Rouladenscheibe streicht Ihr nun auf einer Seite dünn mit Senf ein. Auf die Scheiben verteilt Ihr gleichmäßig die Speck- und Zwiebelwürfel, und lasst dabei an der oberen kurzen Seite der Rouladen einen Rand frei. Alles kräftig salzen und pfeffern, dann mit wenig Paprikapulver und noch etwas weniger Currypulver bestäuben. Von der unteren kurzen Seite (liegt zu Euch) her aufrollen, dabei eventuell die Seiten leicht überschlagen und die Füllung mit dem Finger festdrücken. Am Ende die Roulade mit dem Küchengarn fixieren (etwas Rouladenbondage ...) oder mit den Nadeln zusammenstecken – das ist der schwierigste Teil an der Operation!

Sollten noch Speckwürfel übrig sein, werft Ihr diese in die Pfanne, ansonsten kommt etwas Bratfett in die Pfanne. Gut erhitzen und – das ist für den Geschmack wichtig – die Rouladen darin rundherum braun anbraten. Sollte sich viel Flüssigkeit sammeln, diese abschöpfen und beiseite stellen.

Wenn die Rouladen rundum angebraten sind, kommen etwaige Zwiebelreste hinzu, dann wird großzügig mit Salz, Pfeffer und etwas Paprika gewürzt. Jetzt kommt der Augenblick, die Brühe anzugießen. Es sollte genug sein, damit die Rouladen wenigstens zu drei Viertel davon bedeckt sind. Deckel auflegen und auf niedriger bis mittlerer Hitze 2-3 Stunden langsam garen lassen, dabei stündlich danach schauen und die Rouladen drehen.

Jetzt nur noch die Rouladen aus der Sauce nehmen, die Sauce, soweit nötig und gewünscht, binden und nochmal abschmecken, ein Schuss Sahne kann hier Wunder wirken.

Und wenn Ihr Euch beherrschen könnt, habt Ihr 4 oder mehr Portionen zum Einfrieren. (Bei uns klappt das selten ... es schmeckt einfach zu gut, :-))

Falls Ihr zu den Menschen gehört, die in ihrer Roulade unbedingt eine Scheibe Speck haben möchten, oder wenn eine Gewürzgurke in Eurem Familienrezept unabdingbar ist, steht es Euch natürlich frei, dieses Rezept zu hacken!

Von Rouladen lassen sich auch jede Menge Varianten herstellen. Man kann sie mit (gewürztem) Hackfleisch füllen, Sauerbraten daraus machen (siehe Rezept 12.6), Kräuter wie Thymian oder Oregano, Gemüse wie Möhrenstäbchen, getrocknete Tomaten in Öl oder Paprikawürfel oder auch Parmaschinken statt Speck hineingeben – der Kreativität könnt Ihr, wenn Ihr das Rouladenscript einmal gemeistert habt, freien Lauf lassen.

6.7 Salatdressing auf Vorrat

Problem

Viele Geeks unterliegen Appetit-Phasen, und an ein paar Wochen ausschließlichen Nutellabrot-Hunger kann sich durchaus eine Woche Salatlust anschließen. Nun muss man sich zwischen künstlichen Fertigdressings oder dem Selbstmischen der Vinaigrette entscheiden und oft verhaut man doch wieder das ideale Verhältnis, und der Salat ist zu sauer oder zu ölig.

Lösung

Nicht so, wenn das fertig gemischte Dressing bereits griffbereit im Kühlschrank steht – und das ohne Zutaten, die es selbst dann noch haltbar sein lassen, wenn die *USS Enterprise 1701-D* zum Jungfernflug startet.

Diskussion

Alles, was es dazu braucht, sind ein Mixer und eine Handvoll Zutaten aus dem Vorrat, um ein leckeres Salatdressing zu zaubern, das sich gut im Kühlschrank hält und vom Mouthfeeling her den Vergleich mit dem Fertigdressing nicht zu scheuen braucht. Ob man nur zwei Esslöffel für sich selbst rausnimmt oder eine Horde Geeks mit Salat versorgen will, spielt dabei keine Rolle.

```
========== REZKONV-Rezept - RezkonvSuite v1.2

     Titel: Cremiges Salatdressing aus dem Mixer
Kategorien: Salate, Dressing, Einfach, Vorrat
     Menge: 1 Rezept

========================== KRÄUTER ==========================
      2      Teel. Oregano, getrocknet
      2      Teel. Basilikum, getrocknet
    1/2      Teel. Salbei, getrocknet
```

```
    1/2     Teel. Rosmarin, getrocknet
                  -- oder 5 TL italienische Kräutermischung
                  -- (siehe Rezept 6.3 in diesem Kapitel)

============================== UND ==============================
      1     Teel. Salz
      3     Essl. Weißweinessig
      1     Essl. Zitronensaft, frisch
      3     Essl. Mayonnaise
    180       ml  Olivenöl, extra vergine
      3     Essl. Parmesankäse (Parmigiano Reggiano oder Grana
                  -- Padano), frisch gerieben

========================== AUSRÜSTUNG ==========================
      1           Standmixer oder Stabmixer und Mixbecher
      1     Glas  oder eine Flasche zum Abfüllen, optional
      1           Trichter, optional

============================ QUELLE ============================
        Das Geek-Kochbuch, von
        Mela Eckenfels u. Petra Hildebrandt
                  -- Erfasst *RK* 15.06.2006 von
                  -- Petra Hildebrandt

Essig, Salz und Kräuter in den Mixbecher geben. Umrühren und 5
Minuten quellen lassen. Die Mayonnaise und den Zitronensaft zugeben,
kurz aufmixen. Dann nach und nach bei laufendem Mixer das Olivenöl
zugießen. Zum Schluss den Parmesan dazugeben und noch einmal
mixen. Mindestens eine Stunde ziehen lassen.

Im Kühlschrank aufbewahren. Kurze Zeit kann das Dressing auch im
Becher des (Stab-)Mixers im Kühlschrank stehen. Wer nur kleine
Mengen benötigt, sollte es in ein Schraubglas oder eine Flasche mit
großer Öffnung (zum Beispiel eine alte, gespülte Fertigdressing-
Flasche) abfüllen. Hält sich circa eine Woche.

Schmeckt zu fast allen gemischten Salaten.

Varianten

Bei den Zutaten könnt Ihr experimentieren - einen anderen Essig
vielleicht (Rotweinessig, Apfelessig, Reisessig) oder auch etwas
mehr Zitrone und weniger Essig, eine andere Käsesorte
(Blauschimmelkäse!), Kräuter nach Geschmack ... wichtig ist, dass die
Mengenverhältnisse Säure zu Mayonnaise zu Öl zu Käse in etwa
erhalten bleiben.


=====
```

Das ganze Dressing taugt übrigens auch für Nudel- und Kartoffelsalate ...

Siehe auch

- Ein Vinaigrette-Grundrezept findet sich im Saucen-HowTo in Kapitel 5.

6.8 Selbstgekochte Vorräte ohne Tiefkühlschrank, geht das?

Problem

Ihr wollt Euer Essen selbst kochen statt zur Fertigdose zu greifen, sonst hättet Ihr dieses Buch nicht gekauft. Doseneintopf lehrt Euch eben das Fürchten, genauso wie die Fertigsauce eines bekannten Spaghettiunternehmens.

Oder aber Ihr gehört zur Rettungsleine eines Larval-Geeks und möchtet diesem hin und wieder etwas Handfestes zukommen lassen.

Lösung

Die Lösungen heißen Dörren, Trocknen oder Einwecken und sind, ganz ehrlich, mit den normalen Bordmitteln des durchschnittlichen Haushalts nicht einfach zu bewältigen. Aber wir haben die Erfahrung gemacht, dass es Lebenssituationen gibt, in denen es sich zumindest lohnt, über diese Techniken nachzudenken.

Gedörrtes für die finanzielle Dürre

Während wir begannen, am Kochbuch zu arbeiten, kam über die von Petra betriebene Food-Mailingliste die Anfrage eines Studenten hereingeflattert. Den hatte es für ein Auslandssemester nach Island verschlagen und er stand vor dem Problem, dass Fleisch und Gemüse dort derartig teuer und geschmacklos waren, dass es den Studentenetat einfach sprengte. Somit suchte er nach Möglichkeiten, nur mit den dort günstigen Grundnahrungsmitteln lecker zu kochen. Natürlich sind auch Pakete nach Island teuer, aber mit einem Dörrautomat kann man das Gewicht von fertigen Gerichten soweit reduzieren, dass man eine solche Situation wenigstens mit einem Carepaket pro Semester doch etwas auflockern kann.

Auch beim Trekking oder Camping erweisen sich selbst gedörrte Mahlzeiten als preisgünstige Alternative zu teuren, gefriergetrockneten Trekkingmahlzeiten.

Diskussion

Das Einwecken von Fleisch und Eintöpfen ist nichts für schwache Nerven. Zu leicht züchtet man bei unzureichender Erfahrung Botulismusbakterien oder andere Nettigkeiten im heimischen Küchenschrank. Daher möchten wir an dieser Stelle nur auf das WECK-Einkochbuch hinweisen und den Rat geben, solche Experimente nur an der Seite eines Einkoch-Profis zu wagen.

Wer kein Tiefkühlfach besitzt, wird vermutlich weder Geld noch Platz übrig haben, um sich einen Dörrautomaten zu kaufen, und das Trocknen im Backofen (sofern überhaupt einer vorhanden ist) ist eher unökonomisch.

Sollten jedoch Mutter, Oma oder ein Freund eines dieser Geräte besitzen, versucht es Euch auszuleihen – allerdings nicht gerade in der Erntezeit. Mit einem solchen Apparat behandelte Gerichte halten sich auch bei Lagerung im normalen Küchenschrank mehrere Wochen bis Monate.

Dörrautomat

Ein Dörrautomat, auch Dörrapparat oder Dörrgerät, ist im Prinzip nichts anderes als eine Art Warmluftfön mit mehreren Etagen, auf denen das Trockengut ausgebreitet wird. Die Etagen sind entweder aus luftdurchlässigen Gittern gefertigt oder feste Schalen. Sind es Gitter, wird die Warmluft meistens von unten durch die Gitter und am Trockengut vorbeigepresst. Bei Schalen »weht« die warme Luft von oben über das Trockengut. Bei Dörrautomaten mit Schalen muss das Trockengut mindestens einmal gewendet werden, die Trockengitter sind dagegen weniger praktisch, wenn man sehr flüssige Lebensmittel wie Suppen oder Saucen trocknen möchte.

Ein guter Dörrautomat sollte mindestens über eine Zeitautomatik und einen Temperaturregler verfügen. Man findet sie in gut sortierten Haushaltswarenläden, diversen Onlineshops und bei eBay.

Und nun ein paar Rezepte zu gedörrten Lebensmitteln – viel Spaß!

Gulasch, gedörrt

- 500 g Schweinegulasch
- 500 g Rindergulasch
- 1 Packung Schmalz
- 1 kg Zwiebeln
- 2-3 Liter Fleischbrühe
- Salz, Pfeffer, Paprika
- Majoran, Curry, Kümmel (optional)

Zubereitung zum Dörren:

Beim Metzger Eures Vertrauens bekommt Ihr folgende Zutaten: mageres Fleisch am Stück, Schmalz und selbstgekochte Fleischbrühe. Bei perfektionistischem Vorgehen entfernt Ihr nun alle Fettreste und Sehnen vom Fleisch und würfelt es fein. Habt Ihr stattdessen fertig geschnittenes Gulasch gekauft, solltet Ihr die Würfel jeweils noch zweimal (oder gar dreimal) durchschneiden (also aus 1 Stück Gulasch mache vier oder acht). Natürlich könnt Ihr auch Fleischbrühe aus dem Glas nehmen anstatt frischer.

Nehmt eine große Pfanne und bratet die Fleischstücke in kleinen Portionen jeweils scharf an (Stichwort: Maillard-Reaktion; siehe unten).

Die angebratenen Fleischstücke in einen ausreichend großen Topf geben, ideal sind eine Kasserolle oder ein Schmortopf mit Deckel. Zwiebeln hacken und dazugeben, sobald das ganze Fleisch braun ist. Glasig dünsten und dann mit Salz, Pfeffer und Gewürzen kräftig abschmecken. Mit Brühe aufgießen, bis Fleisch und Zwiebeln bedeckt sind. Den Deckel auflegen und gut 2-3 Stunden köcheln lassen.

Wenn das Fleisch ganz durch ist (probieren!), bei offenem Deckel die Flüssigkeit noch etwas einköcheln lassen.

Dieses Gulasch lässt sich (mit normal großen Würfeln) natürlich genauso für den direkten Verzehr oder das Einfrieren zubereiten!

Die Dörretagen im Dörrautomat mit Frischhaltefolie auslegen und das noch warme Gulasch hineingießen. Dörretagen, wenn möglich, auf einer Küchenwaage wiegen und das Gewicht notieren.

Gulasch auf der höchsten Stufe dörren, bis die Würfel sich rauh und trocken anfühlen und auch bei einem Testschnitt durch einen Gulaschwürfel kaum Restfeuchtigkeit zu sehen ist. Nach 6 Stunden Dörrzeit einmal wenden.

Die Dörretagen noch einmal wiegen. Die Differenz entspricht dem Wasser, das Ihr beim späteren Zubereiten mindestens wieder hinzufügen müsst. Dann das Gulasch in dicht schließende Beutel (Ziplock) oder Bügelgläser abpacken, mit dem Datum und der entzogenen Wassermenge beschriften.

Zubereitung zum Verzehr:

Vermutlich werdet Ihr nicht das gesamte Gulasch auf einmal essen wollen, also müsst Ihr die benötigte Wassermenge für die Menge, die Ihr aktuell verzehren wollt, ungefähr schätzen. Wasser zusammen mit einer Portion Dörrgulasch in einen Topf geben, zudecken und circa eine Stunde köcheln lassen, bis das Fleisch wieder weich ist. Gulasch noch einmal abschmecken, eventuell mit etwas Crème fraîche verfeinern oder mit Stärke binden.

Sauce, getrocknet

Zubereiten zum Dörren:

Hierfür eignen sich die Rezepte für Hackfleisch- oder Tomatensauce aus dem Saucen-HowTo in Kapitel 5.

Die Sauce wird wie in den Rezepten beschrieben zubereitet. Die Tomatensauce und eventuell auch die Hackfleischsauce im Mixer pürieren. (Vorsicht, erst etwas abkühlen lassen, sonst herrscht Verbrühungsgefahr!)

Die Dörretagen des Dörrautomats mit Frischhaltefolie auslegen und die Sauce sehr dünn darauf ausgießen. Auch hier, sofern möglich, die Dörretagen wiegen und das Gewicht notieren. Die Tomatensauce auf einer mittleren Stufe, die Hackfleischsauce auf einer hohen Stufe dörren und nach etwa der Hälfte der Trockenzeit wenden. Die Hackfleischsauce ist fertig gedörrt, wenn man sie trocken zerkrümeln kann, die Tomatensauce wird im fertig gedörrten Zustand einen dünnen, ledrigen Film ergeben. Die Dörretagen erneut wiegen und das Gewicht des verlorenen Wassers notieren.

Nun könnten die Saucen erneut in einem Mixer fein zermahlen oder aber direkt in dicht schließende Beutel oder Hüllen abgepackt werden. Die Menge des entzogenen Wassers darauf notieren, ebenso das Datum.

Zubereitung zum Verzehr:

Eine Portion Sauce in die auf der Verpackung notierte Menge kaltes Wasser geben und dann aufkochen lassen.

Pulverisierte Sauce lässt sich ebenso schnell aufkochen wie jede andere Tütensauce auch. Wurde sie nicht zermahlen, muss besonders die Hackfleischsauce etwas länger köcheln, um nicht etwas zu kernig zu bleiben.

Nun können auch diese Saucen noch mit etwas Sahne oder Crème fraîche verfeinert werden. Zusätzlich sollten sie noch einmal mit Gewürzen abgeschmeckt werden.

Siehe auch

- »Das WECK-Einkochbuch«: ISBN 3-921-03405-1
- Wikipedia, Stichwort Maillard-Reaktion: *http://de.wikipedia.org/wiki/Maillard-Reaktion*

6.9 Resteküche

Problem

Jeder, der nur für eine Person kocht, steht irgendwann ratlos vor dem Kühlschrank. Vom Pastakochen gestern sind noch Spaghetti übrig, aber keine Bolognesesauce mehr, die Tasse gekochter Reis ist zu schade zum Wegwerfen, und das Viertel Hähnchen da hinten im Kühlschrank sieht eigentlich auch noch ganz prima aus. Aber was mache ich damit?

Lösung

Reste sind in den meisten Fällen mit das Beste, was dem allein essenden Geek passieren kann, weil sich damit schnell und ohne Stress eine Mahlzeit zaubern lässt. Mit ein bisschen Übung und Kreativität werdet Ihr Reste bald lieben lernen.

Diskussion

Sehen wir uns ein paar typische Restekandidaten einmal einzeln an.

Brötchen oder Toast

Mit altbackenen Brötchen oder hart gewordenem Toast muss man nicht die Enten im Park erschlagen. Entweder man reibt sie zu Semmelbrösel und lagert diese in einem gut schließenden Schraubglas oder aber man verarbeitet sie zu »Armen Rittern« (in manchen Gegenden auch als »Rostige Ritter« bekannt). Dazu wird die Rinde abgerieben und mit Zucker und Zimt vermischt. Die verbleibenden Innenteile werden in Milch eingeweicht und leicht ausgedrückt, dann zunächst in einem mit der Gabel verquirlten Ei und danach in der Semmelbrösel-Zimt-Zucker-Mischung gewendet. Mit etwas Öl oder Butter in einer Pfanne von beiden Seiten goldgelb braten. Schmeckt pur, mit Apfelmus oder Vanillesauce.

Pasta

Gekochte Pasta ist für jeden, der nicht gerade ein Low-Carb-Geek ist, ein ideales Ausgangsmaterial für allerlei Leckeres.

Ein paar Ideen:

Nudelsalat mit Thunfisch: Eine Dose Thunfisch in Öl (Öl abtropfen lassen) ein bisschen zerpflücken, etwas Essig, Salz und Pfeffer hinzufügen. Wer hat, ein paar Kräuter dazu, die Nudeln untermischen, essen oder zum Mitnehmen in die Lunchbox fürs Büro packen.

Nudelsalat mit Ei und Gurke: Nudeln mit hart gekochtem, gepelltem, gehacktem Ei, klein geschnittener Essiggurke und etwas Mayonnaise vermengen. Fleischwurstwürfel optional dazugeben.

Nudeln aus der Pfanne: Öl in die Pfanne, wer hat, Zwiebel (ideal: gefriergetrocknete) dazu, etwas Tomatenmark, Wasser oder der Rest Wein aus der Flasche von gestern, italienische Kräutermischung und Pfeffer. Wenn alles köchelt, die gekochten Nudeln darin erwärmen, essen.

Nudelsuppe: Instantbrühe oder Misobrühe heiß machen, Nudeln hineingeben, heiß werden lassen, essen.

Bratnudeln: In der Pfanne Öl erwärmen, Nudeln darin anbraten, dazu beliebige Fleisch- oder Gemüsereste geben. Für Asia-Flair mit Sojasauce abschmecken.

Nudelauflauf: Nudeln und beliebige Wurst-, Fleisch-, Gemüsereste vermischen, in eine Auflaufform geben, mit 2-3 verquirlten Eiern übergießen, nach Wunsch noch eine Restecke Käse darüberreiben. Ab in den Ofen, bis es blubbert. Siehe auch Rezept 7.1.

Kartoffeln

Hier möchten wir vor allem auf die Rezepte für Bratkartoffeln und Rösti in Rezept 5.7 verweisen.

Mit gekochten Kartoffeln lassen sich aber auch hervorragend Tortillas machen: Kartoffeln in Stücken vorsichtig in der Pfanne anbraten, nach Wunsch ein paar Zwiebeln dazu. Mit verquirltem Ei übergießen, langsam stocken lassen. Wenn die Eimasse fest ist, wenden und zu Ende braten. Schmeckt warm oder kalt.

Tortilla lässt sich am besten wenden, indem man mit dem Pfannenwender darunter geht und sie auf einen sauberen Teller gleiten lässt. Mit beherztem Schwung dann vom Teller umgedreht wieder in die Pfanne geben.

Geflügel

Egal, ob Brathähnchen, Festtagstruthahn oder Chicken Wings – Reste sind vielseitig einsetzbar. Nur noch häuten, das Fleisch abzupfen und verwenden: frisch in der Pfanne anbraten und dann in dünne Fladenbrote, Tortillas oder Pfannkuchen gewickelt als Wraps, als Zugabe für eine Suppe, oder kleiner gehackt als Geflügelsalat (mit etwas Mayonnaise und ein paar Früchten oder Dosengemüsen). In einer hellen Sauce mit ein paar Dosenpilzen wird ein Frikassee daraus und mit etwas Reis ist schnell ein Asia-Bratreis gezaubert (siehe auch das Rezept 13.3 für Thai-Bratreis).

Wurst und Käse

Von Wurst und Käse bleibt selten etwas übrig, das nicht entweder zum Verzehr aufs Brot taugt oder aber in den Abfall gehört. Wenn Ihr aber in einem Anfall von Bevorratungswut die besonders günstige Großfamilienpackung Salami gekauft habt, kommt Euch Wurstbrot wahrscheinlich irgendwann zu den Ohren raus. Neben der Verwendung als Belag für eine Pizza lässt sich Wurst prima in Nudel-, Reis- oder Kartoffelsalaten einsetzen, oder in Aufläufen oder Pastasaucen. Ihr habt einen Käse erwischt, der eher nicht Euer Fall ist? Verwendet ihn für eine Käsesauce oder zum Überbacken von irgendetwas.

Vanillestangen

Wenn Ihr gerne selbst backt und weniger auf Chemie-Essenzen zurückgreifen wollt, werden über kurz oder lang ausgekratzte Vanillestangen in Eurer Küche anfallen. Da diese sehr teuer sind, wäre es ein Jammer, nur das Mark zu verwenden und den Rest in den Müll zu werfen. Wir gehen so vor, dass wir eine Dose halb mit Zucker füllen und die ausgekratzten und klein geschnittenen Vanillestangen darin einlegen. Habt Ihr genug Stangen gesammelt, könnt Ihr Stangen und Zucker kurz durch den Mixer jagen und habt so Euren eigenen Vanillezucker hergestellt.

Strategien: Reste planen

Oft lohnt es sich nicht, nur eine Portion zu kochen, sei es wegen des Arbeitsaufwands, sei es, weil es zu viel Energie kostet, nur eine Portion Gulasch stundenlang schmoren zu lassen. Der Griff zur Dose ist dann vorprogrammiert.

Viele Dinge lassen sich aber gut einfrieren und wieder aufwärmen, wie Ihr an den vorangegangenen Beispielen sehen könnt. Deswegen lohnt es sich, auch beim Kochen im Alltag Reste gleich fest einzuplanen, also vielleicht drei Portionen Thaicurry und drei Portionen Reis zu kochen und davon zwei einzelne Portionen mitsamt Reis einzufrieren, die Ihr bei der nächsten Hungerattacke dann nur noch aus dem Tiefkühlfach nehmen müsst.

Und wenn Ihr sowieso Chicken Wings im Ofen habt, warum nicht von vornherein ein paar mehr einplanen, das Fleisch abpflücken und für Bratreis oder einen Geflügelsalat verwenden? Ein ganzes Huhn braten, ein halbes essen, den Rest für etwas anderes verwenden. Kartoffeln kochen und mit der Hälfte Kartoffelsalat für den Tag im Büro morgen machen usw. – es ist ganz einfach!

KAPITEL 7

Modulare Rezepte

7.1 Modularer Auflauf

Problem

Inzwischen habe ich wirklich eine Menge schöner Auflaufrezepte im Web oder in meinen Kochbüchern gefunden, aber ein Problem bleibt: Für jedes dieser leckeren Rezepte fehlt mindestens eine Zutat in meinem Schrank. Gibt es nicht ein Rezept für einen Auflauf mit genau den Dingen, die ich gerade im Schrank habe?

Lösung

Ein modulares Auflauf-Rezept mit austauschbaren Zutaten. Ein Rezept, unendlich viele Variationen und Geschmäcker, je nachdem, was Eure Küche hergibt.

Diskussion

Im Gegensatz zu fertigen, bis ins letzte Gewürz abgerundeten Auflaufrezepten ist ein modularer Auflauf sicherlich nicht sterneverdächtig, ein leckeres und wenig aufwändiges Essen ist er aber allemal.

Wie aus dem UML-Diagramm ersichtlich, werden die möglichen Zutaten des Auflaufs in verschiedene Gruppen eingeteilt:

Stärkehaltige Lebensmittel als Grundgerüstzutaten
: Gekochter oder Instant-Reis, gekochte oder Instant-Nudeln, Kartoffelbrei oder dünne Kartoffelscheiben (Hier können natürlich auch bereits gekochte Restkartoffeln verwendet werden). Der Anteil der Grundgerüstzutat im modularen Auflauf beträgt 1-3 Tassen.

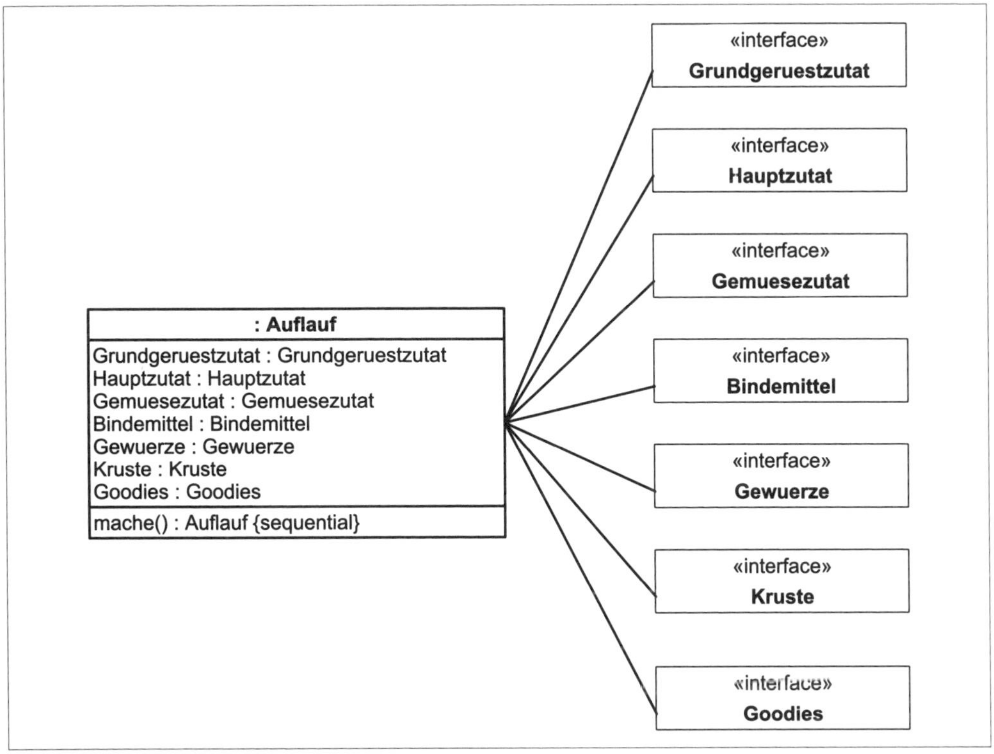

Abbildung 7-1: Der Auflauf in UML-Darstellung

Hauptzutaten

Hierzu gehören Thunfisch, (gekochter) Schinken, angebratenes Hackfleisch, Fleischreste jeder Art oder hartgekochte, gehackte Eier. Alle noch verzehrbaren Fleisch- und Wurstreste Eures Kühlschranks können so im wahrsten Sinne des Wortes verwurstet werden, vom Brathähnchenrest über Steakreste bis hin zur Lyoner Fleischwurst, die sonst verderben würde. Der Anteil der Hauptzutat im Auflauf beträgt 1 Tasse.

Gemüsezutaten

Vielleicht habt Ihr noch etwas frisches Gemüse, sonst nehmt etwas aus der Dose: Pilze, frisch oder aus dem Glas, fein geschnitten, Dosenerbsen oder -Karotten, Mais, fein geschnittener Lauch, Bohnen, vorgekocht oder ebenfalls aus der Dose. Aber auch die Tomaten, die Ihr schnell noch vor dem Verfaulen retten müsst. Der Anteil der Gemüsezutat im Auflauf beträgt 1 Tasse.

Bindemittel

Es soll den Auflauf sowohl saftig und lecker machen als auch die Bestandteile zusammenhalten. Hier eignen sich: saure Sahne, Crème légère, Gemüsefond, Tomatensugo oder eine vorgekochte Tomatensauce, eine Mischung aus Sahne und Eigelb oder eine vorgekochte Sahnesauce. Der Anteil an Bindemittel beträgt 1½ Tassen. Gerät der Auflauf zu trocken, kann dem mit etwas Milch oder Gemüsebrühe abgeholfen werden.

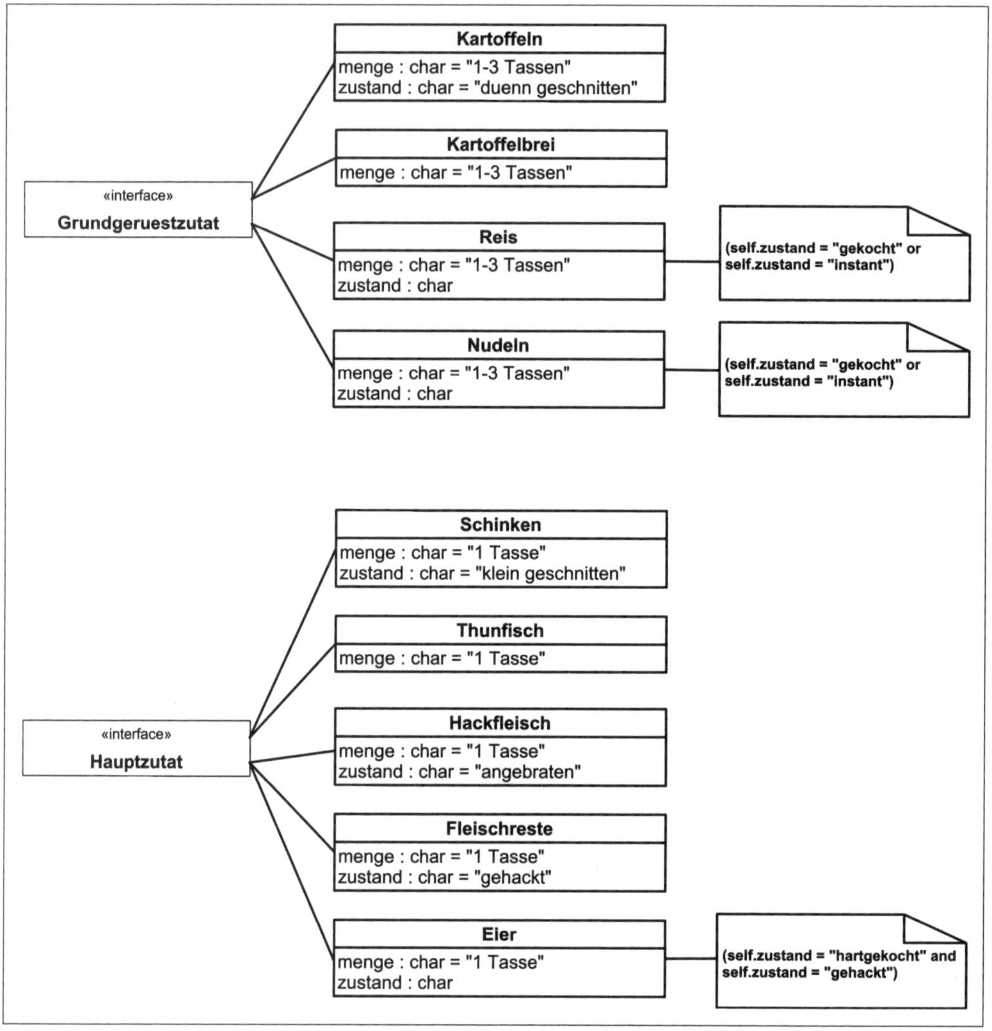

Abbildung 7-2: Die Interfaces des Auflaufs

Gewürze

Sie dürfen natürlich auch nicht vergessen werden. Für eine schnelle Grundwürze eignen sich Bio-Instant-Gemüsebrühe oder Kräutersalz. Kräuter können getrocknet, tiefgefroren, am besten natürlich frisch und feingehackt dazugegeben werden, oder aber man greift direkt zur italienischen Mischung aus dem vorangegangenen Kapitel, Rezept 6.3. Ein bisschen Pfeffer nicht vergessen und daran denken, dass die Kräuter und Gewürze auch in etwa mit den von Euch gewählten Zutaten harmonieren sollten.

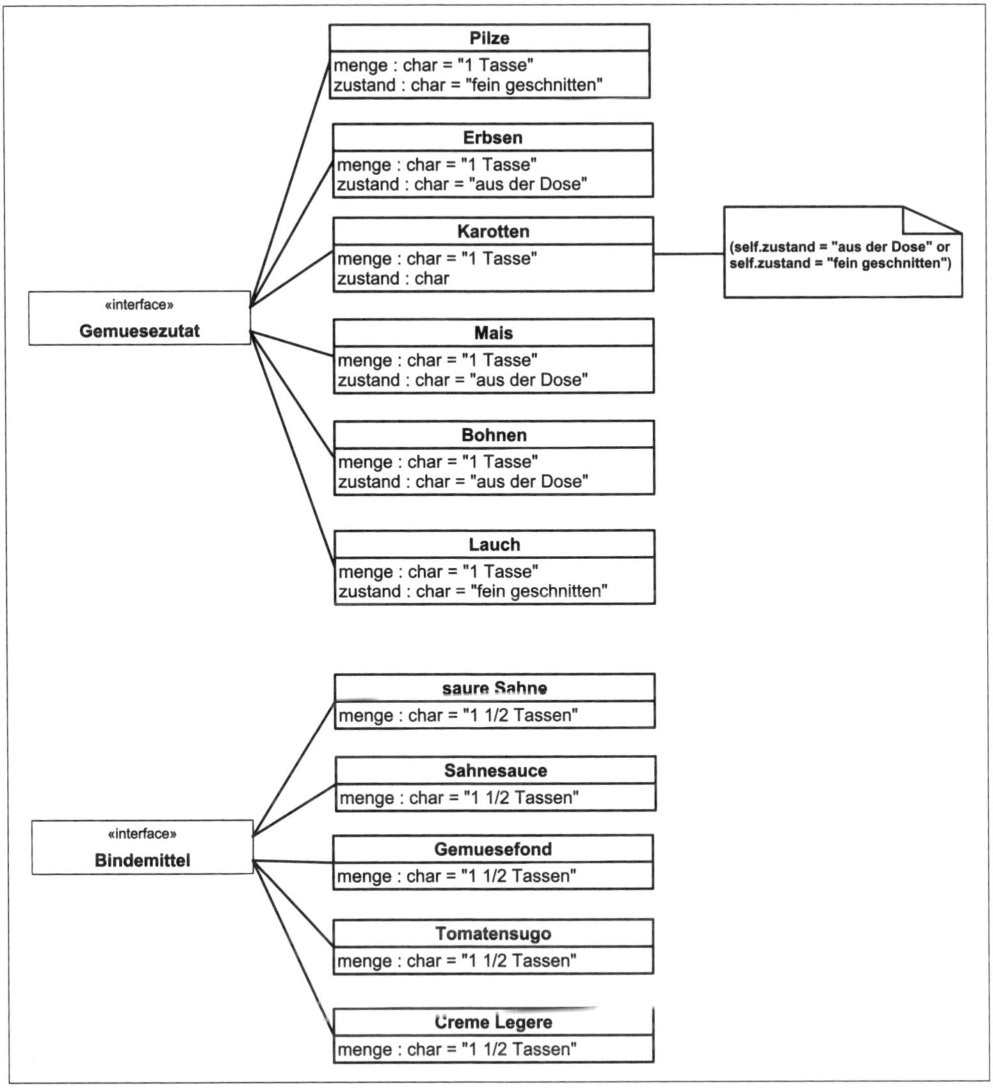

Abbildung 7-2: Die Interfaces des Auflaufs (Fortsetzung)

Die Kruste

Das Wichtigste an einem Auflauf ist selbstredend die Kruste oben drauf. Der Klassiker ist natürlich geriebener Käse, aber Ihr könnt auch etwas Butter in einer Pfanne schmelzen und soviel Semmelbrösel hinzugeben, bis die gesamte Butter aufgenommen ist, die Masse dann kurz goldgelb rösten und über den Auflauf geben. Auch Mozzarellascheiben ergeben einen leckeren Abschluss. Es sollte genug von der Krusten-Zutat vorhanden sein, um die Auflaufoberfläche dünn zu bedecken.

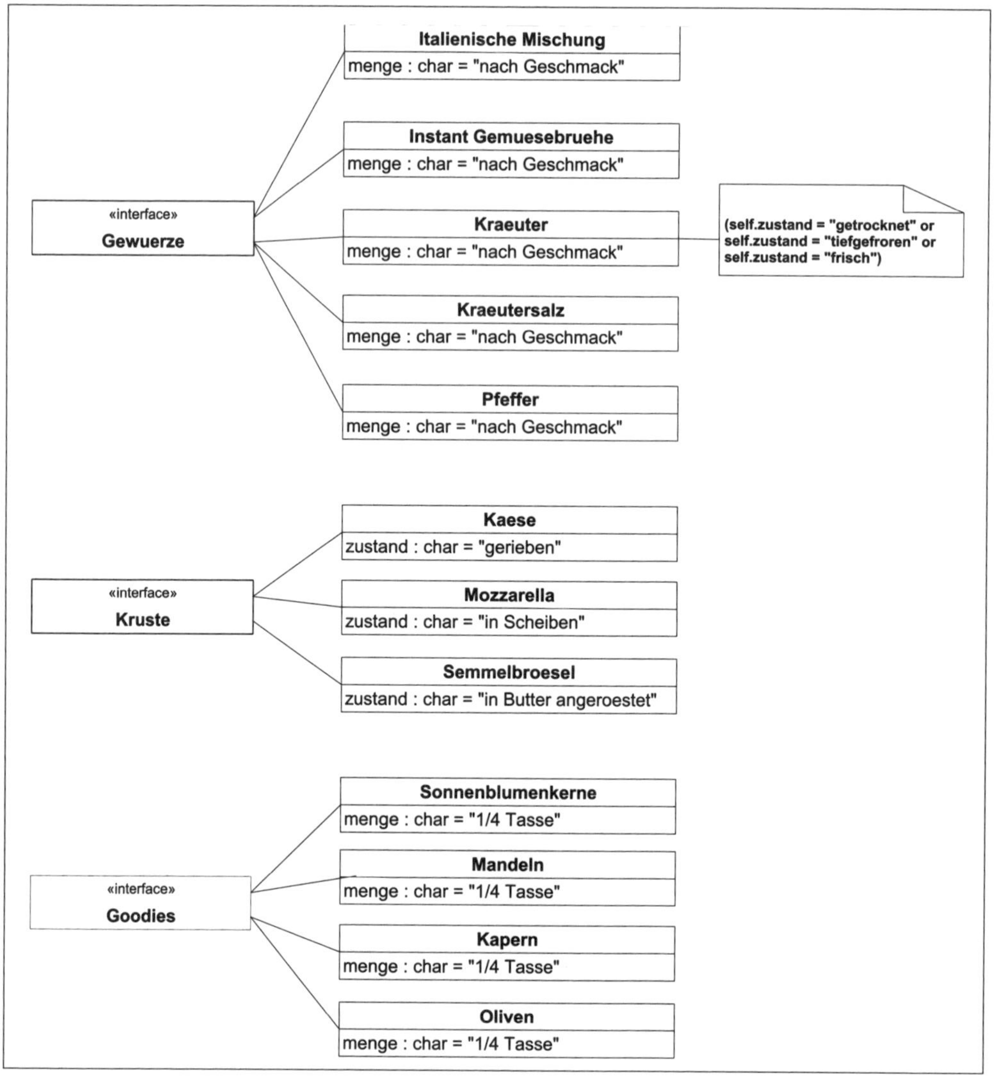

Abbildung 7-2: Die Interfaces des Auflaufs (Fortsetzung)

Extras

Optional sind die Goodies, mit denen man den Auflauf aufpeppen kann. Hier eignet sich eigentlich alles, das noch etwas zusätzlichen Geschmack oder Biss gibt wie Mandelsplitter (pur oder kurz angeröstet), Sonnenblumenkerne, Pinienkerne, Oliven, Kapern, Pepperoni und was Eure Schränke noch so hergeben. Die Goodies sollten einen Anteil von ¼ Tasse im Auflauf nicht überschreiten.

Geschmacklich harmonieren einige Kombinationen sicherlich besser als andere. Auf persönliche Vorlieben und Abneigungen gewisser Mischungen sollte geachtet werden. Der Rest Räucherlachs aus dem Kühlschrank macht sich nicht gut mit einer Tomatensauce oder dem Rest Tomatenvorrat. Und auch die Kombination von rohen Kartoffelscheiben und saurer Sahne sorgt eher für Frust, da Kartoffeln in einer sauren Umgebung nur sehr verlangsamt gar werden. Bei nicht vorgekochten Nudeln oder Reis wird zudem mehr Flüssigkeit benötigt.

Wie es weitergeht, zeigt uns das Activity-Diagramm:

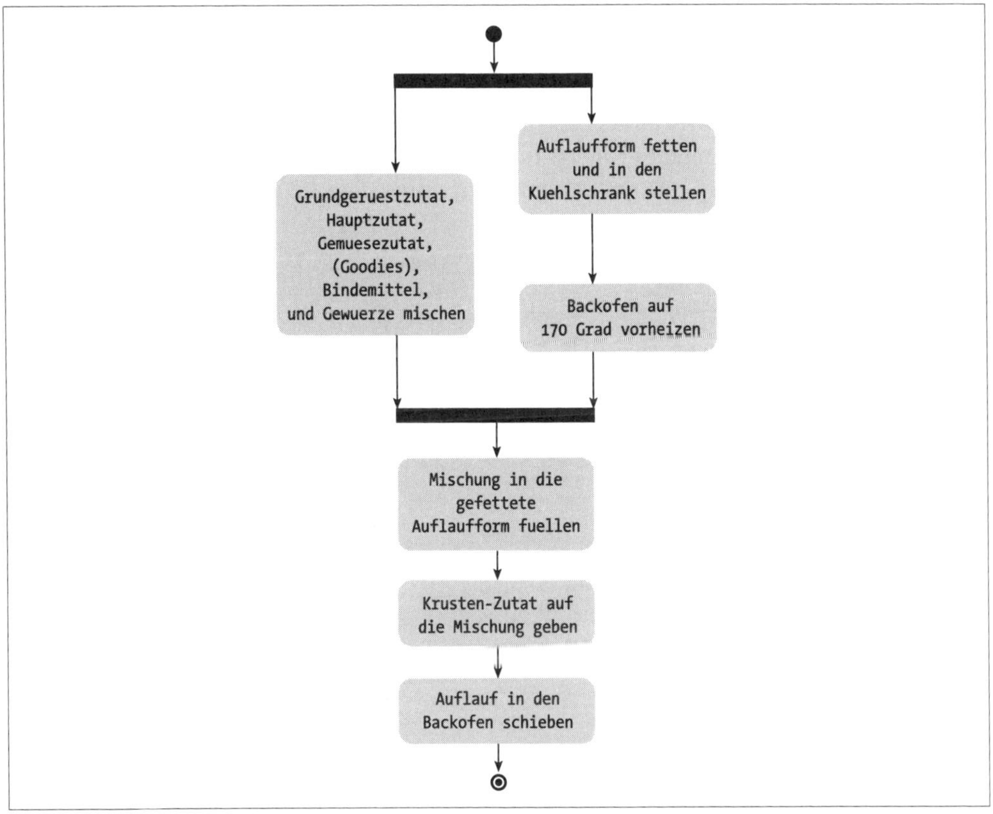

Abbildung 7-3: Das Activity-Diagramm für den Auflauf.

Zuerst wird die Auflaufform gefettet und in den Kühlschrank gestellt. Dann werden 1-3 Tassen der Grundgerüstzutat, 1 Tasse der Hauptzutat, 1 Tasse der Gemüsezutat und 1½ Tassen des Bindemittels (optional ¼ Tasse Goodies) miteinander gemischt und mit den Gewürzen abgeschmeckt. Den Ofen nun auch ca. 170°C vorheizen. Die Auflaufform aus dem Kühlschrank nehmen und die Auflaufmasse hineingeben. Mit der Krusten-Zutat abdecken und ca. 35-45 Minuten in den Backofen stellen.

7.2 Modulare Muffins

Problem

Das gleiche Ausgangsproblem, das wir auch beim Auflauf vorfinden: Das Lieblings-Muffinrezept braucht saure Sahne, aber genau die ist nicht im Haus. Wie designt man aus gegebenen Grundzutaten tolle Muffins?

Lösung

Modulare Muffins. *Unendliche **M**annigfaltigkeit in **U**nendlichen **K**ombinationen.*

Diskussion

Wie auch beim Auflauf, findet Ihr hier nicht das ideale, abgestimmte Muffinrezept für den maximalen Genuss, aber einen großen, virtuellen Muffin-Legobaukasten, mit dem Ihr Eure Lieblingsmuffins, oder eine ganze Lieblingsmuffin-Auswahl, selbst entwerfen könnt.

Die Muffin-Zutatengruppen:

Mehl/Getreide
: Die Basis der Muffins bildet natürlich der Getreide-Anteil. Hier bieten sich neben dem klassischen Weizenmehl auch Weizenvollkornmehl, Hafer- oder Maismehl an. Aber auch feines Haferschrot oder -flocken ergeben leckere und kernige Muffins. Idealerweise sollte aber wenigstens anteilig etwas Weizenmehl dabei sein, um durch das Gluten, den Weizenkleber, für den nötigen Zusammenhalt des Teigs zu sorgen. Anteil: 2½ Tassen.

Milchprodukt
: Neben Milch kann saure Milch, flüssiger Joghurt, saure Sahne oder Buttermilch verwendet werden, aber auch ein entsprechender Anteil Fruchtsaft. Anteil: 1 Tasse.

Fett
: Als Fett können neutrale Öle verwendet werden, wie Sonnenblumen-, Raps- oder Mandelöl, aber auch zerlaufene Butter oder (im Notfall) Magarine. Anteil: ¼ Tasse.

Ei
: Selbst das Ei kann im Notfall durch einen Esslöffel Sojamehl mit einem Esslöffel Wasser ersetzt werden, durch 80 g Apfelmus oder aber durch im Handel erhältlichen Eiersatz oder gefriergetrocknetes Ei aus dem Trekkingvorrat. Anteil: 1 Ei.

Süße
: Als Süßungsmittel dienen Rohrzucker, weißer Zucker oder Honig. Bei Honig kann der Anteil der Milch auf eine ¾ Tasse reduziert werde. Allerdings kann auch flüssiger Süßstoff verwendet werden, (vorsichtig dosieren). Anteil: bis zu einer ¾ Tasse.

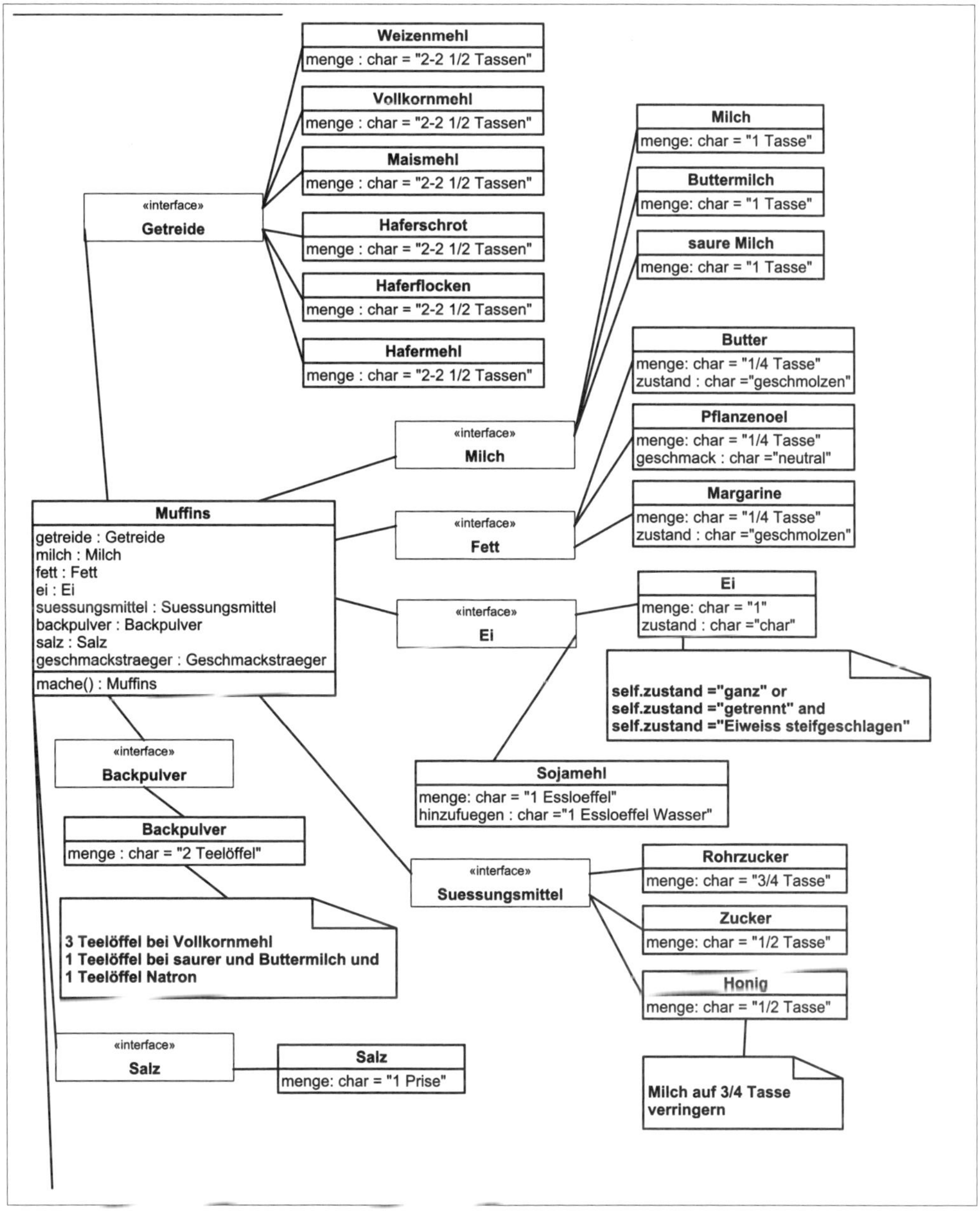

Abbildung 7-4: Die Muffins in UML-Darstellung

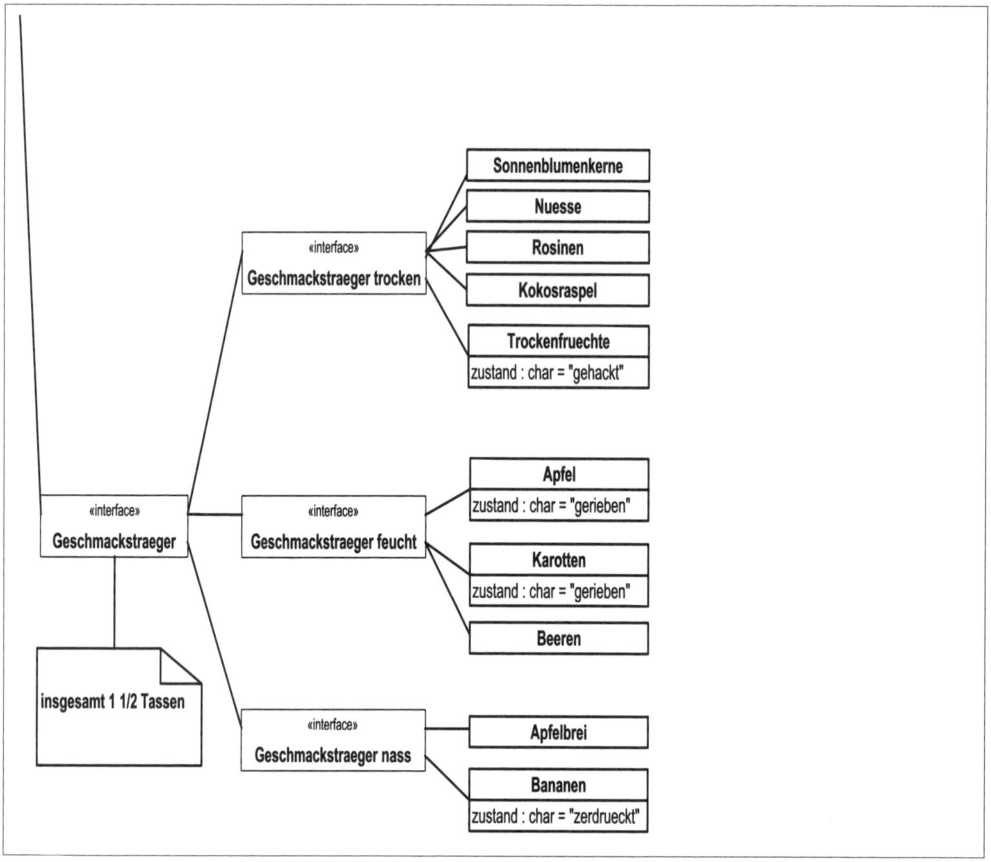

Abbildung 7-4: Die Muffins in UML-Darstellung (Fortsetzung)

Treibmittel

Verwendet 2 Teelöffel Backpulver. Werden saure Milch oder Buttermilch statt Milch verwendet, ersetzt 1 Teelöffel Backpulver durch ½ Teelöffel Natron. Je nach Geschmack eine Prise bis ½ Teelöffel Salz hinzufügen.

Geschmacksträger

Diese Zutaten geben den Muffins erst ihr Aroma. Wir unterteilen sie in trockene, feuchte und nasse Geschmacksträger. Ihr könnt verschiedene Zutaten für einen Muffinteig mischen, aber sie sollten den Gesamtanteil von 1½ Tassen nicht überschreiten.

Trockene Geschmacksträger können (gehackte) Nüsse, Sonnenblumenkerne, Kokosflocken, Rosinen, (gehackte) Trockenfrüchte und Ähnliches sein.

Geriebener Apfel, fein geriebene Möhren oder Beeren aller Art (gehackte Erdbeeren, Blaubeeren, Johannisbeeren, Cranberries, Himbeeren) sind feuchte Geschmacksträger.

Apfelbrei, zerdrückte Bananen oder (abgetropfte) Dosenfrüchte fallen unter die Kategorie nasse Geschmacksträger. Bei ihrer Verwendung kann es sinnvoll sein, den Milchanteil etwas zu reduzieren.

Gewürze
: Weitere Möglichkeiten, die Muffins zu variieren, bieten Gewürze wie Zimt, gemahlene Nelken, etwas Muskatnuss, Piment, abgeriebene Zitronen- oder Orangenschale oder aber ein Klecks Marmelade oder Gelee als Füllung.

Nun zum Activity-Programm:

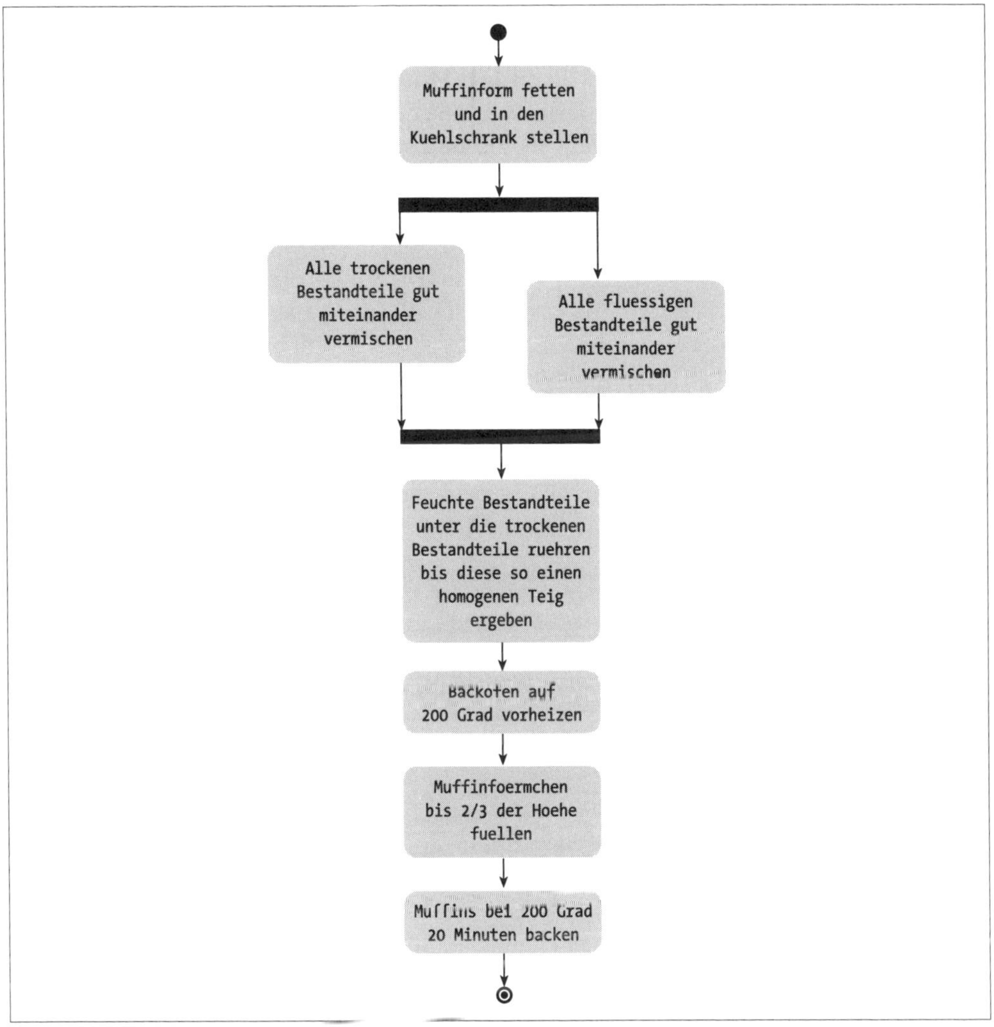

Abbildung 7-5: Das Activity-Diagramm für die Muffins

Mit einem Backpinsel und zimmerwarmer Butter werden die Muffinformen eingefettet und in den Kühlschrank gestellt. Wer sich diese Arbeit sparen und den Abwasch erleichtern will, kann allerdings Muffin-Papierförmchen in die Formen stellen, statt sie zu fetten.

Der grundlegende Trick, dass Muffins schön locker gelingen, besteht darin, dass zuerst alle trockenen Bestandteile gründlich miteinander verrührt werden und mit den feuchten Bestandteilen genauso vorgegangen wird. Dann wird die feuchte Masse *zügig* unter die trockenen Bestandteile gerührt, aber nur so lange, wie unbedingt notwendig, um einen klumpenfreien Teig zu erhalten. Der Teig darf nicht geknetet werden und die Küchenmaschine sollte zugunsten eines einfachen Kochlöffels im Schrank bleiben.

Den Backofen auf 200°C vorheizen.

Nun den Teig in die Muffinförmchen bis zu zwei Dritteln ihrer Höhe füllen. Wer die Muffins mit Marmelade füllen möchte, gibt erst mindestens einen guten Esslöffel Teig in die Form, dann einen Teelöffel Marmelade darauf und schließt mit einem weiteren Esslöffel Teig ab.

Die Muffins nun bei 200°C auf der mittleren Ebene ca. 20 Minuten backen. Danach kurz in der Form abkühlen lassen.

Siehe auch

- UMUK – *http://de.wikipedia.org/wiki/UMUK*

KAPITEL 8

In die Pfanne gehauen

Auch wer nur eine Mini- oder Schrank-Küche sein Eigen nennt, keinen Backofen besitzt, ja vielleicht sogar nur einen Zweiplattenkocher, kann damit Erstaunliches zaubern und sogar richtige, wohlschmeckende Kuchen und Brot backen, vorausgesetzt, er oder sie hat eine große Pfanne mit Deckel in seiner/ihrer Ausstattung. Und auch kulinarische Genüsse lassen sich selbst ohne allzu hohe Skillpoints und großes Inventar von Kochnovizen anrichten.

8.1 Brot aus der Pfanne

Problem

Es ist Sonntag und das Brot ist alle, oder einfacher, das Brot von der Industriebäcker-Kette um die Ecke schmeckt nicht und die eigene Küche, nun ja, sie hat eine oder zwei Herdplatten, von einem Backofen weit und breit keine Spur.

Lösung

Wer sich an die Einrichtungstipps aus dem ersten Teil gehalten hat, ist im Besitz einer großen Pfanne mit 26 cm oder 28 cm Durchmesser, hohem Rand und gewölbtem Deckel. Der perfekte Mini-Brotofen.

Diskussion

Auch wenn es befremdlich klingt – es ist möglich, Brot ohne einen Backofen zu backen. Bei mäßigen Herdtemperaturen und dem Wärmestau unter dem Deckel gehen die Teige auch in der Pfanne auf, allerdings starten wir bei den Pfannenrezepten gleich mit etwas mehr treibenden Zutaten als bei normalen Rezepten. Beide gleich folgenden Rezepte sind für eine Pfannengröße von 28 cm ausgelegt

Wichtig bei der Pfannenbäckerei ist allerdings die gleichmäßige Wärmezufuhr von unten, da wir nicht wie beim Braten oder Kochen regelmäßig umrühren können. Gasherde oder defekte Herdplatten, die ihre Wärme nur punktuell abgeben und den Rest durch die Wärmeleitfähigkeit der Pfannen und Töpfe erledigen lassen, können der Tod von Pfannengebäcken sein, da immer eine Stelle heißer wird als der Rest der Pfanne und eventuell anbrennt.

Die Herdplatte darf daher auch nicht deutlich kleiner sein als Eure Pfanne.

Grundrezept Pfannenbrot

- 300 g Weizenmehl
- 300 g Weizenvollmehl oder Dinkelmehl
- ca. 200 ml Buttermilch
- 1 Päckchen Trockenhefe
- 1-2 Teelöffel Honig
- 2 Teelöffel Salz
- ein guter Schuss Olivenöl

Hefe mit ein wenig lauwarmem Wasser und dem Honig in ein Gefäß geben und gut verrühren. Wenige Minuten gehen und dabei nicht aus den Augen lassen. Die beiden Mehlsorten vermischen, dann die Hefe, die zimmerwarme Buttermilch, Salz und das Olivenöl zugeben. Alles gründlich miteinander verkneten (siehe das Rezept 5.1).

Den Teig zu einer Kugel formen und in eine mit Mehl bestäubte Schüssel legen. Noch etwas Mehl über die Kugel stäuben, die Schüssel mit einem feuchten Tuch zudecken und für eine halbe Stunde an einen warmen Ort stellen.

In der Zwischenzeit die Pfanne mit zimmerwarmer Butter auspinseln und diese in den Kühlschrank stellen.

Den gegangenen Teig durchkneten, in die Pfanne geben und auf dem Boden der Pfanne auf Pfannengröße flachdrücken. Den Teig in der Pfanne noch etwa eine halbe Stunde gehen lassen, dann mit einem Teigschaber, Pfannenwender (Silikon) oder notfalls mit einem Messer vom Rand lösen und nach innen drücken, so dass der Fladen am Rand keinen größeren Durchmesser hat als der Pfannenboden an seiner schmalsten Stelle. Den Herd auf etwas über ein Drittel seiner höchsten Stufe stellen (zum Beispiel Stufe 4 von 9) und einen passenden Deckel auf die Pfanne setzen.

Den Küchentimer auf 25 Minuten stellen. Nach Ablauf der Zeit mit einem Pfannenwender unter das Brot fahren und es wenden. Deckel wieder aufsetzen und für rund 20 Minuten von der anderen Seite weiter backen lassen. Brot aus der Pfanne nehmen und auskühlen lassen. Wenn man leicht dagegen klopft, sollte es hohl klingen, dann ist das Brot durchgebacken.

Helles Mischbrot

- 500 g Weizenmehl, Type 550
- 100 g Roggenmehl, Type 1150
- 200 ml lauwarmes Wasser
- Saft einer halben Zitrone
- ½ Teelöffel Natron
- 1½ Päckchen Trockenhefe
- 1-2 Teelöffel Honig
- 2 Teelöffel Salz

Hefe mit ein wenig lauwarmem Wasser und dem Honig in ein Gefäß geben und gut verrühren. Wenige Minuten gehen und dabei nicht aus dem Augen lassen. Die beiden Mehlsorten und das Natron vermischen, dann die Hefe, das Wasser mit dem Zitronensaft und das Salz zugeben. Alles gründlich miteinander verkneten (siehe das Rezept 5.1).

Mit diesem Teig verfahrt Ihr jetzt genauso weiter wie oben beim Grundrezept angegeben.

8.2 Brötchen aus der Pfanne (Toasties)

Problem

Brötchen backen geht ohne Ofen nicht? Aber so ein frisch gebackenes Brötchen auf dem sonntäglichen Frühstückstisch, oder auch einfach nur morgens statt Brot, das hätte was.

Lösung

Toasties kennen wohl die meisten Geeks: Das sind vorgebackene, flache Brötchen aus der Tüte, die man in den Toaster steckt und frisch aufbackt. Die im Laden erhältlichen Toasties schmecken allerdings nicht nur nach Konservierungsstoffen, sondern sind auch noch unverschämt teuer.

Billiger und besser sind die selbst gemachten, und (beinahe) alles, was man dazu braucht, ist die erwähnte Pfanne!

Diskussion

```
========== REZKONV-Rezept - RezkonvSuite v1.2

      Titel: Pfannenbrötchen
Kategorien: Backen, Brot
      Menge: 16 Stück

       1      Tasse  Lauwarme Milch
       2       Essl. Zucker
```

```
      1      Teel. Salz
      3      Essl. Pflanzenöl
      1     Tasse  Handwarmes Wasser
      1      Päck. Trockenhefe
    5-6    Tassen  Weizenmehl

========================= ZUM AUSROLLEN ==========================
                   Maismehl

============================ QUELLE ============================
         Das Geek-Kochbuch, von
         Mela Eckenfels u. Petra Hildebrandt
                   -- Erfasst *RK* 15.06.2006 von
                   -- Petra Hildebrandt

Aus allen Zutaten einen nicht zu klebrigen Hefeteig zubereiten,
Mehl dabei nach und nach zugeben. In einer gefetteten Schüssel eine
Stunde gehen lassen. Teig in zwei Teile teilen, auf der mit Maismehl
ausgestreuten Arbeitsfläche zu einem ca. 1-1 1/2 cm dicken Fladen
drücken. Kreise von 8 cm Durchmesser ausstechen, zum Beispiel mit
einem großen Glas. Auf Backpapier setzen, weitere 60 Minuten gehen
lassen.

Die große, beschichtete Pfanne bei mittlerer Hitze erwärmen. Die
Toasties darin von jeder Seite ca. 4-6 Minuten goldbraun backen.
Auskühlen lassen. Vor Verzehr halbieren und auftoasten.

=====
```

8.3 Kuchen aus der Pfanne

Problem

Eigentlich stört mich meine Mini-Küche ja nicht, aber auch ein Geek hat hin und wieder Lust auf einen frischen Apfelkuchen.

Lösung

Ähnlich wie beim Brot: Das Backen in der Pfanne ist möglich! Kuchenteige sind allerdings etwas empfindlicher als Brotteig. Die richtige Wärme der Herdplatte bewegt sich in einem sehr kleinen Spielraum, daher kann es sein, dass Ihr ein »Teststück« backen müsst, um festzustellen, wie sich Eure Herdeinstellung mit dem Teig verträgt.

Diskussion

Ihr findet hier sowohl einen Rührkuchen als auch einen beinahe klassischen Apfelkuchen mit Mürbeteigboden. Bei beiden können die Obstarten ganz nach Gusto ausgetauscht, beim Rührkuchen zur Not sogar weggelassen werden. Beide Rezepte sind für eine Pfannengröße von 28 cm ausgelegt.

Für grundlegende Hinweise zum Thema Pfannenbäckerei beachtet das Rezept 8.1.

Blaubeer-Rührkuchen aus der Pfanne

- 300 g Butter
- 300 g Rohrzucker
- 300 g Mehl
- 1 Vanilleschote
- 4 große Eier
- 3 TL Backpulver
- 150 ml Milch
- 50 g gemahlene Mandeln
- 2-3 Tassen Blaubeeren, tiefgekühlt oder frisch

Die Pfanne mit weicher Butter auspinseln und in den Kühlschrank stellen.

Das Mehl mit dem Backpulver vermischen. Die Butter schmelzen und mit einem Handrührgerät Zucker, Eier und das Mark der Vanilleschote miteinander verrühren. Nach und nach abwechselnd etwas Mehlmischung und etwas Milch unterrühren. Zum Schluss die Mandeln und die Blaubeeren unterheben und den Teig in die kalte Pfanne füllen. Die Herdplatte auf ca. ein Drittel der höchsten Heizstufe stellen und einen passenden Deckel auf die Pfanne setzen. Den Kuchen ca. eine Stunde backen lassen, bis bei der Probe mit einem Holzspießchen kein Teig mehr kleben bleibt. Vorsichtig darauf achten, dass der Boden nicht zu dunkel wird.

Die Blaubeeren können hier auch durch Cranberries, Johannisbeeren, Himbeeren oder Ähnliches ersetzt werden. Statt Mandeln könnt Ihr auch Kokosstreusel, gemahlene Haselnüsse oder Schokostreusel verwenden.

Kochunfälle

Beim ersten Test dieses Kuchens vergaß Mela, bei ihrer großen Platte in der Küche den äußeren Ring zuzuschalten. Die Wärmeverteilung war daher alles andere als ideal und konzentrierte sich auf das Zentrum der Pfanne. Der Erfolg war ein am Boden in der Mitte etwas zu dunkler Rührkuchen oder schlicht: Er war angebrannt! :-)

Apfelkuchen aus der Pfanne

- 250 g Mehl
- 125 g Zucker
- 125 g Butter
- Schale von einer halben Zitrone
- 1 Ei
- 2-3 EL Zucker, 1-2 TL Zimt
- 2-3 große Äpfel oder 4-5 kleine Äpfel

Die Butter bei Zimmertemperatur weich werden lassen oder bei niedriger Stufe auf dem Herd schmelzen. Mit dem Zucker, dem Ei und der Zitronenschale verrühren und dann nach und nach das Mehl zugeben, bis sich ein fester, leicht krümeliger Teig ergibt. Den Teig zu einer Kugel formen und in Frischhaltefolie hüllen. Mindestens eine Stunde in den Kühlschrank legen.

Die Pfanne mit weicher Butter ausstreichen und ebenfalls in den Kühlschrank stellen.

Die Äpfel entkernen, schälen und in schmale Scheiben schneiden (für Perfektionisten: 3-5 mm dick). Mit etwas Zitronensaft beträufeln, damit sie nicht braun werden. Teig und Pfanne aus dem Kühlschrank nehmen und den Teig mit den Händen dünn auf dem Pfannenboden und ein Stück an den Rändern der Pfanne nach oben drücken. Wenn beim Drücken Risse entstehen, diese mit Teig stopfen, der an den Rändern zu viel ist.

Die Apfelschnitze in gleichmäßigen Kreisen auf dem Teig verteilen und mit der Zucker-und-Zimt-Mischung bestreuen. Die Herdplatte auf knapp über ein Drittel der vollen Leistung stellen und einen passenden Deckel auf die Pfanne setzen.

Den Kuchen ca. 30 Minuten bei geschlossenem Deckel backen, die Äpfel müssen dabei weich geworden sein. Sollte der Boden vom Kondenswasser zu sehr aufgeweicht worden sein, noch einmal 20 Minuten ohne Deckel weiter backen lassen.

Den Kuchen auf keinen Fall mit einem Messer oder anderen scharfen Gegenständen in der Pfanne zerteilen, damit ruiniert Ihr Euch nur die Beschichtung der möglicherweise teuren Pfanne. Meistens reicht die Kante eines Holz- oder Nylon-Pfannenwenders, um den Kuchen in Stücke zu zerteilen.

8.4 Auflauf aus der Pfanne

Problem

Aufläufe sind bei Geeks vor allem deswegen beliebt, weil man die Zutaten schlicht zusammen in eine Auflaufform füllt, das Ganze in den Ofen schiebt und nach einiger Zeit hoffentlich ein gelungenes und nicht verkohltes Essen vorfindet, das zudem oben drauf noch eine leckere Kruste hat. In einer Teeküche oder Schrankküche glaubt man auf diese Annehmlichkeit verzichten zu müssen, aber das stimmt nicht.

Lösung

Statt hier aufzugeben, werfen wir einfach wieder unseren Mini-Backofen, die schöne große Pfanne, an und beweisen wieder mal, dass Geeks in der Lage sind, die Küche erfolgreich zu hacken. Die schöne Kruste, die wir normalerweise von der Oberfläche des Auflaufs kennen, finden wir bei dieser Machart allerdings am Boden.

Diskussion

Für grundlegende Hinweise zum Thema Pfannenbäckerei beachtet das Rezept 8.1.

Reis-Tomaten-Auflauf

Für dieses Rezept eigenen sich gut Reisreste vom Vortag. Habt Ihr Reisreste aus mehreren Packungen, könnt Ihr diese auch einfach zusammenwerfen. Wir haben für dieses Rezept unsere Reste an Basmati-Reis mit Wildreis-Resten gemischt und dadurch auch gleich alte Vorräte aufgebraucht.

- 250-300 g Reis
- 250 g Parmesan, frisch gerieben
- 2 Becher saure Sahne
- 2 Teelöffel italienische Kräutermischung von Seite 84
- etwa 2 Teelöffel Zwiebeln, gefriergetrocknet
- etwas Olivenöl
- 3 mittelgroße, frische Tomaten
- Salz
- Butter zum Fetten der Pfanne

Die Pfanne mit zimmerwarmer Butter auspinseln und in den Kühlschrank stellen.

Den Reis mit etwas Salz und einem Schuss Öl gar kochen oder bereits gekochte Reste verwenden. Tomaten in Scheiben schneiden und beiseite stellen. Die saure Sahne, die gefriergetrockneten Zwiebeln und etwa die Hälfte des geriebenen Parmesans unter den Reis rühren und mit Salz abschmecken. Die Pfanne aus dem Kühlschrank nehmen und eine Schicht der Reis-Mischung hineingeben. Die Hälfte der Tomatenscheiben darauf auslegen und mit der italienischen Kräutermischung bestreuen. Die restliche Reismischung darüberstreichen und die zweite Hälfte der Tomatenscheiben darauflegen, diese wieder mit der italienischen Gewürzmischung bestreuen. Den restlichen Parmesan darübergeben und einen passenden Deckel aufsetzen. Auf den Herd stellen und bei etwa der halben Plattenstärke (zum Beispiel Stufe 5 von 9) rund 40 Minuten backen lassen.

Nudel-Gemüse-Auflauf

Ein schneller Auflauf, der zum guten Teil mit Bestandteilen des Notvorrats realisiert werden kann.

- 250 g »Wok Noodles« oder Instant-Nudeln
- 1-2 mittelgroße Dosen Erbsen und Möhren oder anderes Gemüse, z.B. Reste
- 200 g geriebenen Käse
- 2 Päckchen haltbare Sahne
- 1 Becher Crème fraîche
- 1 Teelöffel Zwiebeln, gefriergetrocknet
- eine Prise Knoblauch, gefriergetrocknet, zerstoßen
- 2 Eier
- 1 Tasse Wasser
- 1 kleine Dose Tomatenmark oder 4-5 Teelöffel
- ca. 2 Teelöffel Salz
- 2 Teelöffel italienische Gewürzmischung von Seite 84
- Pfeffer

Eine Pfanne mit 26 oder 28 cm Durchmesser mit zimmerwarmer Butter auspinseln und in den Kühlschrank stellen.

Sahne und Crème fraîche in einen Rührbecher geben und gut miteinander verrühren. Die Eier hineinschlagen und mit einer Gabel oder einem Schneebesen mit der Sahne verquirlen. Dann das Tomatenmark, Zwiebeln, Knoblauch und Salz unterrühren, die Tasse Wasser dazugeben und mit den restlichen Gewürzen abschmecken. (Beim Salzgehalt bedenken, dass die Nudeln noch etwas Salz aufnehmen werden.) Nachdem die Pfanne kühl und die Butter-Trennschicht fest geworden ist, zuerst eine Schicht Nudeln in die Pfanne geben, sodass der Boden gut bedeckt ist. Darauf nun eine Schicht Gemüse, z.B. Erbsen und Möhren, geben und mit einer weiteren Schicht Nudeln bedecken.

Die Sahnemischung gleichmäßig über den Auflauf gießen und den Käse obenauf streuen. Mit einem passenden Deckel abdecken, auf den Herd stellen und bei etwas über ein Drittel der höchsten Stufe ca. 50 Minuten backen lassen.

Pfannen-Calzone

Problem

Es muss mal ein bisschen Abwechslung in die ewig gleichen Pfannenrezepte, oder man möchte das Date vom Vorabend mit einer Spezialität verzaubern, oder aber ein leichtes Rezept für einen heißen Sommerabend muss her.

Lösung

Pizza backen! Genauer eine tolle gefüllte Calzone – natürlich in der Pfanne.

Diskussion

Für den Teig:

- 400 g Mehl
- 250 ml lauwarmes Wasser
- 50 ml Olivenöl
- 1 Päckchen Trockenhefe
- 1-2 TL Honig
- 2-3 TL Salz

Für die Füllung:

- ca. 1-1½ Tassen Tomatensugo
- ca. ½-1 Tasse geriebener Käse
- Salz, abhängig davon, wie stark das Sugo bereits gesalzen ist
- 1-1½ Teelöffel der italienischen Kräutermischung von Seite 81
- Pfeffer
- beliebige Füllung, zum Beispiel:
    - klein geschnittener Schinken
    - Pilze
    - Thunfisch
    - Mais
    - klein geschnittene Salami
    - Reste

Die Hefe mit wenig lauwarmem Wasser und dem Honig anfüttern und ein paar Minuten stehen lassen. Nicht aus dem Augen lassen! Also nicht mal schnell Mails lesen gehen, und wenn doch, zumindest die Hefe neben den Monitor stellen.

Mehl, Hefe, Wasser, Olivenöl und Salz zu einem elastischen Teig verkneten. Sollte er zu klebrig sein, noch etwas Mehl nachgeben. Den Teig dann zu einer Kugel formen und in eine mit Mehl ausgestäubte Schüssel legen. Noch etwas Mehl über den Teig stäuben und mit einem feuchten Tuch zugedeckt ca. eine Stunde an einem warmen Ort gehen lassen.

In der Zwischenzeit die Füllung vorbereiten. Da es sich bei einer Calzone um eine Art zusammengeklappter Pizza handelt, also nicht soviel Platz ist, den Belag großflächig auszulegen, solltet Ihr diesen relativ klein schneiden, um ihn gleichmäßig auf die vier Calzone aufteilen zu können. Alle Zutaten der Füllung in einem kleinen Schälchen gut durchmischen und abschmecken.

Den Teig gut durchkneten und noch einmal für eine Viertelstunde gehen lassen. Dann in 4-5 gleichmäßige Kugeln teilen. Die Kugeln auf einer bemehlten Fläche mit dem Nudelholz ausrollen oder aber mit der Hand auf etwa die Größe eines Frühstückstellers ziehen.

Je 3-4 Löffel Füllung auf die Mitte des Teigfladens geben, immer nur so viel, dass sich die Teigtasche noch schließen lässt, ohne dass die Ränder mit Füllung bedeckt sind. Dann die Teigtasche am hinteren Rand anheben und nach vorne über die Füllung schlagen, so dass an allen Stellen des Randes Teig auf Teig zu liegen kommt. Den Rand gut zusammendrücken, damit beim Backen keine Füllung herausfließen kann.

In einer großen Pfanne oder einem Wok eine gute Menge Olivenöl oder Schmalz erhitzen. Die Calzone jeweils einzeln ins heiße Fett legen und von jeder Seite ein paar Minuten backen, bis sie goldbraun sind.

8.5 Gehobene Küche aus einer Pfanne

Problem

Muss ich mich, wenn ich nur eine Pfanne zur Verfügung habe, wirklich auf Null-Acht-Fünfzehn-Küche beschränken?

Lösung

Nein, natürlich nicht. Zunächst einmal kann man alles, was sich in einem Topf realisieren lässt, auch in der großen Deckelpfanne machen – von der Gemüsesuppe bis zu den Rouladen, die wir in Kapitel 6 vorgestellt haben.

Auch die folgenden Rezepte lassen sich mit minimaler Küchenausrüstung realisieren, sind aber nicht alltägliche Leckerbissen. Manchmal muss man sich eben mit einem kleinen Kniff behelfen.

Diskussion

Marinierte Zucchini

- 1½ große Zucchini, oder 2-3 mittelgroße oder 5-6 kleine
- 5-6 Esslöffel Olivenöl
- 3 Esslöffel Essig (Euer Standard-Essig aus dem Vorrat, ideal wäre aber Sherry- oder Weißweinessig)
- Salz, Pfeffer

- ca. ½ Teelöffel Honig, um den Geschmack etwas abzurunden, optional
- 1-2 Teelöffel frische Gewürze (was da ist, am besten aber Rosmarin oder Thymian)

Die Zucchini längs in dünne Scheiben schneiden, dann die Pfanne mit dem Olivenöl heiß werden lassen. Die Zucchini hineingeben und auf einer hohen Bratstufe goldbraun braten. Die Hitze herunterdrehen. Essig, Honig, gehackte Gewürze, Salz und Pfeffer dazugeben und abschmecken. Vom Herd nehmen und die marinierten Zucchini ca. zwei Stunden durchziehen lassen. Dazu passen Ciabatta und Pfannenbrot, aber auch Pasta.

Ungarische Champignons

- 500 g Champignons
- 2 Teelöffel Paprika, edelsüß oder auch scharf
- 1 Prise Cayennepfeffer, optional
- 1 kleine Dose Tomatenmark
- 1 Zwiebel
- 2 Esslöffel Butter oder Öl (Butter schmeckt besser)
- 1 Becher Sauerrahm oder Schmand
- ½ Teelöffel Salz
- Dillgrün, Schnittlauchgrün oder Petersilie, sofern verfügbar, gehackt, eventuell aus dem Tiefkühler

Die Pilze in dünne Scheiben schneiden, maximal ½ cm dick, die Zwiebel fein hacken. Butter in der großen Pfanne erhitzen. Zwiebel zufügen und dünsten, bis sie goldgelb wird. Die Pilze zugeben und braten, bis sie leicht anbräunen. Paprika und Cayenne darüberstreuen und nur ganz kurz mitbraten (längere Bratzeit ergibt einen bitteren Geschmack), dann das Tomatenmark hineinrühren. Eine weitere Minute garen, dann den Sauerrahm untermischen und salzen. Zum Kochen bringen, einige Minuten köcheln lassen.

Kräuter darüberstreuen und servieren. Die ungarischen Pilze schmecken pur, auf und zu Toast, aber auch zu Reis, Nudeln, gebackenen Kartoffeln und sogar auf ein Schnitzel gehäuft. Mit Brot dazu habt Ihr ein leckeres, Vegetarier-freundliches Essen für Zwei.

Basilikum-Hähnchenrollen

Dieses Rezept benötigt einen kleinen Cheat in Form von Alufolie.

Für vier eher kleine Portionen braucht Ihr:

- 1 Bund frisches Basilikum
- 2 Esslöffel Olivenöl
- 4 Hühnerbrustfilets
- 1-2 dicke Stangen Lauch

- 3 Esslöffel Crème fraîche oder Schmand
- Salz, Pfeffer
- Alufolie, Frischhaltefolie oder Tiefkühlbeutel
- Zahnstocher

Anstelle von Basilikum kann man im Notfall auch Basilikumpesto aus dem Glas nehmen, das sollte dann aber wirklich nur Basilikum, Öl, Käse und ggf. Pinienkerne enthalten (»Pesto genovese«) – Etiketten lesen!

So geht's:

Die Basilikumblätter fein hacken. Dafür am besten abzupfen, die Blätter zusammenrollen, erst in Streifen schneiden und dann nochmal quer klein schneiden (oder in einem Mörser zerdrücken). Mit 4 TL Öl mischen und beiseite stellen.

Die Hühnerfilets zwischen zwei Lagen Plastikfolie mit einem passenden Gegenstand (Nudelholz, Fleischklopfer, Kasserolle, Pfannenboden) auf vergleichbare Stärke klopfen. Salzen und pfeffern.

Auf jedes flache Hühnerschnitzel verteilt Ihr 2 Teelöffel der Basilikummasse. Jetzt die Filets aufrollen und mit Zahnstochern zusammen stecken.

Den Lauch putzen und sehr gründlich waschen, dazu längs aufschneiden und unter fließendem Wasser abspülen. In dünne Scheiben schneiden.

Die Hühnerrollen mit 1 TL Öl einpinseln. Die Rollen in die Pfanne geben und bei niedriger bis mittlerer Hitze unter häufigem Umdrehen braten, bis sie weich sind (ca. 20 Minuten). Die Alufolie groß genug auslegen, dass alle Hühnerrollen darauf Platz haben und noch Folie übersteht. Auf einen Teller legen und die gleiche Länge Folie noch einmal abmessen und darauf legen (das dient als Isolierung). Hühnerrollen aus der Pfanne auf den Teller heben, die Folie zu einem Päckchen verschließen und beiseite stellen.

Das restliche Öl in die Pfanne geben, die Lauchscheiben darin 5 Minuten garen, dann das restliche Basilikumpüree und die Crème fraîche untermischen. Salzen, pfeffern und kurz erhitzen (ca. 2 Minuten).

Die Basilikum-Lauch-Mischung auf vier Teller verteilen. Darauf je eine Hühnerrolle legen, bei sehr hungrigen Essern zwei pro Person servieren.

8.6 Der klassische Pfannkuchen

Problem

Pfannkuchen wie bei Mutti ... ach, wäre das schön. Lecker mit Zucker und Zimt, mit Marmelade oder Nutella, mit Äpfeln, Kompott, Pilzen oder einfach nur pur. Geht nicht? Gibt's nicht!

Lösung

Natürlich haben wir für Euch das ultimative Rezept für selbst gemachte Pfannkuchen. Und weil Pfannkuchen so vielseitig sind und auch mal kalt zum Frühstück passen oder, wenn sie würzig sind, mit Salatblatt, Schinken und Käse darauf auch als Wrap zu Mittag schmecken, ist dieses Rezept gleich für etwa vier Portionen.

Diskussion

- 200 g Mehl
- 3/4 Liter Milch
- 4 Eier
- 1 Prise Salz
- 1 Esslöffel Zucker

Mehl und Milch in eine Schüssel geben und mit dem Schneebesen oder Kochlöffel verrühren, bis keine Klümpchen mehr darin sind. Jetzt könnt Ihr eine Mail lesen gehen, denn mindestens 10 Minuten solltet Ihr dem Mehl geben, sich mit der Milch anzufreunden. Dann die restlichen Zutaten in die Schüssel geben und zu einem glatten Teig verrühren. Etwas Öl oder Butter in der Pfanne erwärmen und jeweils etwa ein Viertel vom Teig hineingeben. Auf mittlerer Hitze langsam braten. Wenn die Oberfläche fest geworden ist, könnt Ihr den Pfannkuchen einfach mit dem Pfannenwender umdrehen und zu Ende braten. Und jetzt nur noch Topping nach Wahl drauf!

KAPITEL 9

Rezepte zum Beeindrucken

Ihr habt ein Date und würdet gerne ein beeindruckendes Mahl servieren – schließlich geht Liebe ja bekanntlich durch den Magen! Oder kommt Eure Familie zu Besuch und Ihr wollt beweisen, dass Knoblauch und Rosmarin lecker schmecken? Dann haben wir hier die richtigen Rezepte für Euch.

9.1 Banoffee Pie

Problem

Wir haben es ehrlich versucht, sind aber einfach keine Backtalente. Unsere Kuchen sind zu flüssig oder schwarz, und seit kurzem haben wir nicht mal mehr einen Ofen.

Lösung

Sogar die Food-Industrie hat den Kühlschrankkuchen für sich entdeckt. Banoffee Pie ist selbst für extrem unbegabte Köche zu meistern und macht optisch viel her – Backen für Hochstapler oder Pretender-Food vom Feinsten.

Diskussion

Eure Küche muss über einen Kühlschrank, einen Topf von mindestens mittlerer Größe mit Deckel und eine runde Auflaufform verfügen. Im Winter tun es auch der Balkon oder das Fensterbrett.

- 1 Packung Hafer- oder Butterkekse
- ⅓ Stück Butter
- 4 EL Vollmilch-Schokoflocken
- 1 Dose gezuckerte Kondensmilch
- 3 Bananen

- 1 Becher Crème double, ersatzweise Crème fraîche oder Mascarpone
- ½ Tasse Sahne

Am besten bereitet Ihr den Kuchen am Tag vorher zu oder beginnt mehrere Stunden, bevor Gäste eintreffen, mit den Vorbereitungen. Stellt die Dose Kondensmilch *ungeöffnet* in den Topf und füllt genug Wasser ein, dass sie bedeckt ist. Legt einen passenden Deckel auf den Topf und bringt das Wasser zum Kochen. Die Dose muss nun mindestens 2–2½ Stunden köcheln, das geht, wenn das Wasser erst einmal kocht, gut auf mittlerer Stufe.

In der Zwischenzeit lasst Ihr die Butter bei Zimmertemperatur weich werden oder schmelzt sie bei kleiner Stufe auf dem Herd. Die Kekse gebt Ihr in einen Gefrierbeutel, der gut verschlossen und in ein Geschirrhandtuch eingewickelt wird. Dann zerstoßt Ihr die Kekse mit den Fäusten, einem Fleischklopfer, einem Nudelholz oder was gerade zur Hand ist. Gebt die Kekskrümel mit 2 Löffeln Schokoflocken zur Butter und vermischt alles gut. Füllt sie in die Auflaufform, streicht die Keksmasse auf dem Boden glatt und stellt die Form in den Kühlschrank.

Hat die Milch lange genug gekocht, nehmt die Dose aus dem heißen Wasser und lasst sie abkühlen, bis Ihr sie gefahrlos anfassen könnt. Beim Öffnen solltet Ihr sehr vorsichtig sein, damit der karamellisierte Toffee nicht als Strahl aus der Öffnung schießt. Löffelt ihn über den Keksboden und stellt die Auflaufform erneut kühl. Nun die Bananen in Scheiben schneiden und über den Toffee schichten. Das Ganze wieder kühl stellen. Crème double mit der Sahne vermischen und mit dem Rührgerät fest schlagen. Über den Bananen verteilen und die restlichen zwei Löffel Schokoraspel darüberstreuen. Mit Folie zugedeckt bis zum Verzehr in den Kühlschrank stellen.

Siehe auch

- *http://www.banoffee.co.uk/banoffee/*

9.2 Champagnersüppchen

Problem

Ihr habt eine besondere Person zum Essen eingeladen und möchtet nun eine feine Vorspeise auftischen.

Lösung

Eine leichte Suppe als Vorspeise passt zu den meisten Gerichten.

Wenn jetzt noch irgendwo die Flasche Piccolo aus der Firmenweihnachtstüte Staub ansetzt oder Ihr ohnehin eine Flasche Cava, Sekt oder Champagner für den besonderen Anlass entkorkt, bietet sich eine Suppe mit Champagner an.

Diskussion

```
========== REZKONV-Rezept - RezkonvSuite v1.2

     Titel: Champagnersüppchen
Kategorien: Suppen, Vorspeisen, Festlich, Menü
     Menge: 2-3 Portionen

    200         ml  Gemüsebrühe
    250         ml  Champagner oder Sekt
    175         ml  Schlagsahne
      2             Eigelb
      2  Scheiben  Toastbrot
      1      Essl.  Butter
      1      Essl.  Öl
                    Gehackte Petersilie
                    Salz, Pfeffer
                    Worcestershiresauce
                    Zucker

=========================== QUELLE ============================
         Das Geek-Kochbuch, von
         Mela Eckenfels u. Petra Hildebrandt
                   -- Erfasst *RK* 22.10.2006 von
                   -- Petra Hildebrandt

Die Brühe mit 150 ml Champagner/Sekt aufkochen. 50 ml Sahne mit dem
Eigelb in einer Tasse verrühren. Etwas von der heißen Suppe
dazugeben, verrühren und dann diese Mischung mit einem Schneebesen langsam
unter die Suppe rühren. Dabei die Hitze reduzieren, die Suppe sollte
nicht mehr kochen. Mit Salz, Pfeffer und einer Prise Zucker würzen.
Dann einen Schuss Worcestershiresauce hineinrühren, nochmal kosten und ggf.
nachwürzen.

Aus den Toastbrotscheiben mit einem Keksausstecher oder einem
scharfen, spitzen Messer Herzen ausstechen/-schneiden.

Butter mit Öl in der Pfanne schmelzen, die Herzen darin goldbraun
braten. 125 ml Sahne steif schlagen und mit dem restlichen Sekt bzw.
Champagner vorsichtig unter die Suppe rühren. Nochmal kosten und
wenn nötig nachwürzen.

Suppe auf Teller verteilen, Brotherzen darauflegen und mit
Petersilie bestreuen.

=====
```

Für eine nicht ganz amouröse Einladung würden wir die Herzen durch Sternchen oder andere Motive nach Wahl ersetzen. :-)

9.3 Essen wie im Chinarestaurant

Problem

Wir würden wahnsinnig gern chinesisch kochen, haben aber keinen Wok und keine Ahnung von Chinaküche.

Lösung

Auch ohne Wok kann man in der großen Deckelpfanne bestens chinesisch kochen. Nur ein paar aromatische Zutaten aus dem Asialaden sollte man da haben: Sojasauce (aus dem Grundvorrat), frischen Ingwer und ein Fläschchen Austernsauce (keine Panik, die schmeckt nicht nach Fisch oder Muscheln, sondern eher süßlich-würzig).

Diskussion

Wenn Ihr ohnehin in den Asialaden gehen müsst, um Austernsauce zu kaufen (gibt es mittlerweile auch in deutschen Supermärkten in der Asiaecke, nur ungleich teurer), könnt Ihr von dort auch Lauchzwiebeln und Ingwer mitbringen. Beides gibt es aber auch in guter Qualität im normalen Laden oder auf dem Markt.

Sobald die ganze Schnippelei getan ist, ist dieses Gericht in Nullkommanichts zubereitet. Also den Reis dazu schon vorher aufsetzen!

```
========== REZKONV-Rezept - RezkonvSuite v1.2

     Titel: Rindfleisch mit Brokkoli und Austernsauce
Kategorien: Fleisch, Rind, Brokkoli, Asien
     Menge: 1 Rezept

   350     Gramm  Rindersteak
     1      Bund  Brokkoli (je 500 g)
     2      Essl. Sojasauce
     3        cm  Ingwer, frisch
     2            Grüne Chilis, in feinen Ringen
                  Brühe, etwas
     1      Bund  Lauchzwiebeln
                  Öl, zum Braten
                  Austernsauce (Oyster Sauce,
                  -- aus dem Asienladen)

============================ QUELLE ============================
         Das Geek-Kochbuch, von
         Mela Eckenfels u. Petra Hildebrandt
                  -- Erfasst *RK* 22.10.2006 von
                  -- Petra Hildebrandt

Fleisch in Streifen schneiden, mit Austernsauce übergießen und
marinieren. In der Zwischenzeit Brokkoliröschen abteilen, dann den
```

```
Strunk in mundgerechte Stücke schneiden. Öl im Wok oder einer
großen Pfanne erhitzen, Fleisch mitsamt Sauce darin rundum anbraten.
Dann Brokkoli, Chilis (nach Bedarf entkernen) und fein gehackten oder
geriebenen Ingwer unterrühren. Kurz mitbraten, mit Sojasauce und
etwas Brühe ablöschen. Zugedeckt ca. 10 Minuten garen lassen.
Lauchzwiebeln untermengen, kurz offen kochen lassen, mit
Austernsauce abschmecken.

=====
```

9.4 Festliche Pasta für Vegetarier

Problem

Hilfe, unser/e Freund/in ist Vegetarier/in! Was sollen wir nur kochen?

Und morgen wollten wir unsere berühmte Lachs-Sahne-Pasta machen, aber einer unserer Gäste mag keinen Fisch. Und jetzt?

Außerdem hat unser Mitbewohner Mangold gekauft, was macht man bloß damit?

Lösung

Auch ohne Fisch oder Fleisch kann man mit Gemüse und Pasta tolle Gerichte zaubern, und es muss nicht immer Tomatensauce sein. Obwohl ein paar frische Gnocchi vom Markt mit einer Tomatenrahmsauce sicher auch ein guter Ansatz wären, möchten wir Euch ermutigen, es mal mit einer ebenso ungewöhnlichen wie schmackhaften Kombination zu versuchen – Bandnudeln mit Senf und Mangold.

Diskussion

Was Mangold genau ist, verrät Euch zum Beispiel Wikipedia: *http://de.wikipedia.org/wiki/Mangold*.

Mangold gibt es nicht nur in fadem Grün, sondern auch mit bunten Stängeln (die aber leider beim Kochen Farbe lassen). Für das folgende Rezept kann man beide Sorten verwenden.

```
========== REZKONV-Rezept - RezkonvSuite v1.2

     Titel: Bandnudeln mit Mangold und Senf
Kategorien: Pasta, Vegetarisch
     Menge: 2-3 Portionen

    250          g Bandnudeln
      2      Essl. Butter
    350          g Mangold, in Streifen geschnitten (Blätter und
                   -- Stängel)
    150         ml Sahne
```

```
1       Essl. milder Senf
1       Essl. körniger Senf (hier: Moutarde à l'ancienne)
3             Tomaten, gehäutet und entkernt, Fruchtfleisch
              -- gewürfelt
              Salz, Pfeffer

=========================== QUELLE ===========================
        Das Geek-Kochbuch, von
        Mela Eckenfels u. Petra Hildebrandt
              -- Erfasst *RK* 31.07.2006 von
              -- Petra Hildebrandt

Die Nudeln nach Packungsanweisung kochen. Sahne und beide Senfsorten
verrühren. Butter in einer großen Pfanne oder dem Wok schmelzen,
Mangold darin etwa vier Minuten anschwitzen, dann die Senfsahne
zugießen. Weitere vier Minuten kochen lassen. Nudeln abgießen,
unterheben, die Tomaten darüberstreuen, wenden, salzen
und pfeffern, servieren.

=====
```

Tomaten häuten

»Viel zu viel Arbeit«, sagte Petra noch vor ein paar Jahren, wenn es um das Thema Tomaten oder Paprika häuten ging. Aber es gibt tatsächlich Rezepte, bei denen das Häuten der Tomaten unverzichtbar ist – dieses ansonsten super einfache Nudelrezept ist eins davon.

Tomaten häuten ist keine Hexerei. Man braucht vor allem ein scharfes Messer und kochendes Wasser. Die Tomaten werden auf der Seite gegenüber des Stielansatzes knapp über Kreuz eingeschnitten. In einen Topf oder eine Schüssel geben und mit kochendem Wasser aus dem Heißwasserkocher übergießen. 1-2 Minuten ziehen lassen, dann das Wasser abgießen und einen Moment warten. Nun die Tomaten einzeln vorsichtig aus dem Topf nehmen und mit Hilfe des Messers die sich ablösende Schale abziehen. Vorsicht: heiß!

9.5 Lachs für Zwei – oder: keine Angst vor Fisch

Problem

Fisch gilt als heikel, schwer zuzubereiten, und außerdem mieft die ganze Wohnung hinterher nach Fisch.

Lösung

Fisch lässt sich am besten im Ofen zubereiten, das minimiert die Geruchsentwicklung ebenso wie mögliche Zubereitungsbugs. Wer darüber hinaus einen Fisch wählt, der nicht stark fischig riecht, etwa Thunfisch oder Lachs, die außerdem auch lecker schmecken und grätenarm sind, braucht sich also keine Gedanken zu machen.

Diskussion

Dieses Rezept ist bestens für eine Essenseinladung geeignet, da es wenig Arbeit macht und sensationell gut schmeckt.

Das Schwierigste ist hier, die Tomaten zu häuten. Wie das geht, steht im Rezept 9.4.

```
========== REZKONV-Rezept - RezkonvSuite v1.2

     Titel: Lachs für Zwei
Kategorien: Fisch, Lachs
     Menge: 2 Portionen

     4            Lachsfiletscheiben, TK
     1            Knoblauchzehe
    20          g Butter
     1     kleine Zwiebel, fein gehackt
     2      große Tomaten
   200          g Sahne
                  Salz und Pfeffer

============================ QUELLE ============================
         Das Geek-Kochbuch, von
         Mela Eckenfels u. Petra Hildebrandt
                   -- Erfasst *RK* 15.06.2006 von
                   -- Petra Hildebrandt

Eine Auflaufform mit der geschälten Knoblauchzehe ausreiben. In
einer Pfanne Butter erhitzen, darin die Zwiebel kurz anbraten.

Tomaten häuten und entkernen, Fruchtfleisch hacken, zur Zwiebel
geben. 2 Min. garen lassen und alles in die Auflaufform geben. Lachs
obenauf legen, salzen und pfeffern.

Mit Sahne begießen und bei 200°C im Backofen auf der mittleren
Schiene etwa 8 Min. schmoren. Dazu gibt es Baguette oder Reis.

=====
```

Nach diesem Mahl werden sich Eure Gäste vielleicht verabschieden mit: »Macht's gut, und danke für den Fisch!« :-)

9.6 Mohrenkopftorte

Problem

Ihr habt noch nie einen Kuchen gebacken, geschweige denn Torte gemacht. Aber Ihr wollt für eine ganz besondere Person, für einen ganz besonderen Anlass eine Torte machen. Und zwar selbst.

Lösung

Wie schon beim Banoffee Pie heißt die Lösung No-Bake oder Kühlschranktorte. Ein klein wenig müssen wir dafür allerdings mogeln, denn hier kommt ein fertig gekaufter Tortenboden zum Zug.

Diskussion

Wer bei dem Titel den Kopf geschüttelt hat, der lasse sich eines Besseren belehren: Mohrenkopftorte ist keineswegs extrem süß, sondern erinnert an eine ungebackene Käsesahnetorte und schmeckt selbst gestandenen kulinarischen Geeks. Das Tollste daran: Die Schachtel Negerküsse (politisch korrekt als Schaum- oder Schokoküsse zu bezeichnen) bringt die Deko für die Torte gleich mit!

```
========== REZKONV-Rezept - RezkonvSuite v1.2

     Titel: Mohrenkopftorte
Kategorien: Torte, No-Bake
     Menge: 1 Torte

     1            Schachtel Schokoküsse
   500          g Magerquark
   1/2       Ltr. Schlagsahne
   1-2      Essl. Zitronensaft
     2      Päck. Vanillezucker
     1            Tortenboden mit Rand

=========================== QUELLE ===========================
         Das Geek-Kochbuch, von
         Mela Eckenfels u. Petra Hildebrandt
                   -- Erfasst *RK* 31.07.2006 von
                   -- Petra Hildebrandt

Die Sahne steif schlagen und kühl lagern. Die Waffelböden von den
Schokoküssen abnehmen und beiseite stellen. Die Schokoküsse ohne
Boden mit einer Gabel zerdrücken und mit dem Zitronensaft sowie dem
Quark und dem Vanillezucker verrühren. Dann die geschlagene Sahne
unterheben.

Die Quark-Schokokuss-Masse auf den Tortenboden geben und glatt
streichen. Die Schokokussböden halbieren und halbkreisförmig um den
```

```
Rand des Tortenbodens stecken als eine Art "Begrenzung". Dabei die
Schokoladenseite nach außen stecken!

Eventuell übrige Waffelböden zu Dekorationszwecken in der Mitte der
Torte verteilen. Die fertige Torte vor dem Servieren noch mindestens
eine Stunde kalt stellen.

=====
```

9.7 Ofenomelett

Problem

Wer schon mal versucht hat, ein *richtiges* Omelett zu braten, weiß, dass das gar nicht einfach, sondern ganz schön aufwändig und kompliziert ist. Am Ende steht Geek mit einer Pfanne voll zerfallenen Omelett da und erntet von denen, die er zu bewirten suchte, ein mitleidiges Grinsen.

Lösung

Die Lösung bietet das Ofenomelett. Hier sind beeindruckte Gesichter vorprogrammiert.

Diskussion

Eigentlich ist das Ofenomelett nur eine Art der Zubereitung und kein Rezept.

Die Grundzutat sind Eier (ab 6 Stück, Anzahl nach oben offen), Käse, Salz und Pfeffer. Zum Zubereiten benötigt man einen (Klein-)Backofen und eine kleine Silikon-Kastenform, da man warmes Ofenomelett aus festen Kastenformen nur schwer stürzen kann, ohne es dabei zu zerreißen.

Bei den zusätzlichen Zutaten sind Eurer Phantasie fast keine Grenzen gesetzt. Sehr gut machen sich Frühlingszwiebeln oder milde Zwiebeln, Schnittlauch, Rauke, Pilze, Speck, Tomaten, grüner oder weißer Spargel, vorgekocht oder aus dem Glas, Zucchini, gekochte Gemüsereste, Schinken, Salami, gehackte Chilischoten, gehackte, frische Kräuter oder ihre gefriergetrockneten Partner.

Zuunterst in die Form wird eine Schicht geriebener Käse gegeben, je nach Geschmack eine milde oder würzige Sorte oder einfach fertig geriebener Gratinkäse aus der Tüte. Darauf gebt Ihr eine oder mehrere Schichten der Füllung, zum Beispiel Schinkenspeckwürfel (wer es knusprig mag, brät sie vorher kurz an). Dann die Eier aufschlagen, frische oder gefriergetrocknete (Frühlings-)Zwiebeln unterrühren, die Masse salzen und pfeffern und je nach Wunsch oder Geschmack noch weitere frische oder gefriergetrocknete Gewürze unterrühren. Die Eimasse wird nun über die vorher in die Form gelegten Schichten gegossen, dann schiebt Ihr das Ganze für ca. 35-40 Minuten bei 230°C in den vorgeheizten Backofen (keine Umluft verwenden), bis die Eimasse auch im Inneren fest und oben leicht gebräunt ist.

Das Omelett aus dem Ofen nehmen, auf einen Teller stürzen und in Scheiben schneiden – ein tolles Frühstück oder Mittagessen auch ohne Brot und kalt ideal für die Lunchbox oder zum Mitnehmen auf Picknicks oder LAN-Parties.

Wenn leider kein Ofen oder keine Backform vorhanden sind, könnt Ihr immer noch auf das Ziplock-Omelett aus Rezept 5.4 ausweichen.

9.8 Wintersalat

Problem

Draußen ist es kalt und dunkel, die Kopfsalate in den Läden sehen nach Wasser mit viel Chemie aus, die Gurken haben die Konsistenz von in Plastik eingeschweißtem Gummi, und die Tomaten taugen bestenfalls als blassrote Pingpong-Bälle. Aber irgendetwas in Euch beharrt nachdrücklich auf Salat. Und zwar *jetzt*.

Lösung

Auch im Herbst und Winter kann man Frisches zubereiten, Gemüse wie Chinakohl oder auch Weißkraut (siehe Rezept 10.2) ergeben leckere Salate. Ein weiterer Salat, der den Winter vergrünt, ist der Feldsalat (in Österreich heißt er Vogerlsalat), auch Rapunzel genannt. Ein schöner Nebeneffekt ist, dass Feldsalat auch noch sehr dekorativ aussieht und oft schon *userfriendly* vorgewaschen im Beutel im Supermarkt-Kühlregal zu finden ist – übrigens auch in einer leckeren Mischung mit roten Mangoldblättchen, sehr zu empfehlen.

Diskussion

Mit etwas Räucherlachs und Pilzen ergänzt, wird aus dem Feldsalat eine volle Mahlzeit, die auf einem großen Teller angerichtet auch ein gästekompatibles, elegantes Mahl ergibt.

```
========== REZKONV-Rezept - RezkonvSuite v1.2

     Titel: Feldsalat mit Champignons und Lachs
Kategorien: Salate, Fisch, Pilze
     Menge: 2 Portionen

    150        g  Kleiner Feldsalat (mit runden Blättern), geputzt,
                    -- gewaschen, getrocknet (ca. 1 Packung)
    250        g  Braune Champignons, nur die Hüte, in hauchdünne
                    -- Scheiben geschnitten
      1    große  Violette (längliche) Schalotte, in feinen
                    -- Halbringen
    200        g  Räucherlachs, in fingerbreite Streifen
                    -- geschnitten
```

```
========================== DRESSING ==========================
      1      Essl. Limettensaft, z.B. Hitchcock aus der Flasche oder
                   -- Zitronensaft
      1      Teel. scharfer Senf
      5      Essl. Olivenöl
                   Kräutersalz
                   Pfeffer aus der Mühle

=========================== QUELLE ============================
          Das Geek-Kochbuch, von
          Mela Eckenfels u. Petra Hildebrandt
                   -- Erfasst *RK* 22.10.2006 von
                   -- Petra Hildebrandt

Salat putzen, waschen, trockenschleudern. Möglichst ganze
Feldsalatrosetten zusammenlassen.

Eine Handvoll Pilze beiseite stellen. Die übrigen Pilze mit den
Schalottenringen vermischen.

Limettensaft mit Salz, Pfeffer und Senf in einer kleinen Schüssel
verrühren. Nach und nach das Olivenöl unterschlagen. Salat und Pilz-
Schalotten-Mischung vermengen. Auf zwei große Teller geben, mit ca.
3/4 des Dressings beträufeln. Salat mit den restlichen Pilzen und
dem Lachs dekorieren, restliches Dressing darübergeben, servieren.

TIPP: Pilzstiele für eine Brühe einfrieren.

=====
```

Wer den Salat selbst wäscht und keine Salatschleuder im Schrank stehen hat, kann die Salatblätter nach dem Waschen in ein trockenes, sauberes Küchentuch geben, dieses an den Enden fest zusammenhalten und in einer schleudernden Bewegung das Wasser von den Blättchen schütteln.

KAPITEL 10

Die LAN-Party überleben

Eine LAN-Party bedarf Rezepte, die einfach mit einer Hand zu essen sind und dennoch leicht satt machen. Hochklassige Rezepte sind verschwendete Liebesmüh, da man den versammelten Geeks meist auch frittierte Schuhsohlen vorsetzen könnte, Hauptsache, das Essen lenkt nicht zu sehr vom Spiel ab. Außerdem soll allen im eigenen Team schmecken, also muss etwas Einfaches her, das nicht auf zu viele Lebensmittelabneigungen trifft.

10.1 Melas Nudel- und Kartoffelsalat

Problem

Nudel- und Kartoffelsalate werden, sofern sie klassisch zubereitet werden und nicht experimentell (z.B. mit Ananas), von eigentlich jedem gerne gegessen. Aber Eure Reengineering-Versuche der Rezepte anderer sind schlicht daran gescheitert, dass es zu schwer fiel, die ganzen kleingeschnippelten Zutaten darin zu bestimmen. Und außerdem hattet Ihr zuviel Hunger.

Wie also macht man einen klassischen Nudel- oder Kartoffelsalat, der auf alles, aber nicht auf die Kalorien achtet?

Lösung

Nudel- und Kartoffelsalat ist wegen seiner Neigung, von der Gabel zu fallen, zwar für die LAN-Party nur bedingt geeignet, allerdings binden die Saucen gut mit den Grundmaterialien ab (d.h. sie ziehen ein), tropfen also nicht und sind zudem ein absoluter Klassiker.

Das folgende Rezept lehnt sich an das Geheimrezept von Melas Familie an, wobei das ganze Geheimnis darin besteht, raue Mengen Mayonnaise und Instant-Brühe zu verwenden.

Diskussion

- 500 g Nudeln. Am Besten geeignet sind Spirelli, Fusilli, Farfalle oder andere kleine Nudeln. Oder 500 g Kartoffeln, eine festkochende Sorte.
- 6 Eier
- 1 mittelgroßes Glas kleine Gurken oder Cornichons (Abtropfgewicht ca. 190 g)
- 1 mittelgroßes Glas Mayonnaise
- 100 g Gouda (nur für Nudelsalat)
- ca. ½ Liter Bio-Gemüsebrühe
- 1-2 Zwiebeln

Für den Nudelsalat:

Die Nudeln in Salzwasser mit einem Schuss Olivenöl bissfest kochen, abgießen und mit kaltem Wasser abschrecken. Den Gouda würfeln.

Für den Kartoffelsalat:

Die Kartoffeln als Pellkartoffeln gar kochen, pellen und in gleichmäßig dünne Scheiben schneiden. Im Kartoffelsalat keinen Gouda verwenden.

Für beide Salate:

Die Eier hart kochen, pellen und in Würfel schneiden. Die Cornichons in Scheiben schneiden oder fein würfeln. Alle Zutaten zu den Kartoffeln oder den Nudeln geben.

Die Zwiebeln fein würfeln und mit einem Schuss Olivenöl glasig dünsten. Mit der Gemüsebrühe ablöschen und die Mayonnaise unterrühren. Abschmecken. Der Sud sollte eine Idee zu intensiv schmecken, denn die Nudeln und Kartoffeln werden noch eine Menge Salz aufnehmen. Also bei Bedarf noch mit etwas Instant-Brühe oder Salz nachwürzen.

Den Sud über die Nudeln/Kartoffeln und übrigen Zutaten geben. Alles gut verrühren und vor dem Essen etwas durchziehen lassen.

Siehe auch

Das Nudelsalatrezept hatte ich mit großgruppengerechten Mengenangaben schon vor einigen Jahren auf dem Blog meines Mannes (*http://ww.eckes.org*) online gestellt. Dort ist es inzwischen der Artikel mit den meisten Hits, noch vor dem »Exim SMTP-Auth-Howto«, und findet sich mit der Kombination »Nudelsalat Rezept« sogar unter den ersten 10 Hits bei Google.

10.2 Cole Slaw

Problem

Burger, auch selbst gemachte, gehören doch irgendwie zu einer LAN-Party dazu. Und dieser leckere Cole Slaw, den es im American Diner immer dazu gibt, wie macht man den?

Lösung

Erst einmal müsst Ihr Euch überwinden, so gesunde Dinge wie Weißkohl und Karotten überhaupt einzukaufen. Und ja, daraus kann astreines, unendlich leckeres Junk Food werden.

Diskussion

- 1 kleiner Weißkohl
- 3 große Karotten
- ⅓ Tasse Olivenöl
- 1½ Teelöffel Mehl
- 1½ Teelöffel Senf
- ⅓ Tasse Essig (Rotweinessig ist empfehlenswert)
- 1-2 Eigelb
- 1½ Tassen Sahne
- Tabasco
- ca. 1 kleine, rote Chilischote, fein gehackt, ohne Kerne
- Salz, Pfeffer

Karotten schälen und grob raspeln. Den Weißkohl vom Strunk befreien und in möglichst feine Scheiben schneiden. Karotten und Kohl zusammen in eine ausreichend große Schüssel geben. Das Olivenöl in einen kleinen Topf geben und zusammen mit dem eingerührten Mehl wenige Minuten köcheln lassen. Senf, wenige Tropfen Tabasco, Chili und Salz unterrühren, dann den Essig dazugeben. Die Eigelbe mit der Sahne verquirlen, dann die Ei-Sahne unter die Sauce rühren und alles zusammen aufkochen, bis die Sauce eindickt.

Die abgekühlte Sauce unter das Gemüse rühren und die Schüssel abgedeckt mehrere Stunden kühl stellen.

Wer den Cole Slaw gerne näher am Original, also süßlicher, mag, gibt noch 1-2 TL Zucker dazu.

10.3 Onigiri

Problem

Salat ist ja schön und gut, aber man kippt sich auch gerne eine Gabelladung davon auf das T-Shirt, weil man versucht, gleichzeitig zu essen und zu überleben. Gibt's nichts, das auch mit nur einer Hand gegessen werden kann?

Lösung

Kommt aus Japan und nennt sich *Onigiri*. Man versteht darunter gefüllte Bällchen aus dem stark klebenden Sushi-Reis, die man in Japan, wie hier Sandwiches, als kleine Mahlzeit beinahe überall auf der Straße kaufen kann. Sie lassen sich leicht mit dem erweiterten Notvorrat für asiaphile Geeks realisieren und eignen sich auch zur Resteverwertung.

Diskussion

Je nachdem, wie viele Onigiris Ihr basteln wollt, braucht Ihr 1-2 Tassen Sushi-Reis den Ihr nach der Anleitung zum Kochen von Sushi-Reis in Rezept 13.1 zubereitet. Oder Ihr nehmt Melas Abkürzung.

Sushi könnte man mit hochwertigen, handgefertigten Pralinen vergleichen, Onigiris sind allerdings Fast-Food. Mela erspart sich daher meist das Waschen des Reises und wirft ihn nur zusammen mit einem Stück Kombu in den Reiskocher. (Bei Kombu handelt es sich um eine Algenart, die in der japanischen Küche als Würze verwendet wird.) Derweil können die Füllung und das Reisgewürz vorbereitet werden.

Gefüllt werden können die Onigiris mit allem, was Euch gut schmeckt und sich zerkleinern lässt. Eine schnelle Standardfüllung besteht aus einer Dose Thunfisch, 2-3 Teelöffeln Mayonnaise, etwas Kräutersalz und einer scharfen Sauce wie Sriracha-Sauce oder fertig gehackten Chilis aus dem Tiefkühler. Der zerpflückte Thunfisch (Öl oder Lake vorher abgießen) wird mit den restlichen Zutaten verrührt und beiseite gestellt.

Den Reis aus dem Reiskocher nehmen und den Kombu entfernen. Das Reisgewürz, d.h. Essig mit Zucker und Salz aus dem Rezept 13.1, unter den Reis rühren und den Reis soweit abkühlen lassen, dass Ihr Euch nicht daran verbrüht.

Füllt ein Schüsselchen mit Wasser und gebt ein bisschen Reisessig hinein, dann taucht Eure Hände kurz hinein. (Ihr solltet auch alle Hilfsmittel immer wieder in das Essigwasser eintauchen, damit sich der Reis davon wieder ablöst.) Legt etwa einen gehäuften Esslöffel Reis flach in Eure Handfläche und gebt etwas von der Füllung darauf – nicht zuviel, damit sie nicht aus dem Reisball herausquillt! Dann gebt noch einen gehäuften Esslöffel Reis auf die Füllung und formt mit beiden Händen daraus eine kleine Kugel, genauso so, wie Ihr auch einen Schneeball bauen würdet. Legt das erste Onigiri zur Seite, taucht die Hände in Essigwasser und beginnt auf die gleiche Weise mit dem nächsten. Sind der Reis und die Füllung aufgebraucht, könnt Ihr die Onigiris einzeln in Frischhaltefolie einwickeln und in eine Frischhaltedose oder stilgerecht in eine Bento-Box legen.

Bento-Box

Eine Bento-Box entspricht im Grunde der europäischen Brotdose. Allerdings halten Bento-Boxen meist sehr dicht, sind leichter zu transportieren und robuster und durchdachter als ihre einheimischen Cousins. Durch Trenner oder Einsätze können mehrere Bestandteile des Essens voneinander getrennt werden, ohne sich zu vermischen. Unter japanischen Müttern gilt das Gestalten der Bento-Boxen als eigene Kunstform, so dass der liebevoll dekorierte Inhalt soweit von der bekannten, trocknen Pausenstulle entfernt ist wie die Steinzeit vom Industriezeitalter.

Wer möchte, nimmt sich nun noch etwas Wasabi-Paste und ein Fläschchen Sojasauce mit, um die Onigiris vor dem Essen hineinzudippen. Allerdings erhöht das die Gefahr, dass es dann tropft und bröckelt. Wenn die Füllung würzig genug ist, geht es auch ohne.

Weitere Ideen für eine Onigiri-Füllung: Den Thunfisch aus dem obigen Beispiel mit gebratenem und zerkleinertem Lachs ersetzten, hart gekochtes Ei hacken und würzig anmachen, kaltes Steak, eingelegter Ingwer, Gemüsereste ...

Wem das Rollen der Onigiris nicht von der Hand gehen mag, der kann sich auch mit billigen Formen aus dem Asia-Laden oder von eBay behelfen. Es gibt sie in allen klassischen Onigiri-Formen, vor allem kugelförmig und dreieckig. Auch die Formen müssen zwischendurch immer wieder ins Essigwasser gedippt werden, sonst bekommt Ihr die Onigiris nicht an einem Stück heraus.

Onigiris halten sich je nach Füllung ungekühlt einige Stunden und gekühlt 1-2 Tage.

Siehe auch

- Onigiri bei Wikipedia: *http://en.wikipedia.org/wiki/Onigiri* oder *http://de.wikipedia.org/wiki/Onigiri*
- Anleitung zum Onigiri-Füllen und -Formen mit Bildern: *http://www.cookingcute.com/onigiri_with_filling.htm*

10.4 Blumenkohl-Hackfleisch-Auflauf

Problem

Herzhafte Kost ist angesagt, und auch die Low-Carb-Fraktion unter den Zockern würde gern satt werden.

Lösung

Hackfleisch ist ebenso kostengünstig und sättigend wie einfach zu bekommen, und wer keinen Burger auf dem Brötchen haben mag, wird sich über einen deftigen Auflauf mit Käse, Tomaten und Blumenkohl (ganz ohne weiße Sauce) freuen.

Diskussion

Der Auflauf kann bestens vorbereitet werden und wird am Tag der LAN-Party nur noch zum Aufwärmen und Bräunen in den Ofen geschoben.

```
========== REZKONV-Rezept - RezkonvSuite v1.2

     Titel: Blumenkohl-Hack-Auflauf
Kategorien: Auflauf, Hackfleisch, Blumenkohl
     Menge: 6 Portionen

     1        kg  Rinderhack
   200         g  Doppelrahmfrischkäse
     1    kleine  Dose gehackte Tomaten
     3    Tassen  Gouda, mittelalt, geraspelt
     1      Kopf  Blumenkohl, in kleinen Stücken
                  Italienische Kräutermischung (siehe Seite 84)
                  Salz
                  Pfeffer

============================ QUELLE ============================
        Das Geek-Kochbuch, von
        Mela Eckenfels u. Petra Hildebrandt
                  -- Erfasst *RK* 31.07.2006 von
                  -- Petra Hildebrandt

Hackfleisch in einem Bräter oder einer großen, ofenfesten Form
krümelig braten. Bei Bedarf aus der Pfanne nehmen, abtropfen lassen
(entfetten), Pfanne auswischen, Hack wieder in den Bräter geben.)
Tomaten, Frischkäse, Kräuter und Blumenkohl untermischen. Deckel
auflegen und unter gelegentlichem Umrühren kochen lassen, bis der
Blumenkohl weich ist. Die Hälfte vom Käse untermischen, salzen,
pfeffern. Restlichen Käse darüberstreuen und im Ofen überbacken, bis
der Käse geschmolzen ist und zu bräunen beginnt.

Achtung: Hierfür benötigt man eine *große* Auflaufform oder einen
großen Bräter!

=====
```

10.5 Geek-Schnitten

Problem

Nach all den herzhaften Sachen fehlt eigentlich noch etwas Süßes, das sich lässig mit einer Hand essen lässt. Der Handel kennt da einzeln verpackte, rechteckige braune Teigscheiben für die Extraportion Milch, die mit einer weißen Creme gefüllt angeboten werden, aber mal ehrlich: Seit deren Rezept um das Quäntchen Alkohol bereinigt wurde – zugunsten der Hauptzielgruppe natürlich –, ist der Geschmack irgendwie lasch.

Lösung

Was hilft da anderes als selbst (und besser) machen?

Diskussion

Für unsere Geek-Schnitten müssen wir erst einmal die braunen »Sandwich-Scheiben« backen, dann kommt die Füllung dran.

Der Teig

Hier bieten wir sogar zwei Rezepte an.

Variante A (süßer, lockerer):

- 100 g Butter
- 50 g Zucker
- ½ Päckchen Backpulver
- 250 g Mehl
- 50 g Kakao
- 1 Päckchen Vanillezucker (Bourbon-Vanille)
- 4 Eier
- 150 ml Milch

Zuerst die vier Eier vorsichtig in Eigelb und Eiweiß trennen. Das Eiweiß in ein hohes Rührgefäß geben und erst einmal in den Kühlschrank stellen. Die Eigelbe mit dem Zucker, dem Vanillezucker und 2 Esslöffeln Milch mit einem Handrührgerät schaumig schlagen. Die Butter bei niedriger Stufe auf dem Herd schmelzen lassen und unter die Eier-Zucker-Mischung schlagen.

In einer zweiten Schüssel Mehl und Backpulver mischen und den Kakao hineinsieben. Alles gut miteinander verrühren. Das Mehl portionsweise abwechselnd mit der Milch unterrühren, bis ein gleichmäßiger Teig entsteht.

Nun das Eiweiß steif schlagen und vorsichtig unter den Teig heben. Danach weiter wie bei der Anleitung zu beiden Teigvarianten weiter unten verfahren.

Variante B (kerniger, weniger süß):

- 100 g Butter
- 4 Eier
- 100 g Zucker
- 50 g Kakao
- 200 g Mehl
- 50 g Haferkleie
- 300 ml Milch
- 1 Päckchen Backpulver
- 1 Päckchen Vanillezucker

Zuerst die vier Eier vorsichtig in Eigelb und Eiweiß trennen. Das Eiweiß in ein hohes Rührgefäß geben und erst einmal in den Kühlschrank stellen. Die Eigelbe mit dem Zucker, dem Vanillezucker und 2 Esslöffeln Milch mit einem Handrührgerät schaumig schlagen. Die Butter bei niedriger Stufe auf dem Herd schmelzen lassen und unter die Eier-Zucker-Mischung schlagen.

In einer zweiten Schüssel Mehl, Kleie und Backpulver mischen und den Kakao hineinsieben. Alles gut miteinander verrühren. Die Eimasse in einen Mixer geben und die Mehlmischung sowie Milch abwechselnd hinzugeben und gut durcharbeiten, damit die Kleie noch etwas zerkleinert wird und das Ganze nicht zu grobkörnig gerät. Teig dann zurück in eine Schüssel geben.

Das Eiweiß steif schlagen und vorsichtig unter den Teig heben. Danach weiter wie bei der folgenden Anleitung zu Teigvarianten verfahren.

Vorgehensweise für beide Teigvarianten

Backofen auf 150°C vorheizen.

Ein sauberes Backblech mit Backpapier auslegen und die Hälfte des Teigs daraufgießen. Mit einem breiten Backspatel möglichst rechteckig ausstreichen. (Notiz für Geeks mit autistischen Zügen: *Annähernd* rechteckig reicht. Ihr könnt das Geodreieck in der Schreibtischschublade lassen.) Dabei auch darauf achten, dass die Teigdicke relativ gleichmäßig ist und sich keine Löcher auftun. (Hinweis für Geeks mit autistischen Zügen: *Annähernd* gleichmäßig genügt. Ihr könnt die Mikrometerschraube ... und so weiter und so fort ...)

Das Blech bei 150°C knapp 20 Minuten backen, dann die Teigplatte mitsamt Backpapier vom Blech heben und auskühlen lassen. Das Backblech (Vorsicht, heiß!) erneut mit Backpapier auslegen und die Prozedur mit der zweiten Teighälfte wiederholen.

Die Füllung

Während die Teigplatten backen, könnt Ihr die Füllung vorbereiten.

- 400 ml Sahne
- 400 g Magerquark
- 1 Päckchen Instant-Gelatine
- ca. 150 g Honig
- 1 Schuss Rum

Die Sahne steif schlagen und mit dem Quark glatt verrühren. Sollte der Honig zu fest sein, verflüssigt ihn vorsichtig in einem Wasserbad und rührt ihn ebenfalls unter, zusammen mit dem Schuss Rum.

Das Päckchen Gelatine nach der Packungsanleitung vorbereiten und mit dem Handrührgerät unter die Sahnemischung rühren. Wer es stabiler mag oder auf Nummer Sicher gehen will, kann auch zwei Päckchen verwenden.

Finish

Die zweite Teigplatte auf dem Backblech liegen lassen und die Füllung mit dem breiten Teigspatel gleichmäßig darauf ausstreichen. (Für unsere Geeks mit autistischen Zügen: siehe oben.)

Die zweite Platte entweder als Ganzes auf die Füllung legen oder aber der Breite nach in gleichmäßige Streifen schneiden und dann auflegen. Hier eignet sich idealerweise ein Pizzaroller (und Ihr dürft auch das Metermaß auspacken, wenn Ihr unbedingt wollt). Die Streifen in der richtigen Reihenfolge auf die Füllung legen, sodass sich die Kanten berühren. Der Vorteil hierbei ist, dass Ihr beim späteren Auseinanderschneiden der einzelnen Schnitten weniger (lange) Druck auf die Füllung ausübt und sie daher nicht so leicht an den Rändern hervorquillt, zumindest nicht in einer Richtung.

Nun das Backblech mit Frischhaltefolie abdecken und die Geek-Schnitten über mehrere Stunden oder über Nacht kühl stellen. Sobald die Füllung relativ fest geworden ist, könnt Ihr die Schnitten in gleichmäßige Rechtecke schneiden. Krumme Kanten könnt Ihr abschneiden, je nach Eurem Level der Perfektion.

Variationen

Denkbar wäre, die Füllung geschmacklich und/oder farblich zu modifizieren. Soll nur die Farbe verändert werden, bietet sich dazu Lebensmittelfarbe als Pulver oder in flüssiger Form an, die direkt mit eingerührt wird. Soll der Geschmack verändert werden, bieten sich Backaromen an, aber auch frisch gepresster Orangensaft, Erdbeersaft bzw. -Marmelade oder andere intensiv schmeckende Fruchtsäfte. Wird mehr Flüssigkeit in die Füllung eingebracht, muss allerdings auch der Anteil an Gelatine erhöht werden, um noch eine brauchbare Festigkeit zu erhalten.

TEIL III

Der kulinarische Geek

In der Entstehungsphase dieses Buchs hörten wir diese Vorurteile immer wieder: »Kulinarische Geeks gibt es doch gar nicht.«, »Geeks kochen nicht!« oder »Geeks ernähren sich nur von Burgern, (kalter) Pizza und Nutella.«

Was also soll ein kulinarischer Geek sein?

Wir behaupten, kulinarische Geeks gibt es sehr wohl, auch und gerade im Bereich der Computergeeks. Die meisten haben nur keine Zeit dazu, ihre Leidenschaft auszuleben. Und doch werden besonders unter Geeks Restauranttipps oder Sushi-Flatrates gehandelt wie anderswo Börsentipps, und nicht wenige Geeks verweigern sich dem familiären Weihnachtsfest – und zwar nicht, weil sie Fragen wie »Und jetzt erklär' uns doch nochmal, was du eigentlich genau machst!« oder »Du kennst Dich doch mit Computern aus, ich hab da ein Problem ...« fürchten, sondern weil sie die Wahl haben zwischen Kartoffelsalat mit Würstchen und einem eigenen Kocheinsatz. Nur dass der eigene Kocheinsatz damit endet, dass der gesamte Rest der Familie mit »dem ausgefallenen Zeug« nichts anfangen kann.

Kulinarische Geeks sind experimentierfreudig, trauen sich auch mal an neue Länderküchen und kochen gern für Gäste. Sie entwickeln bisweilen, wie wir aus eigener Erfahrung wissen, Leidenschaften (die Reaktionen der Umwelt reichen von »Tick« bis »Besessenheit«) für bestimmte Zutaten oder Spezialitäten wie Chilisorten, sortenreine Schokolade, japanische Küche, Kaffeezubereitung oder schottischen Whisky, und nicht wenige davon sind in ihr Gourmet-Dasein als Larval Stage-Geeks oder Muttis Liebling gestartet.

KAPITEL 11

Pimp Your Food

Es gibt Leute, die schrauben an ihren Autos. Geeks tunen ihre Rechner – hier noch ein Lüfterchen, da noch eine Heat-Pipe –, und am Ende ist selbst die älteste Kiste ein höchst individuelles, ausgefallenes Teil. Ein kulinarischer Geek hingegen schraubt natürlich an seinem Essen – schließlich kann man auch hier altbekannte Standards gewaltig aufbohren oder sogar Dinge, die andere als Massenware kaufen, selbst designen und zusammenbauen. Lasst Euch von unseren Selbstbauanleitungen inspirieren!

11.1 Abwechslung aufs Brot

Problem

Wurst, Käse. Beide gibt es in hunderten, wenn nicht gar tausenden Variationen. Sie sind schnell gekauft und eine feine Wurst- oder Käseauswahl macht sich gut auf dem Frühstückstisch. Und doch ... auf Dauer wirken sie langweilig und unkreativ. Also was tun, wenn man das gemeinsame Frühstück mit der neuen Flamme attraktiv aufpeppen will?

Lösung

Mit wenig Aufwand sind eigene Aufstriche hergestellt. So frisch und ausgefallen sie sind, setzen sie auch ein deutliches Signal an den oder die Eingeladene(n): Sie/er ist Euch wichtig genug, noch vor dem Frühstück in der Küche aktiv zu werden.

Aber nicht nur zum Frühstück machen sich viele dieser Aufstriche gut: Sie sind auch lecker als Dip beim gemeinsamen Rollenspiel- oder Filmabend oder mit Weißbrot als Auftakt zu einem leckeren Abendessen.

Diskussion

Wasabi-Frischkäse

Wasabi-Frischkäse hat nicht nur eine tolle grüne Farbe. Die leichte Schärfe macht aus dem mild-cremigen Frischkäse eine echte Delikatesse.

- 3 Teelöffel Wasabipulver
- 2-3 Esslöffel Wasser
- 200 g Doppelrahm-Frischkäse (eine Schale)

Japanophile Geeks haben ohnehin immer einen Vorrat Wasabi-Pulver im Haus, alle anderen besorgen sich schnell ein Döschen im nächsten Asia-Markt. Vorsicht bei Wasabi, der in deutschen Supermärkten in kleinen Gläschen angeboten wird. Hier handelt es sich oft um nur allzu europäischen Meerrettich, der grün gefärbt wurde. Etiketten lesen!

Das Wasabi-Pulver wird mit dem Wasser zu einem cremigen Brei verrührt und zwei Minuten quellen gelassen. Wird es zu bröckelig, muss noch etwas Wasser nachgegeben werden.

Den Frischkäse aus der Plastikschale mit einem Löffel in eine ausreichend große Schale schaben und dann gründlich mit dem Wasabi verrühren.

Weitere Gewürze wie Salz sind nicht nötig, können je nach persönlichem Geschmack aber zugegeben werden.

Mit etwas Sahne oder Milch gestreckt, kann der Brotaufstrich auch als Dip zu Fondue, Grillfleisch, Fleischteigtaschen oder Crackern gereicht werden.

Avocado-Aufstrich

- 2 reife Avocados
- 1 kleine Zwiebel
- 200 g braune Champignons
- Kräutersalz
- Paprikapulver, scharf oder mild

Der Feld-Wald-und-Wiesen-Geek kennt Avocado höchstens in Form von Guacamole, aber diese Variante ist auch unheimlich lecker auf Butterbrot oder als Dip. Allerdings muss schnell gearbeitet werden, denn Avocado wird an der Luft unansehnlich schwarz.

Da es Avocados hier leider oft nur in einer steinharten Qualität zu kaufen gibt, geht vielleicht ein paar Tage vorher im Supermarkt vorbei, kauft harte Avocado und lasst sie zuhause auf einem sonnigen Fensterbrett nachreifen.

Zuerst die Zwiebel fein würfeln und in den Mixer geben. Die Pilze putzen (ideal mit einer Pilzbürste und ohne Wasser), die Enden der Stiele abschneiden und die Pilze in Viertel oder Scheiben schneiden und mit in den Mixer geben. Die Avocados halbieren, den Kern mit einem Messer oder Löffel heraushebeln und das Fruchtfleisch mit einem Löffel aus der Schale entfernen. Das Avocado-Fruchtfleisch ebenfalls in den Mixer geben und das Ganze auf mittlerer Stufe gut vermischen. Mit Kräutersalz und je nach Geschmack mit mildem oder scharfem Paprikapulver abschmecken und nochmal durchmixen.

Die Creme mit einem Teigschaber aus dem Mixer kratzen, in eine Schale geben und glatt streichen. Die Oberfläche dünn mit Paprikapulver bestäuben, mit Frischhaltefolie abdecken und bis zum Verzehr kühlstellen.

Die Creme hält sich nicht lange, sondern sollte direkt am Zubereitungstag gegessen werden.

Kochunfälle

Vor mehreren Jahren, als Mela samt Göttergatte im *Chez Petra* zu Gast war, versuchte Mela, diesen Aufstrich zum Frühstück beizutragen. Neben dem Verwandeln von Petras Küche in ein Schlachtfeld rutschte Mela dummerweise die Tüte mit dem Paprika aus, und es war wirklich scharfer Paprika. Zum Glück mochten die meisten Anwesenden Scharfes, und geschmeckt hat es dennoch. :-)

Tomatenbutter

- ⅓ Dose stückige Tomaten
- 2 Teelöffel Tomatenmark
- 125 g Süßrahm-Butter, ungesalzen
- 1 guter Teelöffel Majoran, gefriergetrocknet
- ¼ Teelöffel Kräutersalz
- Salz

Butter in eine Schale geben und bei Zimmertemperatur weich werden lassen. Die stückigen Tomaten in ein feines Sieb geben und den Saft etwa fünf Minuten abtropfen lassen. Majoran zugeben und ein paar Minuten in den Tomatenstücken weichen lassen. Tomatenmark unterrühren, Kräutersalz zugeben, dann nach Geschmack salzen. Die Butter mit einer Gabel zerdrücken und die Tomatenmischung gut unterrühren.

Bis zum Verzehr kühl stellen.

Kiwi-Orangen-Konfitüre

Eine ausgefallene Konfitüre, die man garantiert in keinem Laden kaufen kann. Sie schmeckt nicht nur toll aufs Brötchen, sondern eignet sich, in ein hübsches Glas gefüllt, auch hervorragend als kleines Geschenk oder Mitbringsel.

- 600 g Kiwi-Fruchtfleisch (10-15 mittelgroße Kiwis)
- 300 ml Orangensaft, frisch gepresst
- 1 Limette, Saft
- 250 g Orangenblütenhonig
- 1 Päckchen Gelfix 3:1

Kiwis aus den Schalen löffeln, Fruchtfleisch abwiegen, mit den übrigen Zutaten in einem großen Topf verrühren. Sprudelnd 3-4 Minuten kochen lassen, abfüllen.

Die Honignote kommt besonders erwärmt (z.B. auf Crêpes) zum Vorschein.

Lachsrillettes

Ein feiner, gar festlicher Brotbelag für besondere Anlässe. Ideal auf geröstetem Baguette.

- 250 g gehäutetes frisches Lachsfilet
- 5 Esslöffel Schnittlauchröllchen
- 1 Becher saure Sahne
- 1 Esslöffel fein gehackte Schalotte
- 1 Esslöffel Kapern, abgetropft, gehackt
- 1 Teelöffel fein abgeriebene Zitronenschale
- ½ Teelöffel grüne Pfefferkörner in Lake, abgetropft

Lachs dämpfen, bis er eben gar ist (ca. acht Minuten). In eine mittelgroße Schüssel geben, abkühlen lassen. Mit einer Gabel zerdrücken. Zutaten von Schnittlauch bis grünem Pfeffer in einer großen Schüssel vermengen. Lachs untermischen. Mit Salz und Pfeffer abschmecken.

Abgedeckt kalt stellen (kann bis zu vier Stunden im Voraus zubereitet werden).

11.2 Fast Food mit Stil

Problem

American Fast Food erfreut sich großer Beliebtheit, natürlich auch bei Geeks. Aber bei der Zutatenliste von fertig eingelegten Spare Ribs oder vorgewürzten Chicken Wings gruselt es Euch.

Lösung

Auch der Liebhaber leckerer, klebriger Rippchen und würzig-knuspriger Hühnerflügel muss nicht die Systemgastronomie amerikanischen Zuschnitts bemühen – diese Leckereien sind einfach selbst zu machen.

Diskussion

Deckt den Tisch mit Zeitungspapier ab, damit Ihr nach Herzenslust kleckern könnt, holt die Softdrinks und den Bier-Pitcher heraus oder das Sol oder Dos Equis, werft den Ofen an und verwöhnt Euch mit Soul Food mit Stil!

Die allereinfachsten Chicken Wings der Welt werden einfach nur mit Louisiana Hot Sauce oder anderer Chilisauce bepinselt und dann im Ofen gebacken.

Etwas gewagter werden sie nach unserem Geheimrezept mit Orangenmarmelade und Sambal Oelek – fingerlickin'good!

```
========== REZKONV-Rezept - RezkonvSuite v1.2

     Titel: Fruchtig-scharfe Chicken Wings
Kategorien: Geflügel, Huhn, Wings
     Menge: 1 Rezept

============================== WINGS ==============================
      1        kg  Hähnchenflügel (Chicken Wings)

============================ MARINADE ============================
      3      Essl. Bittere Orangenmarmelade
      2      Essl. Sambal Oelek
      2      Essl. Reisessig
      1      Essl. Worcestershiresauce
      1      Teel. Scharfer Senf

============================= QUELLE =============================
         Das Geek-Kochbuch, von
         Mela Eckenfels u. Petra Hildebrandt
                    -- Erfasst *RK* 15.10.2006 von
                    -- Petra Hildebrandt

Marinadezutaten in einer großen Schüssel gut verrühren. Wings darin
unter gelegentlichem Wenden 6-12 Stunden marinieren. Wings auf einem
mit Alufolie ausgelegtem Blech ausbreiten. Im 175°C heißen Ofen
knusprig braun braten.

Ergibt mit Salat 2 Portionen für zwei hungrige Esser.

=====
```

Nicht minder lecker sind unsere Spare Ribs:

```
========== REZKONV-Rezept - RezkonvSuite v1.2

     Titel: Spare Ribs mit Sojasauce und Orange
Kategorien: Fleisch, Schwein
     Menge: 2 Portionen

      1         kg  Kleine Spare Ribs vom Schwein, zerteilt
    1/4      Tasse  Orangensaft
    1/4      Tasse  Sojasauce
    1/4      Tasse  Brauner Rohrzucker
      1      Essl. Five-Spice, chinesische Fünfgewürzmischung

============================= QUELLE =============================
         Das Geek-Kochbuch, von
         Mela Eckenfels u. Petra Hildebrandt
                    -- Erfasst *RK* 15.10.2006 von
                    -- Petra Hildebrandt

Zutaten für die Marinade verrühren, bis sich der Zucker löst. Die
Rippchen in einen Gefrierbeutel geben, mit der Marinade übergießen.
Luft herausdrücken, im Kühlschrank mindestens eine Stunde (besser über
Nacht) durchziehen lassen.
```

```
Ofen auf 150-175°C vorheizen. Rippchen auf dem Blech verteilen,
so dass sie sich nicht berühren. 30 Minuten braten lassen, wenden,
weitere 30 Minuten braten lassen.

TIPP: Wer das Blech mit extrastarker Alufolie auslegt, erspart sich
hinterher das Schrubben!

=====
```

Auch des Geeks zweitliebstes Nahrungsmittel, Hamburger, kann man selbst braten und belegen – macht doch mal eine Burger-Party! Anstelle der vorgefertigten Patties formt Ihr selbst aus frischem Rinderhack große, saftige Burger (ein Schuss Worcestershiresauce und eventuell eine Prise Cayennepfeffer wirken Wunder beim Geschmack!).

Auf den Tisch kommen Ketchup, Senf, gebratene Zwiebelringe, rohe Zwiebeln, eingelegte Gurkenscheiben, große Tomatenscheiben, Jalapeños aus dem Glas, Schmelzkäsescheiben, knusprig gebratener Bacon – und der Knüller wird das Ganze mit selbst gemachten Hamburger-Brötchen.

```
========== REZKONV-Rezept - RezkonvSuite v1.2

     Titel: Hamburger-Brötchen
Kategorien: Backen, Brot, Brötchen
     Menge: 1 Rezept

     6   Tassen  Mehl Type 550
     1     Essl. Salz
   1/4    Tasse  Zucker
     2   Tassen  Wasser, warm
     1     Essl. Trockenhefe
     2           Eier, verquirlt
     1    Tasse  Pflanzenöl
============================ QUELLE ============================
         Das Geek-Kochbuch, von
         Mela Eckenfels u. Petra Hildebrandt
                   -- Erfasst *RK* 15.11.2006 von
                   -- Petra Hildebrandt
Hefe mit einer Prise Zucker im Wasser auflösen.

Alle Zutaten in einer großen Schüssel vermischen (Küchenmaschine
oder elektrischer Handrührer mit Teighaken) und zehn Minuten
durcharbeiten. Gehen lassen, bis der Teig seine Größe verdoppelt hat
(etwa 45 Minuten).

Teig mit der Handfläche zusammendrücken und durchwalken, nochmal
gehen lassen. Erneut durchwalken, zu Brötchen formen. Nochmal gehen
lassen, bis die Brötchen aufgegangen sind.

Im Ofen bei 175°C etwa 20 Minuten backen bzw. bis sie leicht
gebräunt sind. Abkühlen lassen, bis sie ungefähr handwarm sind, dann in
eine Plastiktüte geben und diese verschließen (damit die Oberfläche
weich wird).

Ergibt 12-16 Brötchen.

=====
```

KAPITEL 12

Höhere Küchenweihen

Bocuse, Witzigmann und Co. – in diesem Kapitel kochen wir wie die ganz Großen! Wir machen die Pasta selbst und zaubern eine dekorative feine Terrine ... kurz: Wir betreten den Tempel der hohen Kochkunst.

12.1 Fond selbst kochen

Problem

Irgendwann in seiner Entwicklungslaufbahn hat der kulinarische Geek festgestellt, dass die Verwendung von guten Zutaten der Schlüssel zu gutem Essen ist. Und spätestens, wenn er die dritte Woche hintereinander teuren Fond nach Hause trägt, also Gläser, in denen nur etwas trübes Wasser schwimmt und für deren Preis man auch gut drei Kilo Gemüse hätte erwerben können, kommt die Frage auf, ob man das nicht selbst besser machen kann. Andererseits können doch nur Spitzenköche Fonds selbst herstellen, oder?

Lösung

Tatsächlich ist es gar nicht so schwer, einen Gemüse- oder Hühnerfond selbst herzustellen, und wenn Ihr über ausreichend Stauraum im Tiefkühler verfügt, könnt und solltet Ihr Fond auf Vorrat kochen. Im Vorteil ist, wer schon saubere, schimmelfreie Gemüseabschnitte, die man sonst wegwirft, im Tiefkühler gesammelt hat, z.B. von Karotten. Aber es geht auch ohne.

Diskussion

Ein Fond ist, salopp ausgedrückt, eine konzentrierte, und nicht oder nur wenig gesalzene Brühe, und in den meisten (guten) Restaurants die Basis aller Suppen und Saucen. Das Geheimnis eines guten Fonds ist vor allem Zeit – er muss möglichst lange und langsam köcheln.

In Restaurants steht nicht selten ein großer Topf irgendwo auf dem Herd, in dem täglich der hausgemachte Hühner- oder Kalbsfond vor sich hin simmert. Während Kalbsfond und speziellere Fonds wie Lamm- oder Wildfond relativ aufwändig sind, vor allem, was die Zutatenbeschaffung angeht, sind Hühner- und Geflügelfonds mit wenigen Zutaten wirklich einfach zu Hause herzustellen.

Geflügelfond, Hühnerfond

Basis eines Geflügelfonds sind möglichst verschiedene Knochen und Fleisch- und Fettreste eines Huhns. Das kann vom ganzen (zerteilten) Suppenhuhn mit allem Drum und Dran über ein paar Hähnchenschenkel oder Chicken Wings bis zum klassischen Hühnerklein, einer Mischung aus ausgelösten Teilen des Gerippes, Hälsen usw. reichen. Frischware ist hierbei der tiefgekühlten vorzuziehen.

Die Zutaten für den Fond sind beliebig skalierbar. Mit diesem Rezept erhält man – je nach Reduktionsgrad – ½ bis 1 Liter Fond.

- 1-1,5 kg Hähnchenteile (Hühnerklein, Chicken Wings, Hähnchenkeulen, Suppenhuhn)
- 1 Zwiebel
- 1 Teelöffel Pfefferkörner
- 1 Teelöffel Meersalz
- 2 Möhren
- eine Hand voll Sellerie, Knolle oder auch Staudensellerie
- 2 Lorbeerblätter
- 2-3 Liter Wasser
- Bratfett

optional:

- Petersilie
- weitere Gemüse (Fenchel, Tomate, Lauch, ein Bund Suppengemüse, Petersilienwurzel) oder Gemüseabschnitte wie Pilzstiele, harte Stellen von Fenchelknollen, Kohlrabistück etc.
- Chilischote
- Liebstöckel
- Wacholderbeeren

für einen Asiafond:

- Zitronengras
- Ingwer, frisch

So geht's:

Die Zwiebel mitsamt Schale vierteln. Das Gemüse grob zerkleinern.

In einem großen Suppentopf oder Bräter etwas Bratfett erwärmen, ersatzweise etwas vom Fett an dem Hühnerfleisch im Topf auslassen. Die Zwiebel darin anbräunen lassen, dann die Hühnerteile zugeben und langsam anbraten. Möhre und Sellerie untermischen, kurz anrösten, Gewürze dazugeben, mit dem Wasser ablöschen (das Fleisch sollte eben bedeckt sein) und langsam auf mittlerer Hitze mehrere, mindestens aber zwei Stunden langsam köcheln lassen. Verkosten. Wenn die Brühe noch nicht intensiv nach Huhn schmeckt, weiter köcheln lassen.

Hat die Brühe die richtige Intensität, das Ganze etwas abkühlen lassen und dann durch ein Sieb in einen sauberen Topf geben. Eventuell durch ein Seihtuch, sauberes Küchentuch oder auch Küchenpapier seihen, um feine Schwebstoffe aufzufangen. Die solchermaßen entstandene Brühe kann nun wahlweise verwendet oder eingefroren werden, oder aber weiter einköcheln. Um etwa die Hälfte eingekocht, hat man einen schönen Fond, der sich ideal für Saucen und Suppen eignet. In geeigneten Mengen in Portionsdöschen oder sogar Eiskugelbeuteln einfrieren.

Mit den Zutaten kann man nach eigenem Gusto und geplantem Verwendungszweck experimentieren. Die Zugabe von einigen Scheiben frischem Ingwer, etwas Chilischote und zerdrückten bzw. gehacktem Zitronengras etwa ergibt einen guten Asiafond.

Und wer dieses Skript gemeistert hat, kann sich dann auch an Lamm-, Enten- oder Kalbsfond wagen. Rezepte und Tipps dazu findet Ihr im WWW, siehe unten.

Gemüsefond

Gemüsefond ist ein dankbares Gericht zur Resteverwertung. Petra hat stets einen Beutel mit Gemüseabschnitten im Tiefkühler, die irgendwann in einen Gemüsefond wandern oder als Röstgemüse an einen Braten. Ideal eignen sich alle Wurzelgemüse, Lauch, Zwiebelabschnitte, Sellerie, Fenchelreste (harte Stellen, die man abschneidet), Kräuterstiele, Pilzstiele, harte Zitronengrasstücke und vieles mehr.

Das Verfahren ähnelt dabei stark dem oben beschriebenen Geflügelfond.

Für einen Standardfond, von dem ausgehend jeder seinen persönlichen Lieblingsfond kreieren kann, empfehlen wir aber unseren milden Gemüsefond.

Zutaten für 4-5 Liter:

- 3 Zwiebeln
- 3 Knoblauchzehen
- 300-500 g Möhren
- 300-500 g Wurzelpetersilie
- 1-2 Stangen Lauch, je nach Dicke
- 1 Staudensellerie, ersatzweise 2 Fenchelknollen
- 5 Lorbeerblätter

- 10 Wacholderbeeren
- 10 Pimentkörner
- Olivenöl, etwa 200 ml
- ¼ l trockenen Weißwein
- 50 g grobes Meersalz
- Pfeffer, zum Abschmecken

Unerlässlich ist hierfür ein sehr großer Suppentopf oder ein großer Bräter.

Zwiebeln und Knoblauch bleiben ungeschält (wie auch das übrige Gemüse, waschen sollte man allein schmutziges Gemüse, besonders den Lauch!). Die Zwiebeln grob zerteilen (vierteln), den Knoblauch einmal halbieren. Das Wurzelgemüse in Stücke schneiden (2-4 cm), Lauch und Sellerie gründlich waschen, in Scheiben schneiden.

Etwas vom Öl in den Topf der Wahl geben, erhitzen und Knoblauch und Zwiebeln darin kräftig anbraten. Sobald sie rundum eine goldbraune Farbe haben, kommen Möhren und Petersilienwurzeln dazu. Auch diese werden angebraten, bis sie bräunen. Noch einen kräftigen Schuss Öl nachgießen (das Öl ist wichtig für den Geschmack!), dann Lauch und Sellerie in den Topf geben, unter Rühren ebenfalls kräftig anbraten und alles etwa 15-20 Minuten auf mittlerer Hitze langsam rösten/schmoren lassen.

Jetzt nehmt Ihr das Meersalz und streut es gleichmäßig über das Gemüse im Topf oder Bräter und lasst alles ohne Rühren weitere 5-10 Minuten schmoren. Mit dem Weißwein ablöschen, dann 15 Minuten auf niedriger Hitze köcheln lassen.

Mit 5 Litern *kaltem* Wasser auffüllen, die Gewürze hinzufügen, alles zum Kochen bringen und 45-60 Minuten langsam köcheln lassen.

Abschmecken und durchseihen (alternativ wirklich alle Gemüse mit einem Schaumlöffel herausnehmen) und die Brühe noch eine Weile stehen lassen, damit sich die Trübstoffe absenken.

Nun kann man den Gemüsefond einfrieren (dazu vorher kalt werden lassen) oder noch heiß in Schraubgläser füllen und in den Kühlschrank stellen.

Siehe auch

- Lammfond: *http://rezepte-kochrezepte.com/Rezepte/Saucen_Marinaden/Brauner_Lammfond/index.html*
- Wildfond. *http://www.rezeptewiki.org/wiki/Brauner_Wildfond*
- Heller Kalbsfond: *http://www.kochbaeren.de/Sossen/Kalbsfond.html*
- Dunkler Kalbsfond: *http://www.rezeptewiki.org/wiki/Brauner_Kalbsfond*
- Fischfond: *http://www.kremerchen.de/fond_fisch.htm*

Fischfond stellen manche Fischläden oder Supermärkte mit gut geführter Fischtheke selbst her und verkaufen ihn – auf Nachfrage – tiefgekühlt.

12.2 Selbst gemachte Pasta

Problem

Irgendwann überkommt jeden Geek das Bedürfnis, einen Computer nicht nur zu benutzen, sondern auch Programme selbst zu schreiben. Den kulinarischen Geek überfällt noch zusätzlich der Gedanke, ob Produkte, die er sonst nur fertig im Supermarkt kauft, nicht vielleicht auch in Eigenproduktion herzustellen sind. Und ob dies wirklich so ein Budenzauber ist, wie immer behauptet wird.

Lösung

Getrocknete oder sonstwie vorgefertigte Pasta aus dem Kühlregal ist schnell in heißes Wasser geworfen und gekocht. Aber es gehört kein Abschluss in Lebensmittelchemie dazu, Pasta selbst herzustellen, und wie so oft schmecken frische Zutaten eben auch eine Idee frischer und besser als die Handelsprodukte.

Diskussion

Nicht mehr, nicht weniger wird für hausgemachte Pasta benötigt:

- 5 ganze Eier auf
- 500 g Mehl und
- etwas mehr Mehl zum Bestäuben der Arbeitsplatte

An Hilfsmitteln braucht die Geek-Küche eine gerade und saubere Fläche, ein Messer oder einen Pizzaroller und ein Nudelholz. Verspielte Naturen greifen zum gewellten Teigroller oder zu Plätzchenausstechern.

Zuerst schüttet Ihr das Mehl in einem Häufchen auf die Platte und drückt eine Vertiefung hinein. In diese gebt Ihr die fünf Eier und beginnt sie mit der Gabel zu verquirlen. Vom Rand der Kuhle immer wieder etwas Mehl einarbeiten, bis der Teig zu schwer wird, um weiter mit der Gabel zu arbeiten. Dann knetet Ihr ihn mit nassen Händen weiter, bis das Mehl vollständig eingearbeitet ist. Gerät der Teig zu bröckelig, etwas Ei nachgeben, gerät er zu klebrig, das Gleiche mit Mehl. Formt aus dem Teig eine Kugel, die Ihr in einem Plastikbeutel eine Stunde lang im Kühlschrank ruhen lasst. Danach teilt Ihr den Teig erst einmal in zwei Teile und belasst einen in der Tüte, denn sonst trocknet er zu schnell aus.

Auf einer sauberen, bemehlten Arbeitsfläche wird nun der Teig so dünn es geht ausgerollt und nach Wunsch zerteilt. Am einfachsten geht das mit einem Pizzaschneider/Teigrädchen oder scharfen Messer. Die Grundform ist die klassische Bandnudel – halbzentimeterbreite Streifen –, aber der Fantasie sind keine Grenzen gesetzt.

Wie man Nudeln kocht, wisst Ihr alle. Bei frischer Pasta gilt es nur zu beachten, dass sie sehr schnell gar ist (2-3 Minuten Kochzeit).

Siehe auch

Jamie Oliver, *der* britische Koch-Geek überhaupt, hat unzählige köstliche Ideen für selbst gemachte Pasta. Wir empfehlen Euch seine Bücher wärmstens.

12.3 Fein vom Schwein

Problem

»Aber nicht wieder so etwas Exotisches!« hört Ihr Eure avisierten Gäste sagen, und könnt Euch dazu bildlich abgespreizte Finger und einen minimal echauffierten Gesichtsausdruck vorstellen. »Nicht *schon wieder* Italienisch!« mault der Angebetete und verleiht dem Nachdruck mit einer Kopfbewegung zu der seit Tagen vor sich hintrocknenden, selbst gemachten Pasta. »Fisch geht gar nicht ...«, murmelt Euer Mitbewohner, für den Ihr das Essen ausrichtet. Was tun?

Lösung

Sofern nicht gerade Mohammedaner oder Vegetarier auf der Gästeliste stehen, bietet sich Schwein auch als feines Hauptgericht an, und es muss nicht immer Schweinebraten in Biersauce sein.

Diskussion

Mit einem Schweinefilet, dazu einer tollen Sauce, seid Ihr menümäßig bestens gerüstet.

```
========== REZKONV-Rezept - RezkonvSuite v1.2

     Titel: Schweinefilet in Wacholder-Pflaumen-Sauce
Kategorien: Fleisch, Schwein, Pflaumen
     Menge: 4 Portionen

     2      Essl. Öl
   500          g Schweinefilet
   400          g Pflaumen oder Zwetschgen
     2      Teel. Butter
   125         ml Fruchtigen, trockenen Rotwein, z.B. aus
                  -- Kalifornien
```

```
    1      Essl. Honig
  1-2         g. Ingwerpulver
    1            Lorbeerblatt
    4            Wacholderbeeren
          etwas  Zimtpulver
          etwas  Piment, gemahlen
                 Salz
                 Pfeffer aus der Mühle

============================ QUELLE ============================
        Das Geek-Kochbuch, von
        Mela Eckenfels u. Petra Hildebrandt
                  -- Erfasst *RK* 31.07.2006 von
                  -- Petra Hildebrandt

Das Öl erhitzen, das Filet darin rundum scharf anbraten.
Herausnehmen, salzen, pfeffern, in Alufolie wickeln und warm halten.

Von den Pflaumen etwa 1/4 beiseite stellen, den Rest häuten,
entsteinen und in dünne Spalten schneiden. 1 TL Butter zerlassen,
Pflaumen darin andünsten und den Wein angießen. Honig, Ingwer,
Lorbeer und die ein wenig zerdrückten Wacholderbeeren zufügen und
zehn Minuten köcheln lassen. Die beiseite gestellten Pflaumen
entsteinen und in dünne Scheiben schneiden.

Die Sauce mit Zimt, Piment, Pfeffer und Salz abschmecken. In einem
kleinen Topf oder einer kleinen Pfanne die übrige Butter
erhitzen, darin die Pflaumenscheiben eben weich dünsten. Filet in
dünne Scheiben schneiden und in der Sauce 1-2 Min. ziehen lassen.
Mit den Pflaumenscheiben auf gewärmten Tellern anrichten, dazu Reis
anbieten.

=====
```

12.4 Terrine von der Karotte an Basilikumöl

Problem

Carpaccio – *gähn*. Antipasti, Tapas, alles schon tausendmal gesehen. Vorsuppe, nicht schon wieder. Kurz, es muss eine Vorspeise her, die optisch etwas hermacht, toll schmeckt, gut vorzubereiten ist und die nicht bei jeder zweiten Essenseinladung serviert wird. Schließlich habt Ihr einen Ruf als kulinarischer Trendsetter zu verteidigen!

Lösung

Eine leichte, vegetarierfreundliche Terrine lässt sich wunderbar schon am Vortag zubereiten und bedarf am Tage des großen Gala-Essens mit Freunden oder zu beeindruckenden Geschäftspartnern nur noch ein wenig dekorativer Anstrengung.

Diskussion

```
========== REZKONV-Rezept - RezkonvSuite v1.2

     Titel: Terrine von der Karotte an Basilikumöl
Kategorien: Eintopf, Terrine, Karotte
     Menge: 1 Rezept

      1     groß. Bund Möhren
  1/2-1     Teel. Muskatblüte (Macis)
      1    Prise  Chilipulver
      1     groß. Milde Gemüsezwiebel
     40        g  Butter
    200        g  Schlagsahne
      6           Eier (Gr. M)
     50        g  Mandelstifte
      1     Essl. Kokosöl oder neutrales Öl
                  Salz, Pfeffer
                  Olivenöl, für die Form

========================== BASILIKUMÖL ==========================
      2 Hand voll Frische Basilikumblätter
     75       ml  Olivenöl
           etwas  Kräutersalz

============================== DEKO ==============================
                  Große Basilikumblätter

========================== AUSRÜSTUNG ==========================
                  Mixer oder Pürierstab
                  Silikon-Kastenform oder eine kleinere Pasteten-
                  -- oder Terrinenform
                  Gefäß für das Wasserbad, z.B. Bratreine oder große
                  -- Auflaufform

============================ QUELLE ============================
          Das Geek-Kochbuch, von
          Mela Eckenfels u. Petra Hildebrandt
                  -- Erfasst *RK* 31.07.2006 von
                  -- Petra Hildebrandt

Die Möhren gut waschen und schrubben, falls unbedingt nötig auch
schälen, dann grob würfeln. In kochendem Salzwasser ca. zehn Minuten
garen. Abtropfen und etwas abkühlen lassen. Ungefähr ein Viertel der
Möhrenstücke beiseite legen.

Die Zwiebel schälen und grob hacken, in der Butter weich dünsten.
Mit der Sahne ablöschen, Möhrenwürfel hinzufügen, etwas abkühlen
lassen. Portionsweise mit Mixer oder Pürierstab (Mixbecher, Vorsicht,
es spritzt!) pürieren. Kräftig mit den Gewürzen abschmecken.
Unter das Püree die Eier schlagen. Die Hälfte der Masse in die
geölte Kastenform gießen. Die restlichen Möhrenwürfel fein
```

```
durchhacken und auf das Püree streuen, eventuell ein paar Würfel
zu Dekozwecken zurückbehalten. Restliche Püreemasse darauf gießen,
glatt streichen.

Die Terrine im vorgeheizten Backofen bei 175°C im heißen Wasserbad
ca. eine Stunde garen. Etwas abkühlen lassen. Dann vorsichtig am
Rand mit einem Messer entlangfahren, stürzen und auskühlen lassen.
Kalt stellen.
Die Mandelstifte im Kokosöl goldbraun rösten, auf Küchenpapier
abtropfen lassen.

Im Mixbecher Basilikumblätter und Öl mit Kräutersalz zu einer
dickflüssigen Sauce durchmixen.

Servieren: Teller mit Basilikumblättern auslegen, darauf eine oder
mehrere Scheiben der Terrine, mit Basilikumöl, Mandelstiften und
eventuell Möhrenwürfeln dekorieren und servieren.

=====
```

Mit einem guten, italienischen Landbrot wird daraus ein Hauptgericht.

12.5 Thanksgiving

Problem

In den USA ist Thanksgiving – der vierte Donnerstag im November – der wichtigste Feiertag überhaupt. Thanksgiving feiert jeder, ungeachtet seiner Religion. Dadurch ist es ein nationaler Feiertag, den wirklich alle begehen.

Viele Geeks weltweit haben sich diesen Feiertag auserkoren, um ein großes Food-Fest mit Freunden zu feiern, darunter auch wir.

Das Wichtigste an einem Thanksgiving-Fest ist natürlich der Truthahn. Und dafür braucht Ihr ein garantiert gelingsicheres, leckeres Rezept.

Lösung

Petras Thanksgiving-Parties haben eine lange Tradition, und jedes Jahr vergeben ihre Gäste mit dem Daumen nach oben die Bestnote: Referenz-Truthahn.

Diskussion

Am besten ist es, einen frischen Truthahn zu kaufen. Wer nur Tiefkühlware bekommt, sollte diese rechtzeitig vorher langsam im Kühlschrank auftauen lassen (bei einem großen Vogel können das auch schon mal mehrere Tage sein). Nicht vergessen: Im Inneren liegt meist ein Beutel mit Hals und Innereien, den man herausnehmen sollte, sobald es geht.

Die Truthahngröße

Pro Gast rechnet man beim Truthahngewicht je nach Größe des Vogels etwa 500 g bis das Doppelte. Mit Vorspeisen und Beilagen und abzüglich Knochen kann man so sicher sein, dass jeder etwas zu essen bekommt und satt wird. Nicht ganz unwichtig – und das vergisst man schnell –, ist aber auch die Frage, wieviel Truthahn in Euren Bräter und Ofen passt. Es ist dumm, wenn Ihr einen Zwölf-Kilo-Truthahn aufgetaut habt und dann feststellt, dass das Tierchen nur zerlegt in den Ofen zu bekommen ist.

Petra hat einen sehr großen Gänsebräter und kann Truthähne bis etwa 7 kg unterbringen. Darüber hinaus wird es in einem handelsüblichen Normofen langsam eng.

Eine Übersicht mit Mengenkalkulationen für die Party, benötigte Fleischmenge und Auftauzeiten findet man hier:

http://ezinearticles.com/?A-Guide-to-Thanksgiving-Turkey---Serving-Size,-Thawing,-and-Roasting&id=91772 (englischsprachig).

```
========== REZKONV-Rezept - RezkonvSuite v1.2

     Titel: Truthahn mit Ahornsirupbutter und Madeira-Senf-Sauce
Kategorien: Geflügel, Pute
     Menge: 1 Rezept

====================== AHORNSIRUPBUTTER ======================
    3/4     Tasse  Ahornsirup
      2      Essl. Getrockneter Majoran
    1/4     Tasse  Koriandersamen
      2      Teel. Abgeriebene Zitronenschale, Bio
      1      Teel. Schwarze Pfefferkörner
    150         g  Butter, zerlassen

========================== TRUTHAHN ==========================
      1            Truthahn, 5-6 kg
      3            Zwiebeln, gehackt
    1/2            Staudensellerie, gehackt
      1            Pastinake, gewürfelt
                   Hühnerbrühe, nach Bedarf
                   Salz

============================ SAUCE ============================
    2-3      Essl. Mehl
    100        ml  Madeira
                   Sahne, nach Wunsch
                   Hühnerbrühe, sofern benötigt
                   Ahornsirupbutter, Rest von oben
    1-2      Essl. Dijonsenf
                   Majoran, nach Wunsch
```

```
============================= QUELLE ============================
         Das Geek-Kochbuch, von
         Mela Eckenfels u. Petra Hildebrandt
                   -- Erfasst *RK* 22.10.2006 von
                   -- Petra Hildebrandt

Koriandersamen und Pfefferkörner grob im Mörser zerstoßen oder in
einer Kaffeemühle grob mahlen. Den Ahornsirup mit 2 EL Majoran in
einem kleinen Topf aufkochen und einige Minuten dicklich einkochen
lassen. Butter, Ahornsirup, gemahlene Gewürze und abgeriebene
Zitronenschale verrühren. Im Kühlschrank fest werden lassen, dabei
einige Male umrühren. Notfalls im Tiefkühler abkühlen lassen.
Umrühren nicht vergessen.

Ofen auf 175°C vorheizen.

Den Truthahn gründlich abspülen, trockentupfen, von innen salzen.
Das gewürfelte Gemüse und den Hals des Truthahns mit dem
restlichen Majoran in den Bräter geben. Brusthaut des Truthahns
vorsichtig mit der Hand ablösen, etwa 1/3 der Butter unter der Haut
auf das Brustfleisch bis hin zu den Keulen verstreichen. Truthahn in
Form binden.

In den Bräter setzen, von außen mit der Butter bestreichen, dabei
sollten noch einige Esslöffel Ahornsirupbutter übrig bleiben.

Truthahn 30 Minuten auf der untersten Schiene braten lassen, dann
den Truhahn - nicht den Topf - gut in Alufolie einwickeln und eine
weitere Stunde garen lasen. Etwa 1/2 Liter Hühnerbrühe angießen,
weiter garen lassen. Den Truthahn regelmäßig mit Flüssigkeit
übergießen und, falls nötig, Brühe nachfüllen.

Der Truthahn sollte 4-5 Stunden garen und am Ende etwa eine halbe
Stunde ohne Folie bräunen, soweit nötig. Dann den Truthahn herausnehmen
und in Folie wickeln und auf dem Schneidbrett ruhen lassen, während
die Sauce zubereitet wird.

Dafür die restliche Ahornsirupbutter in einem Topf schmelzen, mit
Mehl eine Mehlschwitze herstellen. Die durchgeseihte Brühe aus dem Bräter
angießen (erst einmal ca. 400 ml) und dann den Madeira dazugeben, köcheln
lassen. Senf einrühren, abschmecken, mit Majoran nachwürzen, nach Bedarf
mit weiterer Brühe verlängern. Nach Wunsch mit einem Schuss Schlagsahne
abrunden.

Servieren.

=====
```

Wenn Ihr den Truthahn *mit Füllung* braten wollt, müsst Ihr eine längere Garzeit kalkulieren. Petra brät ihren Truthahn seit Jahren ohne Füllung.

Siehe auch

- *http://www.geekcouch.de/blog/archives/23-Das-grosse-Putenmetzeln.html*
- *http://sciencepolitics.blogspot.com/2005/11/hapy-thanksgiving-geeks.html*
- *http://www.rampantgames.com/blog/2005/11/geek-thanksgiving-traditions.html*
- *http://www.datenhamster.org/index.php?/archives/173-Thanksgiving,-oder-Referenz-truthahn-Revolutions.html*

12.6 Gutbürgerliches für die mäkelige Verwandtschaft

Problem

Die Eltern haben sich angesagt, und sie sind schwierige Esser. Während Ihr die schnellsten Wokschwenker diesseits des Jangtsekiang seid, Hosomaki im Schlaf rollt und 73 Capsicum-Sorten aufzählen könnt, gehören Eure Essensgäste zur Sorte »Kenne ich nicht, esse ich nicht«, halten Rucola für eine Insel im Mittelmeer und können mit Sashimi oder Feijoada so viel anfangen wie mit Python oder einer Xorg.conf. Natürlich wollt Ihr Eure Erzeuger angemessen mit Eurem kulinarischen Können beeindrucken und Euch nicht die nächsten vier Familienfeiern Gemäkel über Euer »komisches« Essen anhören müssen. (Der in ungehaltenem Tonfall vorgebrachte Satz von Petras Mutter, das Gemüse sei ja *noch gar nicht richtig gar* angesichts eines perfekt gelungenen Gerichts aus dem Wok gehört zu den unvergessenen Highlights eines gemeinsamen Abendessens.)

Lösung

Wenn Ihr mit exotischem Essen nicht punkten könnt, müsst Ihr etwas Gutbürgerliches kochen. Und da Ihr die Gerichte, die im Repertoire Eurer Eltern vorkommen, schon aus Prinzip nicht so zubereiten könnt, dass sie damit zufrieden sind, kommt hier eine Technik zum Zuge, die sich auch Spitzenköche gern zu Eigen machen: Ihr braucht einen Hack.

Bei verschiedenen Länderküchen spricht man auch von *Fusion-Kitchen*, wir aber werden uns zwei beliebte Gerichte der deutschen Küche vornehmen und zu etwas Neuem, Genialem vereinen (und, ok, ein klein bisschen nachwürzen ... passt es an die Vorlieben Eurer Familie an :-))

Diskussion

```
========== REZKONV-Rezept - RezkonvSuite v1.2

     Titel: Roulade trifft Sauerbraten - Festtagsküche
Kategorien: Fleisch, Rind, Rouladen
     Menge: 4 Portionen
```

```
===================== AM VORTAG (MARINADE) =====================
  100         g  Möhren, grobe Scheiben
  1/2            Sellerieknolle, gewürfelt
    3            Schalotten, geviertelt
    3            Knoblauchzehen, halbiert
   10            Gewürznelken
   10            Pimentkörner
    1      Teel. Schwarze Pfefferkörner
    1      Essl. Thymian, frisch oder gefriergetrocknet
  200        ml  Kräftiger Rotwein
   50        ml  Balsamico-Essig
   50        ml  Rotweinessig
  200        ml  Wasser
    4   Scheiben Rouladen

=========================== FUELLUNG ===========================
    3            Schalotten, fein gewürfelt
    1            Knoblauchzehe; fein gehackt
   20         g  Butter
  150         g  Beefsteakhack (Tatar)
  150         g  Schweinemett, gewürzt
    1            Ei (Klasse M)
   50         g  Spinatblätter, blanchiert, grob gehackt
    2      Essl. Petersilie, gehackt
    3            Kemm'sche Kuchen, gemahlen (Saucenlebkuchen)
    1      Essl. Getrocknete Cranberries; eingelegt in
    2      Essl. Rum
                 Salz, Pfeffer
    1      Teel. mildes Chilipulver
  1/2            Orange, unbehandelt, abgeriebene Schale

=========================== AUSSERDEM ===========================
    1      Essl. Butterschmalz
    1      groß. Rosmarinzweig, in 4 Stücke zerbrochen
    4      Teel. Ahornsirup
  250        ml  Kalbs- oder Rinderfond
    1      Teel. Speisestärke
    2      Essl. Preiselbeeren, aus dem Glas
   30         g  Mandelblättchen, geröstet

============================ QUELLE ============================
        Das Geek-Kochbuch, von
        Mela Eckenfels u. Petra Hildebrandt
                 -- Erfasst *RK* 31.07.2006 von
                 -- Petra Hildebrandt
```

Am Vortag:

Die Gemüse für die Marinade putzen und zerteilen, mit den Gewürzen, Rotwein, Rotweinessig und Wasser in einer Schüssel mischen. Die Rouladen hineingeben, so dass sie von der Marinade bedeckt sind. Mit Klarsichtfolie oder einem Teller abdecken und 24 Stunden im Kühlschrank marinieren.

Für die Füllung: Schalotten und Knoblauch in Butter andünsten. Beide Hackfleischsorten in einer Schüssel mit Ei, den gedünsteten Schalotten und Knoblauch, dem vorbereiteten Spinat, der Petersilie, den Saucenlebkuchen und den Rum-Cranberries gut vermischen. Dabei herzhaft mit Salz, Pfeffer, Chilipulver und Orangenschale (diese nur sparsam verwenden) würzen.

Die Rouladen aus der Marinade nehmen, auf Küchenpapier gut abtropfen lassen und auf der Arbeitsfläche flach nebeneinander ausbreiten. Die Marinade durchsieben, Gemüse dabei zurückbehalten und Gemüse und Marinade getrennt beiseite stellen. Die Rouladen gleichmäßig mit der Hackmasse bestreichen, dann aufrollen und mit Küchengarn fest zusammenbinden. Rundherum mit Salz und Pfeffer würzen.

In der großen Pfanne (mit Deckel) das Butterschmalz erhitzen. Die Rouladen darin langsam rundherum braun anbraten. Das marinierte Gemüse zugeben und kurz mitbraten. Den Rosmarin in die Pfanne zwischen die Rouladen legen. Das Fleisch mit Ahornsirup beträufeln. 250 ml der Marinade und die gleiche Menge Brühe bzw. Fond dazugießen. Den Deckel auflegen. Die Rouladen auf dem Herd bei milder Hitze 70-80 Minuten schmoren, dabei nach 30 und 60 Minuten wenden und ab und zu mit der Garflüssigkeit übergießen.

Die Rouladen aus der Pfanne nehmen und im Ofen auf einer Platte warm stellen. Den Bratfond durch ein Sieb in einen Topf seihen, dabei das Gemüse gut ausdrücken. Den Saucenansatz etwas einkochen lassen. Speisestärke mit ein wenig Wasser verrühren, die Sauce damit binden und mit Salz und Pfeffer würzen. Zum Schluss rührt man die Preiselbeeren und Mandelblättchen unter die Sauce. Kurz erwärmen. Währenddessen die Rouladen von ihren Fäden befreien, dann mit der Sauce anrichten und servieren.

Dazu passen perfekt Klöße oder auch Nudeln und aufgebratene Spätzle.

=====

KAPITEL 13

Keine Angst vor Sushi und Co.

Geekabend. Mela hat sich mit Freunden im Kino getroffen. Es läuft »Hannibal«. Nach dem Film haben die drei Hunger (*trotz*, nicht *wegen* des Films). Sie gehen in das chinesische Restaurant, das praktischerweise direkt gegenüber dem Kino liegt. Dort entspannt sich, um ca. 23 Uhr, dann folgender Dialog:

Mela zur weiblichen Bedienung: »Ich würde gerne mit Stäbchen essen.«

Bedienung: »Wir schließen aber um zwölf.«

Geeks lieben asiatisches Essen, ob es nun in ansehnlichen kleinen Happen von einem (Sushi-)Laufband genommen wird, in Styroporschachteln vom Chinamann-Lieferdienst Lang Tsu gebracht wird oder im Imbiss an der Ecke im Wok frisch gebrutzelt wurde. Asiafood ist leicht, lecker, mit Hand, Gabel, Löffel oder Stäbchen schnell verspeist, macht auch in der großen Runde etwas her, und schmeckt einfach toll.

Und irgendwann will der kulinarische Geek auch das Mahl nachahmen, das es beim Chillout in Ko Phangan gab, das Curry endlich mal originalscharf probieren oder ein Chinaessen kochen, das nicht nach »Nummel Fünf mit Flühlingslolle« schmeckt. Oder einfach nach 23 Uhr noch mit Stäbchen essen. :-)

13.1 Sushi selbstgemacht

Problem

Wir kennen eigentlich kaum einen Geek, der kein Sushi mag. Und bei den teilweise horrenden Kosten für einmal Sattessen mit den leckeren Häppchen hat sich wohl jeder Sushi-Fan schon einmal gefragt, ob man das nicht selbst machen könnte. Aber Sushis selbst machen, ist das nicht wahnsinnig kompliziert?

Lösung

Die perfekten Röllchen der Lieblings-Sushibar werdet Ihr vermutlich nicht hinbekommen, aber Sushi selbst machen ist dennoch bei weitem nicht so schwierig, wie man zunächst denkt. Vorausgesetzt, Ihr habt ein ausreichend scharfes (!) Messer und eine Sushirollmatte, wie es sie in allen Asienläden gibt, steht der fröhlichen Reiswickelei nichts mehr im Weg.

Diskussion

Sushi bedeutet auf Japanisch so viel wie gesäuerter Reis, und so ist auch der Reis die wichtigste Zutat. Deswegen beginnt jedes Sushi-Rezept mit einem guten Sushi-Reis. Selbst in der Asiaecke des Supermarkts findet man den Reis heutzutage, aber der Besuch im Asiashop lohnt sich – aus Kostengründen, und um dort gleich die weiteren Zutaten einzukaufen, wie Gari (eingelegten Ingwer), Nori (Algenblätter zum Wickeln) und einen einfachen, nicht gewürzten Reisessig (Etiketten lesen!), wenn Ihr den nicht ohnehin in Eurer Grundausstattung habt. Wer es ganz stilecht haben möchte, ersteht noch etwas Kombu (Seetang), den man bisweilen auch in gut sortierten Naturkostläden finden kann.

Es gibt fertig gewürzten Sushi-Essig. So bequem das auch erscheinen mag: kauft ihn nicht. Die Zutaten sind grauenvoll und der Geschmack ist ... nun ja.

Auf Sushi-Reis-Beuteln steht im Allgemeinen drauf, wie der Reis zuzubereiten ist. Dennoch hier noch einmal die Vorgehensweise: Als Erstes wird der Reis gewaschen (durchgespült). Dazu füllt Ihr kaltes Wasser in eine Schüssel und gebt den Reis dazu. Vorsichtig mit den Händen durchmischen, dann das trübe Wasser abgießen und durch frisches ersetzen. Das macht Ihr etwa drei Mal bzw. bis das Wasser klar bleibt. Alles Wasser abgießen und den Reis eine halbe Stunde trocknen lassen.

Der gewaschene Reis kommt mit der passenden Wassermenge in einen Topf (unsere Grundmenge ist 300 ml Wasser auf 250 g Reis). Wer hat, gibt ein Stück Kombu dazu, und lässt alles ein paar Minuten quellen. Nun zum Kochen bringen und bei starker Hitze 2-3 Minuten kräftig kochen lassen, dann auf die niedrigste Einstellung des Herds zurückschalten und bei geschlossenem Topf etwa zehn Minuten quellen lassen.

In der Zwischenzeit bereitet Ihr den Essig zum Säuern vor. In einem kleinen Topf mischt Ihr 2 Esslöffel Reisessig, 2 Esslöffel (weißen) Zucker und 1 Teelöffel Salz und erwärmt das Gemisch vorsichtig. Gut umrühren, bis sich alles aufgelöst hat (die Menge passt zu den oben genannten 250 g Reis). Abkühlen lassen.

Nun den Kombu aus dem Reis fischen, den Reis in eine flache Schüssel füllen und mit einem Holzspatel oder einem großen Löffel wenden, so dass er abkühlen kann, dabei nach und nach den gewürzten Reisessig einarbeiten. Wenn der Reis durch das Wenden abgekühlt und die Essigmischung eingearbeitet ist, deckt man die Schüssel mit einem feuchten Küchentuch ab.

Jetzt geht es an die anderen Zutaten. Was Ihr am liebsten auf oder in Eure Sushi mögt, wisst Ihr selbst am besten. Rührt zunächst Wasabi an, wenn Ihr nicht den in der Tube gekauft habt. Auf 1 TL Wasabi-Pulver benötigt Ihr 1-2 TL Wasser, je nachdem, wie fest der Wasabi werden soll. Tipp: Frisch angerührter Wasabi ist würziger und billiger! Zum Füllen von Sushi-Rollen ist etwas flüssigerer Wasabi besser geeignet, zum Servieren eher fester. Für den Anfang raten wir Euch zu leicht zu verarbeitenden Füllungen wie Surimi, Gurke, Avocado, Lachs oder Thunfisch. Schon vor dem Wickeln alles in passende Längen und maximal bleistiftdicke Streifen schneiden. Stellt Euch eine Schüssel mit einer Mischung aus Wasser und etwas Reisessig und ein sauberes Tuch bereit sowie alle Zutaten (ausgepackt und vorbereitet).

Nigiri Sushi sind kleine Reisbällchen, auf denen ein Stück Fisch oder ähnlicher Belag angerichtet ist. Taucht Eure Finger in das Essigwasser und formt dann kleine, längliche Reisklößchen, auf die Ihr den vorbereiteten und mit einem kleinen Klacks Wasabi bestrichenen Fisch drapiert. (Für völlig Unbegabte gibt es auch kleine Plastiknäpfe im Asialaden oder bei eBay, in die man den Reis drückt. Deckel drauf, stürzen, Nigiri fertig.)

Maki Sushi sind die bekannten kleinen Rollen mit Algenblatt drumherum. Für eine kleine Rolle (Hosomaki) legt Ihr ein halbes Noriblatt mit der glänzenden Seite nach unten. Der Rand des Blattes sollte mit der Matte an der Euch zugewandten Seite abschließen. Nun benetzt Eure Hände mit Essigwasser und verteilt dann eine dünne Schicht des gesäuerten Reis auf dem Blattstück. Etwa in die Mitte streicht Ihr einen dünnen Streifen Wasabi und legt wenig von den Füllungszutaten darauf. Jetzt die Sushimatte vor Euch anheben und mit sanftem Druck aufrollen, am Ende mit Hilfe der Matte noch einmal nachformen. Futomaki, also große Rollen, funktionieren ebenso, nur dass hier ein ganzes Blatt Nori und etwas mehr Füllung verwendet werden.

Die Rolle mit einem sehr scharfen Messer in kurze Stücke (6-8) schneiden. Dabei zwischendurch mit einem in Essigwasser getauchten Tuch die Klinge reinigen.

Siehe auch

Das Thema Sushi ist sehr komplex und uns ist klar, dass wir nicht mehr als die Grundlagen für die Sushi-Zubereitung hier anreißen können. Wir möchten Euch aber die Scheu vor dem fröhlichen Reisballwickeln nehmen.

- Eine umfangreiche und ausführliche Website zur Sushi-Herstellung mit Bildern und Schritt-für-Schritt-Anleitung findet Ihr unter *http://www.sushi-tsu.de*.
- Zum Vertiefen empfehlen wir das großartig gemachte Buch *Sushi* von Kimiko Barber und Hiroki Takemura, Dorling Kindersley, ISBN 3831003823.

13.2 Salat für Sushi-Liebhaber

Problem

Ihr mögt Sushi. Ihr liebt rohen Thunfisch. Aber die Wickelei ist Euch viel zu anstrengend. Dennoch würdet Ihr gern etwas Leckeres mit rohem Thunfisch servieren.

Die Lösung

Die Lösung ist ein Salat aus rohem Thunfisch mit Asia-Aromen – seit Jahren eines der beliebtesten Gerichte in unseren beiden Haushalten, voll Sushi-Geek-kompatibel und ebenso gesund wie lecker.

Diskussion

```
========== REZKONV-Rezept - RezkonvSuite v1.2

     Titel: Salat für Sushi-Liebhaber
Kategorien: Fisch, Thunfisch
     Menge: 2-4 Portionen

    300        g  Thunfischfilet in Sushi-Qualität

========================== DRESSING ==========================
      2           Rote Chilischoten
      1           Limette, abgeriebene Schale und Saft
      4      Essl. Dunkles (asiatisches) Sesamöl
      6      Essl. Neutrales Öl
      2      Essl. Sojasauce
                  Pfeffer

============================ SALAT ============================
    100        g  Rauke (Rucola)
    125        g  Kirschtomaten
     10        g  Sesamsaat
     70        g  Alfalfasprossen, nach Wunsch

=========================== QUELLE ===========================
         Das Geek-Kochbuch, von
         Mela Eckenfels u. Petra Hildebrandt
                   -- Erfasst *RK* 31.07.2006 von
                   -- Petra Hildebrandt

Das Thunfischfilet schneidet Ihr mit einem sehr (!) scharfen Messer
in möglichst dünne Scheiben, wie für Sashimi. Legt die
Fischscheiben in eine flache Schale (ein großer Suppen- oder
Pastateller oder eine Auflaufform geht genauso gut).
```

```
Die Chilis aufschlitzen, entkernen und in ganz kleine Stücke
hacken. In einer Schale oder Tasse 3 Esslöffel Limettensaft, beide
Ölsorten, Sojasauce, Pfeffer und die fein abgeriebene Limettenschale
miteinander verrühren. Die Hälfte dieses Dressings gebt Ihr nun über
den Thunfisch. 20 Minuten durchziehen lassen.

In der Zwischenzeit könnt Ihr die anderen Salatzutaten waschen. Die
Rauke trockenschleudern (wer keine Salatschleuder hat, gibt sie dafür
in ein sauberes, trockenes Geschirrtuch, das man gut zusammenhält und
dann schwenkt). Die Tomaten trockentupfen, dann vierteln. In einer
Pfanne die Sesamsamen ohne Fett anrösten.

Nun gebt Ihr die Rauke in eine große Salatschüssel, dabei je nach
Blattlänge etwas zerpflücken, die Tomatenviertel dazu. Die zweite
Hälfte der Sauce darüber gießen, gut durchmischen. Für eine elegante
Präsentation könnt Ihr nun den Salat auf eine Servierplatte (auch
hier leisten große Teller gute Dienste) geben und mit den Sprossen
und Thunfischscheiben dekorieren. Zum Schluss den Saft einer halben
Limette über alles träufeln und mit den Sesamsamen bestreuen.

Weniger toll aussehend, aber genauso lecker wird es, wenn Ihr
vorsichtig alle Zutaten in der Salatschüssel durchmischt und dann
serviert.

=====
```

13.3 Bratreis wie in Bangkok

Problem

Beim letzten Urlaub in Asien gab es diese unglaublich leckeren Bratreis-Gerichte und nun möchtet Ihr sowas zu Hause nachkochen.

Lösung

Bratreis lässt sich wunderbar selbst herstellen: Die Zutaten gibt es in jedem Asialaden, und mit etwas Schnippelei und einem Wok zaubert Ihr selbst aus Resten aus dem Kühlschrank noch ein Gericht wie im edlen Asia-Fresstempel.

Diskussion

Dieses ausgezeichnete Grundrezept stammt aus dem Restaurant Shiok in Bangalore und wird bei uns und vielen unserer Freunde regelmäßig mit Begeisterung zubereitet. Sein großer Vorteil ist die extreme Flexibilität.

Bei Petra kommt auch schon mal eine halbe Scotch Bonnet- oder Habanero-Chili an den Bratreis, das ist allerdings nur fortgeschrittenen Chili-Fans zu empfehlen. :-)

```
========== REZKONV-Rezept - RezkonvSuite v1.2

     Titel: Thai-Bratreis
Kategorien: Reis, Thailand
     Menge: 1 Rezept

      2   Tassen  Langkornreis, gekocht
    1-2     Essl. Knoblauch, feingehackt
    1-3     Teel. frische rote Chilis, fein gehackt oder in sehr
                  -- feinen Streifen, Menge optional nach Geschmack
                  -- und Schärfe
    3/4     Tasse Paprika, bunt, 1-cm-Stücke (Quadrate, Rhomben)
      2     Essl. Zwiebeln, gehackt
      2     Essl. Thai-Fischsauce oder helle Sojasauce, je nach
                  -- Salzgehalt etwas mehr oder weniger
      2   Prisen  Zucker
      1     Teel. weißer Pfeffer oder 1/2 TL schwarzer, gemahlen
     50         g frische Shrimps, geschält und entdarmt, nach
                  -- Wunsch
      2     Essl. Pflanzenöl
      1     Bund  Thai-Basilikum, abgepflückte Blätter, grob
                  -- zerrupft
                  Salz

========================== NACH WUNSCH ==========================
                  -- beliebige andere Zutaten wie Gemüse, Fisch,
                  -- Fleisch, Reste

============================ QUELLE ============================
         Das Geek-Kochbuch, von
         Mela Eckenfels u. Petra Hildebrandt
                  -- Erfasst *RK* 31.07.2006 von
                  -- Petra Hildebrandt

Ein großer Wok oder eine große hohe Pfanne sind als Kochgerät
unverzichtbar.

Alle Zutaten vorbereiten. Dann einen Wok fast rauchheiß erhitzen,
Öl hineingeben, kurz schwenken, damit es sich verteilt. Von der
Flamme nehmen, Knoblauch und Chilis zugeben, zehn Sekunden rührbraten.
Paprika, Zwiebeln und Shrimps zugeben und wieder auf die Flamme
stellen, dabei je zwei Prisen Salz und Pfeffer zugeben. 30 Sekunden
braten. Nun den Reis hinzufügen und auseinander bröckeln, soweit
nötig.

Kurz durchrühren, bis der Reis von Öl überzogen ist und ein wenig
anröstet. Zucker, Pfeffer und Fischsauce zugeben und eine weitere
Minute rühren. Reis abschmecken, wenn er nicht salzig genug ist,
noch etwas Fischsauce zugeben.

Jetzt das Basilikum untermischen, noch eine Minute weitergaren und
servieren.

====
```

13.4 Vietnamesischer Rindfleischsalat

Problem

Ihr möchtet einen Salat. Euer Partner will Fleisch.

Lösung

Ob in Thailand, Laos oder Vietnam, überall gibt es erfrischende, sättigende, scharfe Salate mit gebratenem Rindfleisch drauf – die ideale Nahrung für heiße Sommernächte und fleischliebende Salatesser.

Diskussion

Für einen südostasiatischen Rindfleischsalat braucht man, natürlich, Rindfleisch. Am besten eignet sich ein einfaches Hüftsteak, pro Person reichen 150 g – es kommt ja noch Salat dazu.

Das Steak legt Ihr zunächst in eine Marinade, die zu gleichen Teilen aus frisch gepresstem Limettensaft (im äußersten Notfall geht Limettensaft aus der Flasche, z.B. von Hitchcock) und thailändischer oder vietnamesischer Fischsauce (Nuoc mam bzw. Nam pla – Petra verwendet Squid Brand) besteht. 30-90 Minuten darf das Steak darin marinieren.

In der Zwischenzeit könnt Ihr das Gemüse putzen.

Für vier Portionen braucht Ihr zum Beispiel:

- 1 Zwiebel oder 3 rote Schalotten
- ½ bis 1 Salatgurke oder junge Zucchini
- 1 Büschel chinesischer Staudensellerie (sehr feine dünne Stängel mit zarten Blättchen) oder 1 Herz von einem handelsüblichen Staudensellerie
- 4 Tomaten
- ½ Bund Koriandergrün
- ½ Bund Minze, im Idealfall thailändische oder vietnamesische

Auch Salatblätter aller Arten passen zu dieser Mischung. Die Gemüse werden gewaschen und in Stifte (Gurken), Stücke oder Scheiben geschnitten.

Nun das Steak aus der Marinade nehmen, in einer (Grill-)Pfanne mit wenig Öl rundum scharf anbraten, dann etwa 15 Minuten abkühlen lassen.

Für das Dressing vermischt man:

- 1 Teil Limettensaft
- 1 Teil Fischsauce
- 1 Prise Zucker
- 1 fein in Ringe geschnittene, thailändische spitze Chilischote

Die Salatzutaten bis auf ein paar Kräuterblättchen, Sellerieblättchen und ein paar Zwiebelringe vermischen und auf Servierteller oder eine große Platte geben. Das gebratene Steak in dünne Scheiben schneiden und darauf legen. Mit den Dekozutaten verzieren, vielleicht noch einige Chilischotenringe darüberstreuen und ein Limettenviertel dazulegen und verspeisen.

Varianten:

Das Dressing kann man um ein paar Frühlingszwiebelringe erweitern, bei den Salatzutaten könnt Ihr experimentieren. Anstelle von Minze macht sich auch das Innere von Zitronengras sehr gut in diesem Salat, dann sollte das Dressing allerdings länger durchziehen.

Sehr hübsch sieht das Ganze auf großen Kopfsalatblättern angerichtet aus.

Wer vietnamesische Minze (Rau ram) in seinem Asiastore bekommt, kann davon reichlich nehmen statt der anderen Kräuter. Etwas Pfeffer und mehr Chili, eventuell auch Knoblauch im Dressing geben mehr Aroma, wenn man es denn verträgt.

Und natürlich kann man das Rezept auch mit Huhn oder Lamm zubereiten. Bei Huhn ist allerdings darauf zu achten, dass es wirklich durchgebraten ist.

Zitronensaft ist für dieses Rezept absolut ungeeignet und würde die Balance der Aromen zerstören.

13.5 Huhn mit Shiitake und Sternanis

Problem

Ihr habt Eurer/Eurem Liebsten ein original chinesisches Essen versprochen, aber Euer bevorzugter Lieferdienst ist plötzlich eine indische Pizzeria.

Lösung

Ihr könnt das doch besser als der Lieferdienst. Und die/der Liebste wird es zu schätzen wissen, dass es heute nicht zweimal die Nummer 18 gibt, sondern ein geschmortes Hühnchen, das auch der Lieblings-Chinese nicht besser hinbekommt.

Diskussion

Für ca. vier Portionen (dazu Reis):

- 1 Esslöffel Pflanzenöl
- 2 ganze Hähnchenbrüste mit Haut und Knochen
- 350 g frische Shiitakepilze, entstielt, Hüte geviertelt

- 2 Tassen Lauchzwiebeln, in Ringen
- 2 Esslöffel Knoblauch, gehackt
- 1 Esslöffel frischer Ingwer, fein gehackt
- ½ Liter Hühnerbrühe, eventuell mehr
- ½ Tasse Hoisinsauce (aus dem Asialaden)
- 4 Sternanis
- 1 kleiner Kopf Chinakohl, in Streifen geschnitten
- 1 Esslöffel scharfe Chilisauce, z.B. Sambal Oelek

Öl in einem großen, schweren Topf erhitzen. Huhn zugeben, rundum braun braten, herausnehmen. Pilze im Topf mit 1½ Tassen Lauchzwiebeln, Knoblauch und Ingwer ca. fünf Minuten unter Rühren andünsten. Huhn wieder zugeben. Brühe, Hoisinsauce und Sternanis einrühren. Zum Kochen bringen, Hitze reduzieren und 20 Minuten köcheln lassen. Huhn aus dem Topf nehmen, etwas abkühlen lassen, dann das Fleisch auslösen, häuten, in Streifen schneiden. Währenddessen die Sauce im Topf dicklich einkochen lassen, ca. 20 Minuten lang. Chinakohl und Chilisauce zugeben, garen, bis der Chinakohl weich ist (4-5 Minuten). Nun das Hühnerfleisch wieder zugeben und alles erhitzen. In eine Servierschüssel füllen, dabei den Sternanis herausfischen. Mit restlichen Lauchzwiebeln bestreut servieren.

KAPITEL 14

Rund um die Party

Hier haben wir ein paar Ideen für Geek-Parties zu verschiedenen Anlassen gesammelt, auf dass Ihr den relaxten Gastgeber geben und dennoch kulinarisch beeindrucken könnt.

14.1 Unsere Margarita

Problem

Die Margarita ist einer der leckersten und erfrischendsten Cocktails und eigentlich ideal für eine Party. Aber Ihr habt keine Lust, den Abend mit Limettenstampfen zuzubringen und dann noch von Banausen zu hören, Eure Caipirinha schmecke aber komisch.

Lösung

Unsere Margarita muss keine Verwechslungsgefahr mit Caipirinha, Caipirovska oder ähnlichen Mixturen fürchten. Solange Ihr einen wirklich hochwertigen Tequila verwendet, bekommt man davon auch keine üblen Kopfschmerzen. Und das Beste: Sie wird am Tag vor der Party vorbereitet.

Diskussion

Die Mengen sind für einen Ansatz angegeben, die doppelte Menge passt ungefähr in einen handelsüblichen Kühlschrankkrug.

- ½ Flasche GUTER weißer oder brauner Tequila aus 100% blauer Agave, ersatzweise anderer hochwertiger Tequila, z.B. von Sauza oder Cuervo
- 50 ml Grand Marnier (bitte nicht durch etwas anderes ersetzen!)
- 120 ml frischer Limettensaft
- 1 Teelöffel Limettenschale, abgerieben
- 4-5 Esslöffel Zucker

- Limettenspalten
- grobes Salz

Zunächst müsst Ihr den Margarita-Mix ansetzen: Tequila, Grand Marnier, Limettensaft, Limettenschale und Zucker in einem Glaskrug rühren, bis sich der Zucker auflöst. Abdecken und für mindestens zwei Stunden im Kühlschrank ziehen lassen (maximal 24 Stunden). In einen anderen Krug oder eine Flasche durchseihen, bis zum Gebrauch kalt stellen.

Zubereitung und Servieren: Ränder gekühlter Cocktailgläser mit Limonenscheiben abreiben, dann die Gläser in grobem Salz wenden.

Margaritas auf Eiswürfeln in den Gläsern mit (oder ohne) Salzrand servieren.

14.2 Luftige Knabberhäppchen

Problem

Ein gemütliches Beisammensein bei ein paar Gläsern Wein oder Bier. Jetzt fehlt Euch nur noch eine Kleinigkeit dazu, die nicht gerade aus der Tüte kommen soll.

Lösung

Blätterteigschnecken sind ganz schnell und einfach gemacht und lassen sich beliebig abwandeln. Einen Nachteil haben sie allerdings: Sie sind immer viel zu schnell alle!

Diskussion

Für zwei Bleche voll würziger Blätterteigschnecken braucht man:

- 1 Paket (6 Scheiben) Tiefkühl-Blätterteig, nach Packungsanweisung aufgetaut
- 200 g dünn geschnittene, rohen Schinken (Bauernschinken, Schwarzwälder, Parmaschinken etc.)
- 100 g geriebenen Käse
- 1 Ei, verquirlt
- gehacktes Basilikum, gern aus dem Tiefkühlpäckchen

Je drei Blätterteigscheiben aufeinander legen und zu einem Rechteck von etwa 30 x 12 cm ausrollen. Beide Rechtecke mit Schinken belegen. Dazu jeweils die Hälfte vom Schinken so darauf legen, dass die Schinkenscheiben sich am Rand ein wenig überlappen. Dabei an einer Längsseite etwa 2 cm frei lassen. Mit Basilikum und Käse bestreuen. Den freien Rand mit etwas Ei einpinseln. Von der randlosen Längsseite her eng aufrollen, Rand andrücken. In Frischhaltefolie wickeln und mindestens drei Stunden in den Kühlschrank legen.

Rollen schräg in 1 cm dicke Scheiben schneiden. Auf einem mit Backpapier ausgelegten Backblech mit genug Abstand die Scheiben einer Rolle verteilen. Bei 175°C bis 200°C backen, bis die Schnecken goldbraun und aufgegangen sind. Noch warm servieren.

Im Umluft-Backofen funktioniert das auch mit zwei Blechen wunderbar.

Variante: Blätterteig mit Räucherlachs belegen, aufrollen, backen – fertig sind die Lachsschneckchen.

14.3 Asia-Wantan mit Dip

Problem

Der schönste Teil der Party findet – das weiß jeder – in der Küche statt. Und so bietet es sich an, der versammelten kulinarischen Geektumheit ein besonderes Häppchen anzubieten, das garantiert noch keiner auf seiner Party serviert hat. Nur was?

Lösung

Die Weihe als kulinarische Obergeeks ist Euch sicher mit ein paar gefüllten Teigtäschchen mit einem raffinierten Dip.

Diskussion

```
========== REZKONV-Rezept - RezkonvSuite v1.2

     Titel: Rindfleisch-Brokkoli-Wantans mit Ingwerdip
Kategorien: Snacks, Rind, Asien
     Menge: 1 Rezept

============================== DIP ==============================
      4      Essl. Sojasauce
    1/4     Tasse Ingwer, frisch, feingehackt
    1/4     Tasse Reisessig
      3      Essl. Honig

============================ WANTAN ============================
    225          g mageres Rinderhack
      1     Tasse Brokkoli, fein gehackt
    3/4     Tasse Zwiebeln, feingehackt
      1      groß. Ei
  1 1/2      Teel. Knoblauch, gepresst
      2      Teel. Ingwer, frisch, feingehackt
    1/2      Teel. schwarzer Pfeffer aus der Mühle
    1/2      Teel. Salz
      2      Essl. Sojasauce
      1      Pack. Wantan-Hüllen
```

```
   2      Essl. Sesamöl
                Pflanzenöl

============================ QUELLE ============================
         Das Geek-Kochbuch, von
         Mela Eckenfels u. Petra Hildebrandt
                   -- Erfasst *RK* 31.07.2006 von
                   -- Petra Hildebrandt

Zutaten für den Dip verrühren, kalt stellen.

Zutaten von Rinderhack bis Sojasauce zu einer homogenen Masse
verkneten. Mehrere Wantan-Hüllen auf die Arbeitsfläche legen, Ränder
mit Wasser befeuchten. Je 1 TL Füllung darauf geben, Hülle diagonal
überschlagen und die Kanten zusammendrücken. So verfahren, bis die
Masse aufgebraucht ist [passt genau zu einer Packung mit dicken
Wantanblättern (250g)].

Ofen auf 100°C vorwärmen. Öl mit 1/2 TL Sesamöl in einer großen
Pfanne erwärmen. Die Wantans darin portionsweise braun und knusprig
braten, nach Bedarf mehr Öl zugeben, zubereitete Wantans im Ofen
warmhalten, bis alle fertiggestellt sind. Mit dem Dip servieren.
=====
```

14.4 Mitternachtssuppe mal anders

Problem

Ihr möchtet neben dem ganzen Knabberkram und den Salaten noch etwas Warmes anbieten. Aber Eure Gäste trudeln zu den unterschiedlichsten Zeiten ein und es wäre nicht schlecht, wenn es auch als nächtlicher Imbiss zu vorgerückter Stunde taugen würde.

Lösung

Natürlich: eine Suppe! Auf Parties weit verbreitet sind Mitternachtssuppen, meist eher sauer bis scharf gelagerte Varianten von Gulasch- oder Bihunsuppen oder Soljanka.

Diskussion

Passend zur Margarita haben wir eine andere Idee für Euch im Angebot, die sich auch vegetarierfreundlich abwandeln lässt, gut sättigt und bei uns schon diverse Parties mit Bravour bestritten hat.

```
========== REZKONV-Rezept - RezkonvSuite v1.2

     Titel: Möhrensuppe Mexikanisch
Kategorien: Suppen
     Menge: 4 Portionen
```

```
       1      Essl. Olivenöl
       2            Zwiebeln, gehackt
       3            Selleriestangen, in Scheiben
       5      groß. Möhren, geschält, in Scheiben
       5            Jalapeno-Chilis, halbiert, entkernt,
                    -- oder andere scharfe, grüne Chilis
       4      groß. Knoblauchzehen, gepresst
     1/2      Tasse Ungekochter Reis
     1/8       Teel. Piment, gemahlen
     1/8       Teel. Zimt, gemahlen
   7 1/2     Tassen Hühnerbrühe oder Gemüsebrühe
     1/2      Tasse Schlagsahne
       1      Tasse Geriebener Cheddar, oder mittelalter Gouda
                    Frühlingszwiebeln, in Ringen

============================ QUELLE ============================
         Das Geek-Kochbuch, von
         Mela Eckenfels u. Petra Hildebrandt
                    -- Erfasst *RK* 15.06.2006 von
                    -- Petra Hildebrandt

Öl in einem großen Topf erhitzen. Zwiebeln darin fünf Minuten andünsten.
Sellerie, Möhren, Chilis und Knoblauch zugeben und dünsten, bis die
Möhren weich werden (ca. 15 Minuten). Reis, Piment und Zimt zugeben
und zwei Minuten mit anschwitzen. 1 Liter Hühnerbrühe dazugießen
zum Kochen bringen. Herd zurückschalten und köcheln lassen, bis das
Gemüse sehr weich ist (30 Minuten), dabei regelmäßig umrühren.

Leicht abkühlen lassen. Suppe portionsweise in einem Mixer pürieren
(oder im Topf mit Pürierstab). Wieder in den Topf geben, restliche
Hühnerbrühe und die Sahne dazugießen. Zum Kochen bringen, mit Salz
und Pfeffer abschmecken.

Suppe in Suppentassen schöpfen. Portionen nach Wunsch mit geriebenem
Käse und Frühlingszwiebelringen garnieren.

(Die Suppe kann bis zu drei Tage im Voraus zubereitet werden. Einfach
abdecken und kaltstellen. Vor dem Servieren erneut zum Köcheln bringen).

=====
```

14.5 Besser dippen

Problem

Die Rollenspieltruppe hat sich angesagt, und gefragt ist vor allem Fingerfood, das man nebenher essen kann. Trotzdem wollt Ihr natürlich etwas Besonderes anbieten.

Lösung

Ein kreativer, schmackhafter Dip muss her, der sich mit einer Tüte Tacochips oder einem Fladenbrot fast wie von selbst in eine leckere Mahlzeit verwandelt und an Geschirr, das Platz auf dem Spieletisch verschlingt, maximal Servietten zum Fingerabwischen benötigt.

Diskussion

Ein wenig Arbeit ist schon damit verbunden, diesen orientalisch angehauchten Gemüsedip zuzubereiten, dafür lässt er sich aber bestens vorbereiten. Und nicht nur beim Spieleabend ist dieser Dip ein Hit!

```
========== REZKONV-Rezept - RezkonvSuite v1.2

     Titel: Paprika-Auberginen-Walnuss-Kaviar
Kategorien: Gemüse, Paprika, Orient, Walnüsse, Vegetarisch
     Menge: 2 Tassen

      1          Aubergine, geschält, in kleinen Würfeln
      2          rote Paprikaschoten, geputzt, gewürfelt
      2          grüne Paprikaschoten, geputzt, gewürfelt
      1    groß. Zwiebel, gehackt
      4          Knoblauchzehen, gepresst
    1/2    Teel. Chilipulver oder -flocken
    1/4   Tasse  Olivenöl
    1/2    Teel. Salz
    1/4    Teel. Paprika, edelsüß
      2    Essl. Dillgrün, fein geschnitten
    1/2   Tasse  Walnusskerne, geröstet
      2    Essl. Olivenöl

============================ QUELLE ============================
         Das Geek-Kochbuch, von
         Mela Eckenfels u. Petra Hildebrandt
                   -- Erfasst *RK* 22.10.2006 von
                   -- Petra Hildebrandt

In einem großen Topf Aubergine, Paprikawürfel, Zwiebel, Knoblauch,
Chili und Olivenöl vermengen. Ohne Deckel bei niedriger bis
mittlerer Hitze 40-45 Minuten garen, dabei von Zeit zu Zeit umrühren.
Die Mischung sollte weich und dunkel sein.

Salz, Paprika und Dill untermischen. Unter Rühren weitere 5-10
Minuten kochen.

Das gekochte Gemüse und die Walnusskerne in der Küchenmaschine zu einem
groben Püree verarbeiten, dabei nach und nach die restlichen 2 EL Olivenöl
zugeben.

Abkühlen lassen, mit Salz abschmecken. Mit Crackern oder frisch
aufgebackenem Fladenbrot servieren.

=====
```

14.6 Kleine Spießchen

Problem

Die Party findet vor allem im Stehen statt und Ihr braucht ein Gericht, das sich möglichst aus der Hand essen lässt, aber dennoch etwas mehr sättigt als ein Beutel Salzstangen.

Lösung

Käsespießchen kennt jeder: Käsewürfel, Obststücke, Cocktailwürstchen, Silberzwiebeln, fertig ist der Snack. Aber auch anspruchsvolleres und vor allem leckereres Essen kann man auf kleinen Spießen servieren.

Diskussion

Für eine Party eignen sich vor allem Spieße, die gut in der Hand liegen und die man nicht abwaschen muss, sondern einfach wegwerfen kann. Bei uns haben sich da knapp 15 cm lange, also mittelgroße Bambusspieße aus dem Asialaden bewährt. Aber auch Zahnstocher leisten hier notfalls gute Dienste.

```
========== REZKONV-Rezept - RezkonvSuite v1.2

     Titel: Party-Spieße mit Huhn
Kategorien: Snacks, Huhn, Party
     Menge: 1 Rezept

      4           Hähnchenbrustfilets

=========================== MARINADE ===========================
      1           Limette, Saft
      1     Essl. Honig, flüssig
      2           Scharfe grüne Chilis
      1  Handvoll Koriandergrün, fein gehackt
      1     Teel. Salz
    1/2     Teel. Pfeffer
      1     Essl. Öl

============================== DIP ==============================
      1           Avocado
      3           Lauchzwiebeln
      1     Essl. Weinessig
      1     Essl. Olivenöl
    125        ml Saure Sahne oder Schmand
                  Salz
                  Pfeffer

============================== UND ==============================
                  Kleine Bambusspieße
```

```
============================ QUELLE ============================
         Das Geek-Kochbuch, von
         Mela Eckenfels u. Petra Hildebrandt
                    -- Erfasst *RK* 01.12.2006 von
                    -- Petra Hildebrandt

Vorbereitung (bis zu einem Tag im Voraus):

Das Hühnerfleisch in mundgerechte Stücke schneiden, Achtung, nicht zu
klein.

Chilischoten und Koriander fein hacken, dann den Saft der Limette
dazupressen. Übrige Marinadezutaten einrühren. Fleisch in der
Marinade wenden, abdecken, kaltstellen.

Am Tag der Party:

Für den Dip die Zutaten in die Küchenmaschine oder den Mixer geben
und pürieren. Mit Salz und Pfeffer abschmecken. Mindestens eine
halbe Stunde durchziehen lassen (kann aber auch mehrere Stunden im Voraus
gemacht werden).

Bambusspieße in kaltem Wasser einweichen.

1-3 Hühnerstücke auf jeden Spieß ziehen. Auf dem Grill, in der
Grillpfanne oder notfalls einer normalen Pfanne rundum braun braten.

Warm mit dem Dip servieren.

=====
```

14.7 Cookies zum Kaffee

Problem

»Nur auf einen Kaffee« haben sich Gäste angesagt, doch was dazu reichen? Torte wäre der Overkill, die Großpackung Teegebäck aus dem Supermarkt kann seit dem letzten Konferenz-Marathon im Projekt keiner mehr sehen.

Lösung

Wer Kaffee liebt, mag meist auch Cookies. Und als kulinarische Geeks bietet Ihr nicht irgendwelche Cookies an, sondern natürlich ganz besondere.

Diskussion

Unsere *Chocolate Chip Cookies* mag garantiert jedes Süßmaul, sind sie doch großzügig mit köstlichem Ahornsirup aromatisiert.

```
========== REZKONV-Rezept - RezkonvSuite v1.2

     Titel: Absolut Fantastische Ahornsirup-Cookies
Kategorien: Backen, Kekse
     Menge: 20 Stück

    125         g  Butter
    125         g  Brauner Zucker
     75        ml  Ahornsirup
      1            Ei
    250         g  Mehl
    1/2      Teel. Backpulver
      1   Tütchen  Bourbon-Vanillezucker
     75         g  Dunkle Kuvertüre, fein gehackt

============================ QUELLE ============================
        Das Geek-Kochbuch, von
        Mela Eckenfels u. Petra Hildebrandt
                  -- Erfasst *RK* 15.06.2006 von
                  -- Petra Hildebrandt

Butter mit Zucker und Ahornsirup cremig rühren. Ei, Mehl,
Vanillezucker und Backpulver untermischen. Gehackte Kuvertüre
einarbeiten. Teig im Kühlschrank etwas fester werden lassen.

Teig in 16-20 Portionen aufteilen. Jede Portion zu einer Kugel
rollen und dann mit den Handflächen zu einem runden Keks
plattdrücken. Auf ein mit Backpapier ausgelegtes Backblech legen, dabei
Platz lassen, die Kekse zerlaufen etwas.

Bei 180°C ca. 15-20 Minuten backen.

=====
```

14.8 Erdbeerlimes

Problem

Erdbeerlimes! Lecker und Eure Gäste reißen sich drum! Aber was ist da überhaupt drin? Und was macht man, wenn die Flasche leer ist?

Lösung

Selbst machen natürlich. So habt Ihr die volle Kontrolle über den Inhalt, könnt den Geschmack nach Eurem Wunsch feintunen, und solange Ihr noch ein paar Zutaten im Kühlschrank und Eisfach habt, ist auch für Nachschub an der Drink-Front gesorgt.

Diskussion

Das folgende Rezept dient zur Orientierung. Der Wodka kann natürlich auch durch hellen Rum (tut Euch den Gefallen, keinen Billigfusel zu nehmen, wir bevorzugen zum Beispiel *Havana Club*) oder Cachaca (*51* ist die Sorte unserer Wahl) ersetzt werden.

- 500 g Erdbeeren, tiefgekühlt
- 500 ml Wodka
- 300 ml Zitronensaft, frisch gepresst
- 160 ml Rose's Lime Syrup
- 150 ml Erdbeersirup (Barsirup, z.B. von Riemerschmidt)
- 1 Standmixer

Gebt die Erdbeeren tiefgekühlt in den Mixer (am besten erst mal eine Hälfte), beginnt, sie zu zerkleinern und gebt dann nach und nach die anderen Zutaten dazu, einschließlich so vieler Erdbeeren, dass alles eine homogene Masse ergibt. Mit dem Erdbeer- und Limettensirup könnt Ihr die Süße und die Intensität des Geschmacks steuern, deswegen nach und nach immer mal wieder verkosten (*hicks*), bis Ihr für Euren Geschmack die richtige Mischung herausgefunden habt.

Wer keinen Erdbeersirup bekommt, kann es übrigens auch mit ein paar Esslöffeln guter Erdbeerkonfitüre versuchen.

14.9 Energieplasma

Problem

Für die Party muss etwas richtig Geekiges her, das nicht nur lecker ist, sondern auch noch eine tolle Dekoration abgibt. Nicht nur eine Pyramide Jolt-Cola, sondern etwas Besseres. Und der Kuchen mit Zuckerguss im Platinen-Design ist doch noch etwas zu kompliziert.

Lösung

Energieplasma: In einem schönen Gefäß und richtig in Szene gesetzt, erinnert es an Raumschiffe und ferne Welten.

Diskussion

Wir stellen zwei Varianten vor.

Energieplasma mit Alkohol

Zutaten:

- ca. 400 ml Blue Curaçao
- gemahlene Gelatine für 2,5 l (normalerweise 5 Päckchen)
- 1 Tasse Zucker
- kaltes Wasser

Außerdem benötigt:

- eine ungewöhnlich geformte Vase oder eine andere ansprechende Form mit ca. 2,5 l Volumen

Die Gelatine mit etwas kaltem Wasser mindestens zehn Minuten lang quellen lassen. Zucker und Blue Curaçao unterrühren und mit dem Wasser bis auf ca. 2,5 l aufgießen. In eine absolut saubere Form geben die entsprechend dekorativ auf dem Tisch wirkt.

Mehrere Stunden kalt stellen und nach dem Aufbau auf dem Buffet am besten vom hinten beleuchten.

Vegetarisches Energieplasma ohne Alkohol

Zutaten:

- 4 Beutel Agartine (ein rein pflanzliches Geliermittel)
- ca. 300 ml Holunderblütensirup
- heißes Wasser
- blaue Lebensmittelfarbe (Pulver)

Außerdem benötigt:

- Eine ungewöhnlich geformte Vase oder eine andere ansprechende Form mit ca. 2 l Volumen

Die Agartine zwei Minuten mit etwas Wasser aufkochen, in die Schüssel geben. Sirup unter beständigem Rühren hinzufügen, mit dem heißen Wasser bis auf 2 l aufgießen. Vorsichtig die blaue Lebensmittelfarbe bis zum gewünschten Farbton unterrühren. In eine absolut saubere Form gießen, die entsprechend dekorativ auf dem Tisch wirkt.

Mehrere Stunden kalt stellen.

Vorsicht beim Dosieren der Lebensmittelfarbe: Nicht zu viel auf einmal hinzugeben, sonst schießt Ihr direkt am gewünschten Farbton vorbei.

KAPITEL 15

Getränke und Deko

Zu einem Buch über das Kochen und Essen gehören natürlich auch die richtigen Getränke. Ein paar haben wir Euch schon in Kapitel 14 kredenzt, aber hierzu gibt es noch andere drängende Fragen zu klären.

15.1 Welches Getränk passt zu welchem Essen?

Problem

Ihr habt Euch ein tolles Menü ausgedacht und plötzlich steht Ihr vor der Frage, was Ihr zu trinken anbietest. Cola? Wasser? Wein? Bier? Was passt überhaupt?

Lösung

Zur LAN-Party oder zur Pizza mit Freunden darf gern die 1,5-Liter-Flasche Softdrink den Tisch zieren, aber ansonsten gilt: *nein*, Cola ist kein passendes Getränk zu einem Menü – es sei denn, es stehen amerikanische Spare Ribs und Burger auf der Karte, und selbst dann wäre ein Bier oder auch ein amerikanischer Wein nicht die schlechteste Idee.

Wasser, Wein und Bier sind zu den meisten Menüs die naheliegenden Getränke.

Diskussion

Auf keinen Fall sollte Wasser fehlen, im Idealfall mit und ohne Kohlensäure. Wer einen Sodasprudler besitzt, kann darauf zurückgreifen, sofern genug gespülte Flaschen dafür vorhanden sind (vielleicht eine Glasflasche nur für solche Zwecke anschaffen). Bei vielen Gästen lohnt es sich aber, eine Kiste Wasser bereitzustellen.

Sofern alkoholische Getränke für das Essen in Frage kommen (es gibt ja auch Gäste, die keinen Alkohol trinken möchten oder dürfen), steht Ihr vor der Bier-oder-Wein-Frage.

Bier passt zu den meisten deftigen deutschen Gerichten, zu Gegrilltem und zu mexikanischer Küche. Zu allem anderen ist Wein die mit Sicherheit treffsicherere Wahl. Hinzu kommt, nicht jeder Gast mag Bier (oder Cola oder Wein). Am besten bietet Ihr mehrere Alternativen an.

Rotwein zu Fisch, geht das? Vieles geht, aber es gibt auch absolute No-Nos. Hier drei grundlegende Regeln:

Regel Nummer eins: Serviert Euren Gästen nur Wein, den Ihr selbst probiert habt und der Euch schmeckt.

So teuer die Flasche *Chateau de Irgendwas* im Keller auch gewesen sein mag, die der letzte Projektleiter hat springen lassen, sie könnte sich als ungenießbare Brühe erweisen. Vorkosten!

Regel Nummer zwei: Finger weg von Discounterwein.

Ja, das Zeug für zwei Euro die Flasche kann man trinken. Aber Ihr macht Euren Gästen ja auch keine Dose Ravioli auf, sondern kocht selbst, und das sollte sich auch in der Weinauswahl widerspiegeln.

Regel Nummer drei: Wenn Ihr Euch unsicher seid, lasst Euch beraten.

Im Weinfachhandel – nicht im Supermarkt – gibt es Verkäufer, zu denen man hingehen kann, sagen kann, dass man einen Wein zu Perlhuhnbrust mit Honig und grünem Pfeffer braucht, und man verlässt mit einem bezahlbaren und passenden Wein den Laden. Ehrlich. Wir haben es mehr als einmal ausprobiert.

Und was passt nun wozu? Mit wenigen Ausnahmen, wie hellen, leichten Fischgerichten (beispielsweise Seezungenfilet in Buttersauce) schmeckt sowohl Rot- als auch Weißwein zu dem, was Ihr kochen wollt. Wenn Ihr einen *Coq au Vin*, also ein Huhn in Rotwein köchelt, passt dazu natürlich besser ein Rotwein, zum gleichen Gericht mit Riesling dann doch eher ein Weißwein. Aber wenn Euer Gast Rotwein nicht verträgt, wird die Tomaten-Auberginen-Lasagne nicht darunter leiden, wenn Ihr einen kräftigen Weißwein statt des geplanten roten Chianti anbietet.

Wichtiger als die Farbe ist, dass der Wein Euch schmeckt und nicht zu süß ist, um das Essen nicht zu erschlagen, und dass der Wein sich an der Würzung des Essens orientiert. Ein scharfes Chili oder ein aromatisches Thaicurry brauchen einen anderen Begleiter als ein in Weißwein pochierter Lachs oder die Tagliolini mit Zitronenrahmsauce (siehe auch Regel Nummer drei).

Siehe auch

Zu den meisten Getränken, ob Bier, Wein, Sake, Whisky, Tee oder Kaffee, gibt es viele Bücher und Websites. Gerade bei Wein hilft eigentlich nur: Probieren, was Euch schmeckt, im Restaurant auch mal Wein bestellen, sich etwas empfehlen oder schenken lassen, zu Weinproben gehen. Trotzdem kann man sein Wissen aktiv erweitern und dabei sogar Spaß haben. Als Einsteigerbücher für das Thema Wein können wir Euch zwei empfehlen:

- *Wine – just a drink*, von Matt Skinner. Matt Skinner ist ein Kumpel von Jamie Oliver und sehr flippig und gelassen drauf. In diesem Buch geht es darum, locker Spaß an Wein zu haben – für absolute Anfänger. Von Gräfe & Unzer, ISBN 3774273952.
- *Wine Basics*, von Reinhardt Hess. Eine gut gemachte Warenkunde für den fortgeschrittenen Einsteiger, mit Farbkarten und Schnupperkurs, Einkaufstipps und sehr unverkrampft vermittelten Kenntnissen für alle Fälle. Von Gräfe & Unzer, ISBN 3774249369.
- Für die Sushi-Fraktion: Zum Thema Sake gibt es ein erschöpfendes Buch von John Gauntner, der auch die umfangreiche Website *http://www.sake-world.com/* betreibt.

15.2 Geeks und Kaffee – eine kochende Leidenschaft

(Gastbeitrag von Torsten Olt)

Es ist nicht genau dokumentiert, wann der Geek das erste Mal auf den Kaffee traf. Doch der erste bedeutende Punkt in der Geschichte des Computerzeitalters dürfte die erste Webcam sein, die auf eine Kaffeemaschine gerichtet war. Das war 1993 an der Universität von Cambridge. Auch Internetseiten wie *coffeegeek.com* und Newsgroups wie *alt.coffee* (eine Kaffee-Geek-Ansammlung erster Güte) zeigen: Geeks und Kaffee gehören zusammen.

Seitdem ist der Kaffee neben Energy-Drinks wohl das Aufputschmittel Nr. 1 für den Geek. Der durchschnittliche Geek legt keinen großen Wert auf die Art des Kaffees, sondern auf seine Wirkung, und so genügt hier auch eine Tasse aus dem Filterautomaten oder aus dem Papp-Becher vom Fast-Food-Laden – Hauptsache Koffein! Extreme Koffein-Fans bereiten ihren Kaffee auch schon mal mit koffeiniertem Wasser zu.

Koffein

Auch 3,7-Dihydro-1,3,7-trimethylpurin-2,6-dion, 1,3,7-Trimethylxanthin, Methyltheobromin, Coffein, Thein, Teein, Guaranin oder einfach $C_8H_{10}N_4O_2$. Entdeckt wurde Koffein ca. 1820 von dem Chemiker Friedlieb Ferdinand Runge, der von Goethe den Auftrag erhielt, den Wirkstoff in Kaffeebohnen zu erforschen. In einer Tasse Kaffee sind je nach Sorte und Zubereitungsart 40-100 mg Koffein enthalten. Hauptsächlich wirkt sich Koffein anregend auf das Zentrale Nervensystem aus. Dadurch kann es die Konzentration erhöhen und gegen Müdigkeit wirken.

Den kulinarischen Geeks allerdings sollte das koffeinhaltige Getränk auch schmecken – also unterscheiden sie nach Zubereitungsarten und Sorten.

Kaffee: Hard- und Software

Kommen wir zum Ausgangsprodukt des perfekten Kaffees: der Kaffeebohne. *Bohne*! Das ist die Grundvoraussetzung. Gemahlener Kaffee kommt einem echten Kaffeegeek nicht ins Haus, auch wenn es noch so schön bequem ist, den Kaffee direkt aus der Packung in den Filter zu schütten. Geschmacklich verliert gemahlener Kaffee in kürzerer Zeit an Aroma als eine Windows-Komplettinstallation dauert, also kauft ganze Bohnen. Aber auch diese sollten möglichst ein oder zwei Wochen nach Röstung verbraucht werden. Geht das nicht, lassen sie sich immer noch in einer luftdichten Dose aromaschonend unterbringen.

Bohnen sind jedoch nicht gleich Bohnen. Wer geschmacklich etwas Besonderes erleben möchte, der greift zu »Hawaiian Kona« oder »Kenia AA« bzw. »Kenia AA+«. Auch ein »Maragogype« aus Mexiko ist eine gute Wahl, allerdings ist er durch seine meist helle Röstung und sein nussiges Aroma nicht für Espresso geeignet. Auf jeden Fall sollten es Bohnen der Sorte »Arabica« sein. Sie sind daran zu erkennen, dass sie größer sind als die etwas schlechtere Sorte »Robusta«, die vor allem in für »Arabica« ungünstig gelegenen Anbaugebieten auf hohen Ertrag getrimmt wird.

Gut, wir haben es also geschafft. Die Bohnen liegen zu Hause. Wie geht es weiter? Ihr braucht Hardware! Die Bohnen wollen vor Benutzung natürlich gemahlen werden. Kaffeemühlen unterscheiden sich vor allem durch ihr Mahlwerk. Es gibt Propellermühlen, Scheiben- und Kegelmahlwerke. Propellermühlen erkennt man an den zwei sich drehenden Messern, die eben einem Propeller ähneln. Lasst sie im Regal stehen. Zum einen werden die Bohnen ungleichmäßig gemahlen und zum anderen entsteht bei dieser Behandlung sehr schnell Wärme, was dem Aroma schadet. Kegelmahlwerke sind am besten geeignet, sind sie doch am schonendsten und gleichmäßigsten. Als weiteren Vorteil lässt sich bei ihnen der Mahlgrad einstellen, von ganz fein bis ganz grob. Für Kenner seien hier die »Gaggia MDF« oder die »Rocky« von Rancilio erwähnt. Für den Einsteiger tut es aber auch ein günstiges Scheibenmahlwerk, vorausgesetzt, man kann einigermaßen stufenlos einstellen, wie der Kaffee gemahlen werden soll.

Damit haben wir auch schon das passende Stichwort: der Mahlgrad. Vor dem Mahlen solltet Ihr wissen, was Ihr mit dem Kaffee machen wollt. Soll es ein Espresso werden, müssen die Bohnen sehr fein gemahlen werden. Wie fein, lässt sich nicht genau sagen, das ist abhängig von Mühle, Röstung, Bohne und Zubereitung. Der genaue Mahlgrad muss dabei durch Probieren herausgefunden werden (mehr dazu bei der Zubereitung). Für die gute alte Pressstempelkanne, auch Bodum-Kanne, Cafetière oder »French Press« genannt, reicht ein recht grober Mahlgrad. Stellt Euch dazu einfach normalen Sand vor. Ungefähr so. Für die Filtermaschine ist etwas feiner geeignet.

Zubereitungsarten gibt es verschiedene: Espresso, Cappuccino, Latte Macchiato. Alles benötigt als Grundstoff einen Espresso. Einen guten Espresso zeichnet seine Schaumschicht, die Crema, aus. Diese sollte gleichmäßig dick, ca. 5 mm, und karamellfarben sein. Am besten eignet sich zur Zubereitung natürlich die Espressomaschine, aber auch ein Espressokännchen, das auf den Herd gestellt wird, liefert gute Ergebnisse. Einen Vollautomaten, der alles von alleine macht, ignorieren wir einfach mal. Die meisten Geeks haben so etwas schon in Aktion gesehen, ob an der Autobahnraststätte oder im Büro, und die meisten wissen, es kommt nur sehr mäßiger Kaffee dabei raus. Wir selbst haben eine Siebträgermaschine, von dieser gehen wir jetzt aus.

Kaffee aus der Espressomaschine

Einen idealen Espresso bekommt Ihr nur, wenn alle Faktoren stimmen, also die Zubereitungskette ohne Bugs ist. Der Kaffee sollte frisch gemahlen sein. Pro Portion benötigt Ihr sieben Gramm. Diese werden in den Siebträger gefüllt. Mit einem sogenannten »Tamper« wird das Kaffeemehl im Siebträger dann festgedrückt. Nicht zu fest, nicht zu locker. Habt Ihr den richtigen Mahlgrad erwischt und in der richtigen Stärke gepresst, läuft der Espresso in ca. 25 Sekunden aus der Maschine und füllt Euer Espressotässchen in genau der richtigen Menge. Klappt das nicht, kommen wir zum Troubleshooting:

Problem: Der Espresso läuft zu schnell aus der Maschine. Dann ist Euer Kaffeemehl zu grob, also es muss feiner gemahlen werden, oder Ihr habt nicht fest genug gepresst. Meistens entsteht dann auch keine Crema oder sie ist sehr hell und dünn. Läuft der Espresso zu langsam aus der Maschine oder tröpfelt es nur, ist genau das Gegenteil der Fall: Ihr habt zu fein gemahlen oder zu fest gedrückt. Dieser Kaffeeextrakt schmeckt dann meist auch nur widerlich bitter und sollt eine Crema vorhanden sein, sieht sie verbrannt, d.h. zu dunkel aus.

Habt Ihr einen guten Espresso, ist alles Weitere nicht schwer. Er lässt sich pur genießen, meist mit ein bis zwei Löffeln Zucker. Ein doppelter Espresso mit der gleichen Menge geschäumter Milch in einer breiten Tasse ergibt einen Cappuccino. Einen Latte Macchiato macht Ihr, indem Ihr ein hohes Glas nehmt und dieses zu ungefähr einem Drittel mit warmer Milch füllt. Darauf wird dann vorsichtig der Espresso gegossen. Wenn Ihr gut übt oder einen Löffel zur Hilfe über die Milch haltet, schafft Ihr es, dass sich die beiden Flüssigkeiten nicht vermischen, wie beim Profi eben. Obendrauf, also als letztes Drittel, kommt dann noch Milchschaum.

Die Pressstempelkanne oder Cafetière

Die zweite wichtige Zubereitungsart ist die Pressstempelkanne. Pro Tasse nehmt Ihr ungefähr einen gut gehäuften Teelöffel grobes Kaffeemehl. Darauf kommt dann heißes, aber nicht mehr kochendes Wasser, gerade so viel, dass das Kaffeemehl bedeckt ist. Das muss kurz durchziehen, und dann kann weiter Wasser aufgegossen werden. Dann das Sieb einsetzen und nach drei bis vier Minuten herunterdrücken. Dabei wird das Kaffeemehl wieder vom Wasser getrennt und fertig ist eine Tasse aromatischen Kaffees.

Bücher für Kaffeegeeks und solche, die es werden wollen

Zu guter Letzt möchten wir Euch noch zwei Bücher zur weiteren Lektüre empfehlen.

Zum einen das für uns endgültige Kompendium:

Kaffee – Das Handbuch für Genießer, von Jon Thorn, ISBN 3-8228-7124-9. Es enthält wirklich alles Wissenswerte über die Geschichte, den Anbau, die Ernte, das Rösten, Mahlen und Zubereiten von Kaffee. Dazu kommt noch am Ende eine Auflistung aller Anbaugebiete mit den dort angebauten Kaffeesorten und Bewertungen.

Zum anderen:

Ein teuflisches Zeug. Auf abenteuerlicher Reise durch die Geschichte des Kaffees, von Stewart Lee Allen, ISBN 3-5933-7290-8, das anscheinend leider nicht mehr neu zu erhalten ist. In lockerer Weise beschreibt Allen in diesem Buch seine Reise auf den Spuren der Kaffeegeschichte.

Wer übrigens nach der Lektüre von *alt.coffee* vollends infiziert ist und beschlossen hat, als Nächstes seine Espressomaschine zu pimpen, wird über kurz oder lang auch auf die Idee kommen, seinen Kaffee selbst rösten zu wollen. Eine kongeniale Bauanleitung für einen kleinen Heimkaffeeröster findet der lötende Geek in *Make:08* (O'Reilly).

15.3 Erfrischendes aus der eigenen Küche

Problem

Ihr trinkt wahnsinnig gern Eistee, aber der fertige ist viel zu süß, überaromatisiert und bedeutet außerdem eine irrsinnige Schlepperei. Oder Ihr möchtet Eure sommerliche Grillfete noch mit einem besonderen Getränk aus eigener Herstellung krönen, das keinen Alkohol enthält.

Lösung

Eistee in verschiedenen Varianten kann man hervorragend selbst herstellen, und selbst Limonaden sind auch ohne die fertigen Sirups für den Sodasprudler durchaus machbar und schmecken erfrischend anders.

Diskussion

Sehen wir uns verschiedene Möglichkeiten an.

Eistee, klassische Variante

Tee(beutel) für 1 Liter schwarzen Englischen Tee mit 1 Liter kochendem Wasser übergießen, vier Minuten ziehen lassen. Dazu kommen 4 Würfel Rohrzucker sowie 1 in Scheiben geschnittene Bio-Zitrone. Über Nacht in den Kühlschrank stellen.

Eistee D-O

D-O steht für »Darjeeling-Orange«. Statt englischer Teemischung kommt hier Darjeeling-Tee zum Einsatz – bitte nur 2-3 Minuten ziehen lassen, 2 Stück Zucker hineingeben, und etwa 100 ml Orangensaft (aus Flasche oder Packung). Im Kühlschrank kalt werden lassen oder auf Eiswürfel gießen.

Grüner Eistee

Grüntee-Eistee macht man am besten frisch, was bedeutet, grünen Tee (pur oder auch aromatisiert, ganz nach Geschmack) nach Packungsanweisung zuzubereiten und dann in ein mit Eiswürfeln oder gecrushtem Eis gefülltes Glas zu gießen. Größere Mengen Grüntee-Eistee dienen bei Petra im Sommer als kalorienarmer Durstlöscher. Hierfür bevorzugt sie einen mit Zitrusfrüchten aromatisierten Tee, der ein wenig stärker als gewöhnlich gebraut wird und einfach kalt werden darf. In einem handelsüblichen Kühlschrankkrug wandert er dann in denselbigen bis zum Gebrauch. Er ist auch gut als Füllung der Sigg- oder Radtrinkflasche an warmen Tagen geeignet.

Sehr erfrischend ist auch eine Mischung aus (nicht aromatisiertem) Grüntee und Pfefferminztee, ganz leicht gesüßt.

Eiswürfel sind besonders im Sommer ein knappes Gut. Wer einen Tiefkühlschrank besitzt, kann sich hier behelfen. Petra macht eine der drei Schubladen ihrer Kühl-Gefrierkombination zum Eiswürfelfach, das stets und ständig mit Würfeln aus den regelmäßig neu befüllten Eiswürfelförmchen aufgefüllt wird, alternativ tut es auch ein großer Plastikbeutel in einem der Fächer. So ist schnell ein Glas mit Eiswürfeln aufgefüllt, ohne gleich den Notstand ausbrechen zu lassen, regelmäßiges morgendliches und abendliches Umfüllen vorausgesetzt.

Früchte-Eistee

Früchtetees gibt es – wie alle Tees – in Beuteln und als lose Ware, in guter und weniger guter Qualität. Und hier stellt man sehr schnell fest, nicht alles, was heiß schmeckt, ist auch kalt ein Renner. Es gibt extra Eistee-Mischungen in Teeläden, ansonsten raten wir bei Eistee eher zu fruchtigen Aromen als unbedingt zu Karamell-Sahne-Geschmack und Co.

Früchte-Eistees kann man auf zwei Arten machen: die übliche, also den Tee heiß zubereiten und dann abkühlen lassen (und ggf. süßen und mit Zitronensaft versetzen) oder den Kaltansatz. Für den Kaltansatz eignen sich Beuteltees, und hier besonders gut welche ohne

Klammern und bedruckte Papierschnipsel (wie z. B. die von Celestial Seasonings). Aber auch mit Discounter-Früchtetee haben wir den Eistee so schon hergestellt. Ihr füllt einfach 3-4 Beutel in einen Krug, gießt kaltes Wasser darauf und stellt alles kalt. Nach 8-10 Stunden (über Nacht) habt Ihr einen kräftigen, frischen und wahrscheinlich ein wenig herbbitteren Eistee.

Wer auf die Tea-and-Fruit-Mischung eines großen Getränkeherstellers steht, kann es ja mal mit selbst mixen versuchen, mit viel selbst gemachtem Tee und ein wenig Fruchtsaft aus der Flasche.

Ginger Ale – Ingwerbier

Wer schon mal das traditionelle Waliser Ginger Ale mit dem Namen »Idris« getrunken hat oder sehr gerne Ingwer mag, der wird das niesreizverursachende Limonadengetränk eines bekannten Herstellers eher links liegen lassen – und unser Ginger Ale mögen.

Dafür braucht Ihr zwei kühlschranktaugliche Gefäße (Krüge o.Ä.), einen für den Ansatz, einen zum Durchseihen.

Zutaten:

- 1 großes Stück frischer Ingwer (hat der asiaphile Geek sowieso im Haus)
- 1 Liter Wasser
- 5 Gewürznelken
- 1 Stück Zimtstange
- ein paar Tropfen Vanille-Essenz, wenn vorhanden
- 100 g Zucker

Den Ingwer reibt Ihr so fein, wie es geht (wer eine Microplane-Reibe sein Eigen nennt, ist hier klar im Vorteil) und gebt ihn mit allen anderen Zutaten in einen Krug. Gut durchrühren, bis sich der Zucker auflöst. Verschließen und in den Kühlschrank stellen. Am nächsten Tag durch ein Sieb in den sauberen Krug gießen.

Zwei Teile der Flüssigkeit werden mit einem Teil kohlensäurehaltigem Mineralwasser aufgegossen und dazu kommt ein Spritzer Zitronensaft. Cheers!

15.4 Das Auge isst mit – die Dekoration

Problem

Zu einem wirklich erfolgreichen Dinner, egal ob festlich oder intim, gehört unter anderem eine ansehnliche Dekoration. Diese erschöpft sich im Allgemeinen nicht in Serviettenorigami, sondern bezieht auch das Anrichten der Speisen ein. Nun kann Mann oder Frau sich zwar an asiatischen Food Carving-Künstlern orientieren, die mit einem Riesenmesser und einer Karotte mal eben so aus dem Handgelenk ein Schlachtschiff oder wahlweise einen Sternenzerstörer schnitzen (und aus einer Melone die Miniaturversion von London), aber da die meisten Geeks – wie wir übrigens auch – Bewegungslegastheniker sind, gerät alleine der Versuch zum Küchenblutbad.

Lösung

Um nicht in der Notaufnahme zu landen, müssen für den Geekhaushalt andere Strategien her – einmal mehr ein Küchenhack, in dem wir Hilfsmittel verwenden, die normalerweise für andere Zwecke gedacht sind. In diesem Fall Plätzchenausstecher (Cookie Cutter) und Motivlocher oder -stanzen.

Diskussion

Wer glaubt, Plätzchenausstecher gäbe es nur in den Weihnachtsmotiven Sternchen und Nikolausstiefel, der irrt. Ebenso alle, die glauben, Motivlocher seien wirklich nur dazu gut, Grußkarten zu dekorieren und müssten zwischen den großen Feiertagen im Schrank verstauben. (Persönlich wäre ich nie darauf gekommen, das man die Dinger überhaupt für Grußkarten brauchen kann. Bei meinem ersten Einkauf stand ich fasziniert vor der Wand voller Motivlocher und überlegte ob Bentos dekorieren vielleicht doch kein so seltenes Hobby ist, wie ich glaubte. – Mela)

Aber der Reihe nach:

Plätzchenausstecher gibt es einmal in den klassischen Weihnachts- und Ostermotiven. Langweilig. Wer aber ein wenig herumsucht, findet wahre Schätze. Gesichtet wurde beinahe jedes Motiv, das man aus Metall oder Plastik formen kann, sogar die Umrisse einer Galaxy-Klasse.

Abbildung 15-1: Cookie Cutter in Form der Enterprise (NCC 1701) – Constitution Class

Solche Kleinode findet man in gut sortierten Haushaltswarengeschäften, besonders aber online (siehe unten). Und es muss nicht zwingend Keksteig sein, der damit bearbeitet wird. Geeignet ist jedes Lebensmittel, das auch nach dem Zerschneiden halbwegs formstabil ist. Beispiele wären da Kartoffeln (vor dem Kochen oder Frittieren), Äpfel, Birnen, Karotten, Kohlrabi, Zucchini, Salatgurken, Rettich, Ananas, Melonen, Radieschen, Wurst- oder Käsescheiben, Fleischkäse, gekühlte Butter, Nudelteig, Marzipan, ein flach ausgegossener, sehr stabiler Wackelpudding (siehe Rezept 14.9) oder mit größeren Cuttern auch noch Brotscheiben oder belegte Sandwiches. (Man denke nur an passend geformte Sandwiches oder Obstkuchen als Mitbringsel zu einer Themenparty ...)

Welche Cookie Cutter man kauft, unterliegt ganz dem eigenen Bedarf. Wir würden allerdings von Plasticuttern ab- und zu stabileren Metallcuttern raten. Es ist gut, wenn diese oben einen verbreiterten Rand, eventuell auch aus Kunststoff, haben, dann schneidet man sich nicht so schnell in die eigene Hand, wenn man schwergängigeres Gemüse in Form bringt.

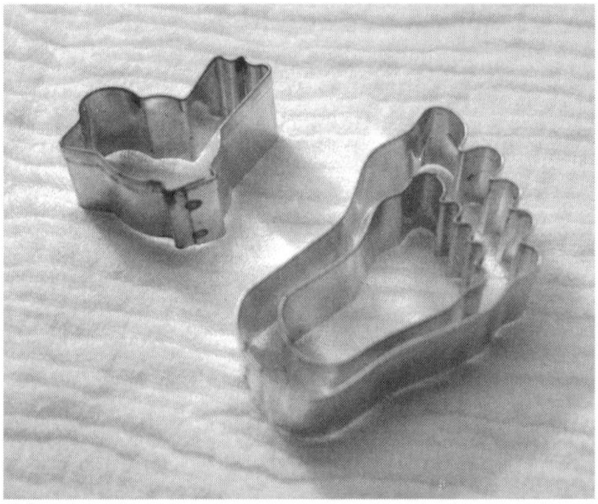

Abbildung 15-2: Verschiedene Ausstecherformen

Für beinahe jeden Zweck eignen sich Buchstaben- und Zahlenausstecher. Buchstabennudeln kann jeder kaufen, aber wer bekommt schon mal einen Buchstaben-Gemüse- oder Buchstaben-Obst-Salat geboten?

Eingeschränkter zu verwenden sind die Motivlocher. Während man mit den Cookie Cuttern das Essen selbst in Form bringen kann, bieten die Locher eher dekoratives Beiwerk. Sie sind normalerweise auf Papier oder dünne Pappe eingestellt und so kann man keine feuchten Materialien stanzen, ohne Gefahr zu laufen, den Locher auf ewig zu verkleben.

Gut verarbeiten kann man mit Motivlochern Backoblaten, farbiges Esspapier oder für dunklere Dekorationen Noriblätter. Selbst Blattgold kann man – mitsamt Trägerpapier – so verarbeiten.

Warnen möchten wir vor Garnier-Versuchen mit Spritzbeuteln oder Gebäckpressen. Für den durchschnittlichen, bewegungsgestörten Geek ist diese Methode, die schon zur hohen Schule der Dekorationskünste zählt, extrem fehleranfällig. Allen, die sich doch daran wagen wollen, sei gesagt, dass nur üben, üben und nochmals üben hilft. Auch wenn es toll aussieht, Kräuterbutter als Garnierung auf eine Anrichteplatte zu spritzen oder die Geburtstagstorte damit zu verzieren, führt erst ausgiebige Trockenübungen durch und versucht auf keinen Fall, »mal schnell« fünf Minuten vor Eintreffen der Gäste die Deko fertigzubasteln.

Abbildung 15-3: Motivlocher

Siehe auch

Food Carving:

- *http://homecooking.about.com/od/garnishing1/*
- *http://www.flickr.com/search/?q=food+carving*
- *http://asiarecipe.com/carving.html*

Cookie Cutter:

- *http://www.my seasons.de/*
- *http://www.hoekerey-schlossburg.de/*
- *http://www.tortissimo.de/*
- *http://www.back-art.ch/*
- *http://www.splatcooking.com/*

Motivlocher:

- *http://www.bastelwelt-smb.de/*

Gold zum Mitessen:

- *https://www.dbfaktshop.de/pinzer.dbfaktshop.de/*

Anhang

A.1 Vorratshaltung – man storage (8)

Sehen wir uns die Lebenserwartung und artgerechte Haltung einiger Grundnahrungsmittel im Einzelnen an. Die Liste ist alphabetisch geordnet, damit Ihr bei Bedarf auch einmal etwas nachschlagen könnt.

Allgemeines

Kauft von schnell verderblichen Waren wie Brot, Milch, Käse oder Fleisch immer nur die kleinsten Einheiten, die Ihr findet (natürlich nur für den Alltag, nicht wenn Ihr ein großes Essen für Eure Freunde plant).

Kleine Packungen sind zwar tendenziell weniger preisgünstig als größere, aber man erspart sich den Ärger, immer massenhaft Lebensmittel in die Tonne befördern zu dürfen. Seid Ihr in der glücklichen Lage, einen Tiefkühlschrank zu haben, könnt Ihr auch Teile größerer Packungen bis zum Verbrauch einfrieren. Aber nicht jedes Nahrungsmittel mag so behandelt werden.

Brot

Kauft, sofern Ihr alleine wohnt, nur halbe oder kleine Laibe. Fragt beim Bäcker nach einem Singlebrot, viele bieten so etwas unter genau diesem Namen schon an. Falls ein Tiefkühler zur Verfügung steht: Brot verliert durch Einfrieren leider etwas an Struktur, aber wenn Ihr Brot gleich in Scheiben kauft, könnt Ihr ein paar davon einfrieren und direkt aus dem Tiefkühler auftoasten. Getoastet schmeckt auch vorher eingefrorenes Brot noch lecker.

Für den Alltag hat sich bei uns die Aufbewahrung von Brot in der Bäckertüte mit einem Gefrierbeutel drumherum bewährt. Andere schwören auf Brot-Dosen aus Birkenrinde, da Birkenrinde von Natur aus Schimmel unterdrückt.

Generell hält sich Brot nur wenige Tage. Wenn Ihr also nicht jeden Tag mindestens eine Scheibe essen wollt, greift auf haltbarere Sorten wie Dosenschwarzbrot oder Knäckebrot zurück.

Mehr über Brot erfahrt Ihr im Rezept 5.1.

Brot, Unterkategorie Toast

Toast ist ein zimperlicher Gast im Geek-Haushalt. Einmal trocknet er sofort aus, selbst wenn man die Packung nur eine halbe Stunde offen stehen lässt, und dann schimmelt er auch noch so schnell, dass man ihm beinahe dabei zusehen kann. Auch hier gilt, lieber die kleinstmögliche Packung kaufen statt den billigen Maxipack. Wenn ein Tiefkühlschrank vorhanden ist, bewahrt die gesamte Packung im Tiefkühler auf und entnehmt die Zahl an Scheiben, die Ihr aktuell essen wollt und befördert sie direkt in den Toaster oder Sandwichbereiter. Beim Auftauen an der frischen Luft trocknen Euch die Scheiben sonst aus oder werden durch die Luftfeuchtigkeit, die an den kalten Scheiben kondensiert, matschig.

Butter und Margarine

Es gibt Menschen, die ihre Butter am liebsten draußen stehen lassen, damit sie immer weich ist, oder schlicht auf dem Küchentisch vergessen. Das mag sehr bequem sein, die Haltbarkeit verlängert es aber nicht, und bei warmen Temperaturen wird Butter schnell unansehnlich und kann auch ranzig werden. Am besten bewahrt man Butter im Kühlschrank auf. Wenn der Kühlschrank eine eigene Butterdose mitbringt, die ins zugehörige Fach passt, prima, wenn nicht, investiert in eine Butterschale aus Kunststoff oder noch besser aus Metall. Wer als Single Butter nur aufs Brot isst oder ab und zu damit sein Rührei brät, sollte Butter in kleinen Stücken (125 g) kaufen. Butter lässt sich auch gut einfrieren, also im Zweifel ein halbes Stück im Originalpapier verpackt ins Eisfach werfen. (Wir verwenden Butter auch zum Backen, weswegen bei uns eher extra Butter als Reserve im Eisfach liegt.)

Ein Wort zu Margarine: Es gibt keine gesundheitlichen Vorteile von Margarine gegenüber Butter, im Gegenteil. Wenn Ihr sie gern esst, tut es, aber tut es nicht, weil Euch jemand einreden will, sie sei gesünder. Auch fettarme Butter oder fettreduzierte oder cholesterinsenkende Margarine sind überteuerte *novel foods*, von denen nur der Kontostand sinkt. Da Margarine ihre eigene Verpackung mitbringt, stellt diese in den Kühlschrank. Backen solltet Ihr damit gar nicht.

Chilis, Knoblauch und Zwiebeln

Was diese drei Lebensmittel miteinander gemeinsam haben? Man braucht pro Essen nur einen winzigen Teil einer handelsüblichen Einheit, und sie sind anspruchsvoll zu lagern. Knoblauch kann man nur als Knolle, meist im Netz mit mehreren Knollen kaufen, Zwiebeln im 1-kg-Netz und Chilis frisch in kleinen Packungen mit gut zwei Dutzend oder mehr Schoten verschiedener Chili-Sorten darin. Kaum ein Geek kocht täglich, und selbst wenn Ihr pro Tag eine Chilischote im Essen verarbeitet, der böse Schimmel wird vermutlich schneller sein als Ihr. Zwiebeln und Knoblauch treiben in normal warmen Wohnungen schnell aus und werden nach und nach ungenießbar.

Habt Ihr ein Tiefkühlfach zur Verfügung, geht los und besorgt Euch Tiefkühldosen der kleinsten Größen (für die Zwiebeln auch etwas größer) und Latex-Handschuhe (Latexallergiker natürlich Handschuhe, die latexfrei sind), wenn Ihr die nicht schon als Standardausrüstung vorrätig habt. Ideal ist es nun, wenn Ihr einen Stabmixer mit Zerkleinerer-Aufsatz habt, ansonsten müsst Ihr eben von Hand ran.

Sortiert die Chilis nach Sorten, wascht und entkernt sie. Sortenrein in den Zerkleinerer werfen und die gehackten Chilis in die Gefrierdosen geben und einfrieren. Beim nächsten Einsatz von frischen Chilis einfach die benötigte Menge mit einem Löffel oder Messer aus der Vorratsdose kratzen oder brechen und weiterverarbeiten.

Ebenso kann mit zu großen Knoblauch- oder Zwiebelvorräten verfahren werden: Schalen entfernen, feinhacken, in Dosen füllen und ab ins Gefrierfach.

Weniger Arbeit bringt allerdings die Variante, je ein Glas gefriergetrocknete Zwiebeln und gefriergetrockneten Knoblauch vorrätig zu haben und nur, wenn es wirklich einmal frische Zutaten sein müssen, in einem Laden einzukaufen, in dem Ihr die Zwiebeln, Knoblauch oder gar die Chilis dann einzeln kaufen könnt.

Kochunfälle – Angriff der Lauchzwiebeln

Achtet darauf, dass stark riechende Lebensmittel in wirklich fest verschließbaren Dosen eingefroren werden! Vor Jahren, als Petra einen Berg günstige Lauchzwiebeln gekauft hatte, hat sie diese in Ringe geschnitten und in Tiefkühlbeuteln (wohlweislich schon in zwei Beutel übereinander) eingefroren. Die Folge davon war, dass nach und nach alle Lebensmittel in der näheren Umgebung im Tiefkühlschrank eine Lauchzwiebel-Note bekamen, was sich inbesondere beim Vanilleeis nicht wirklich toll machte ...

Eier

Eier lagert man am besten kalt – im Kühlschrank – und mit der Spitze nach unten, vorzugsweise weit entfernt von allem, was stark riecht (also nicht gerade neben dem vollreifen Münsterkäse). Sofern Euer Kühlschrank ein Eierfach hat, benutzt das, ansonsten lasst die Eier bis zum Verbrauch im Karton und legt diesen kopfüber in den Kühlschrank, falls die Eier mit der Spitze nach oben darin gelagert sind. Dadurch bleiben der Dotter in der Eimitte und die Luftkammer oben. So lässt sich vermeiden, dass die Luft im Ei in die

Spitze dringt und die innere Haut von der Schale löst. (Diese Haut dient dem Ei als zweite Schutzschicht. Wird sie von der Schale abgelöst, kann mehr Luft in das Ei gelangen, womit dieses schneller verdirbt.) Die Lagerung in der Kälte kann die Flüssigkeit im Ei länger erhalten und verhindert die Vermehrung von Salmonellen.

Die Haltbarkeit ist abhängig davon, wie frisch die Eier beim Einkauf waren. Unbeschädigte Eier halten sich im Kühlschrank etwa drei Wochen. Wie alt das Ei im Kühlschrank ist – sofern man die Packung mit dem Legedatum weggeworfen hat –, kann man durch die Schwimmprobe feststellen: Ganz frische Eier bleiben in einem Glas kaltem Wasser seitlich auf dem Boden liegen, Eier, die mehrere Tage alt sind, stellen sich leicht schräg. Nach zwei bis drei Wochen steht das Ei senkrecht im Glas und sobald das Ei oben schwimmt, ist es älter als 28 Tage und sollte langsam in den Mülleimer wandern.

Exkurs: Stempelaufdruck

Leider gibt uns der Stempelaufdruck eines Eis nicht an, wann es gelegt wurde, das wäre für verpeilte Geek-Haushalte ja auch zu einfach. Ganz unsinnig sind die Aufdrucke jedoch nicht, sofern man sie lesen kann. Die Bedeutung ist zwar an jedem Eierregal erklärt, aber im hektischen Einkauf übersieht man sie zu gerne, daher hier eine kurze Erläuterung.

Abbildung A-1: Eistempel

Die erste Stelle bezeichnet die Produktionsform, also die Weise, auf die die Hühner gehalten werden. 0 steht für Bioproduktion, 1 für Freilandhaltung, 2 für Bodenhaltung und 3 schließlich für Käfighaltung. Da auch Geeks artgerecht gehalten werden wollen, empfehlen wir Euch, Eier zu kaufen, deren Stempel mit 0 oder 1 beginnen. (Binär ist ohnehin sympathisch.)

Danach folgt das Herkunftsland. Mit Two-Letter-Countrycodes kennen sich Geeks aus, daher brauchen wir hier kein weiteres Wort zu verlieren.

Die Nummern dahinter bezeichnen die Legebetriebsnummer. Wer nun genau wissen will, woher sein Ei stammt und was darüber noch zu wissen ist, gibt die vollständige Nummer bei *http://www.was-steht-auf-dem-ei.de/* ein.

Essig

Essig ist beinahe unbegrenzt haltbar. Aus geschmacklichen Gründen raten wir Euch dringend davon ab, Branntweinessig, Kräuteressig oder andere Industrieessige zu kaufen. Ein idealer neutraler Essig ist Reisessig, den es günstig im Asialaden gibt (darauf achten, dass er nicht gewürzt und gestreckt ist). Ansonsten empfehlen wir, einen guten Weißweinessig zu kaufen (oder das, was im Discounter meist als weißer Balsamico verkauft wird), und einen Balsamico-Essig von einem Markenhersteller. Damit seid Ihr für alle Eventualitäten gerüstet.

Sehr aromatisch sind auch Sherryessig oder Himbeeressig, probiert aber vorher, ob sie Euch zusagen, ehe Ihr eine große Flasche kauft.

Fisch und Meeresfrüchte

Fisch gehört definitiv zu den zickigeren Lebensmitteln und kommt deswegen (und wegen einer verbreiteten Fischabneigung unter Geeks) eher selten in Geek-Haushalten vor – abgesehen vielleicht von Fisch für Sushi oder Dosenthunfisch. Dennoch auch hier einige Richtlinien:

Dosenfisch sollte nach Ablauf des Mindesthaltbarkeitsdatums entsorgt, aufgeblähte Dosen umgehend weggeworfen werden (siehe den Abschnitt *Konserven* weiter unten in diesem Anhang).

Frischfisch sollte am Tag des Kaufs verzehrt und zwischen Einkauf und Essenszubereitung im Kühlschrank aufbewahrt werden. Es ist keine gute Idee, frisch gekauften Fisch zuhause einzufrieren. Frischer Fisch darf *niemals* nach Fisch riechen. Fischgeruch deutet auf das erste Stadium des Verdorbenseins hin. Finger weg.

Tiefkühlfisch darf nur bis zum Ablauf des Mindesthaltbarkeitsdatums verwendet werden, und das sind auch bei ***-Kühlfächern selten mehr als 4-6 Monate. Fette Fische (wie z.B. Lachs) verderben schneller als magere Sorten, da Fett auch bei sehr niedrigen Temperaturen mit der Zeit ranzig wird.

Weitere Hinweise im Grundsatzabschnitt über *Tiefkühlprodukte* weiter unten in diesem Anhang.

Fleisch und Wurst

(Frisches) Fleisch gehört zu den Dingen, die zwingend im Kühlschrank aufzubewahren sind, vorzugsweise in einer luftdicht schließenden Verpackung, egal ob das nun ein gut verschlossener Tiefkühlbeutel ist oder eine Tupperdose. Wenn Ihr abgepacktes Fleisch kauft, steht darauf ein Mindesthaltbarkeitsdatum (MHD). Bei Fleisch ist das auch unbedingt als *maximale* Haltbarkeitsdauer anzusehen. Ganz besonders penibel solltet Ihr bei Hackfleisch und Geflügel sein. Nein, Hackfleisch, das seit 3 Tagen im Kühlschrank offen herumliegt, möchtet Ihr nicht mehr essen, es sei denn, Ihr legt Wert darauf, die nächsten Tage mit allen verfügbaren Körperöffnungen Gebrauch von Eurer Kloschüssel zu machen.

Alles, was Ihr ohne MHD drauf, also an einer Fleischtheke kauft, solltet Ihr allerspätestens nach 48 Stunden verbraucht haben, Hack nach 24 Stunden! Wer keinen Tiefkühler oder ein gutes 3-Sterne-Gefrierfach sein Eigen nennt, in dem ausreichend Platz für Fleisch ist, sollte also nur so viel davon einkaufen, wie er in den nächsten zwei Tagen auch verzehren kann (und wird). Wenn Ihr es wirklich nicht aufessen könnt, solltet Ihr das Fleisch wenigstens verarbeiten. Eine kalte Frikadelle hält sich besser und länger als das rohe Fleisch im Kühlschrank, der Topf Bolognese-Sauce schmeckt auch morgen oder übermorgen noch unbedenklich zu ein paar Spaghetti.

Ein Wort zu Geflügel: Geflügelfleisch, das streng riecht, solltet Ihr *niemals* essen. Und wenn Ihr Geflügel verwendet, achtet auf penible Sauberkeit. Das bedeutet: alle Gegenstände und Oberflächen, die mit rohem Huhn, Truthahn, Ente oder Gans in Kontakt gekommen sind, gründlich mit heißem Wasser inklusive Seife/Spülmittel reinigen, und das am besten mit einem Stück Küchenpapier, das Ihr danach wegwerft, anstatt im Küchenschwamm Salmonellen zu züchten.

Wurst gehört ebenfalls in den Kühlschrank, außer Ihr habt eine nicht angeschnittene Salami: Die könnt Ihr auch, in etwas Küchenpapier gewickelt, an eine Regalecke hängen. Besonders frischer Aufschnitt wie Braten, Roastbeef oder Mortadella wird nach einigen Tagen unansehnlich, die Oberfläche beginnt grünlich zu schillern oder die Wurstscheiben bekommen trockene Ränder und biegen sich. Deswegen: so etwas zuerst aufbrauchen. Wenn es nicht mehr so aussieht, wie es aussehen soll, esst es auch nicht.

> Hier gilt – wie bei allen Themen rund um vergammelte Nahrung: *If in doubt throw it out.* Im Zweifel wegwerfen. Eine Lebensmittelvergiftung ist sehr, sehr unangenehm.

Falls Ihr die Wurst an einer Frischtheke gekauft habt, lasst sie am besten in ihrer Originalverpackung und wickelt sie darin auch wieder ein. Wenn Ihr, wie Petra bisweilen, auch schon mal den billigen Beutel Wurstabschnitte kauft, nehmt den Einkauf zu Hause gleich auseinander, sortiert aus, was Ihr nicht mögt, und sortiert vor allem nach Sorten und Verderblichkeitsgraden. Alles, was nach Aspik, Fleischwurst, Mortadella, Leberwurst, Blutwurst aussieht, auf einen Teller, alles, was nach Braten, Putenbrust und Schinken aussieht, auf einen zweiten, alles, was nach Salami aussieht, auf einen dritten (dafür kann man auch gut Pappteller nehmen). Die Teller deckt Ihr nun luftdicht mit Küchenfolie ab und könnt sie so übereinander im Kühlschrank stapeln, bis Ihr die Wurst aufesst. (Salami kann man auch gut im Beutel einfrieren, um sie später z.B. auf Pizza zu tun.)

Bei abgepackter Wurst – Scheiben in Plastikummantelung – bietet es sich an, die Scheiben in ihrer Originalpackung zu lassen. Wenn Ihr aber fünf verschiedene Pakete angebrochen im Kühlschrank habt, wird es Zeit für etwas Disziplin. Braucht eine Packung als erste auf, den Rest legt Ihr auf einen Teller und verfahrt wie oben. So seht Ihr gleich, was Ihr tatsächlich im Kühlschrank habt.

Ihr solltet nur so viel Wurst einkaufen, wie Ihr in der nächsten Woche essen wollt.

Gemüse

Die ideale Darreichungsform von Gemüse ist für die meisten Geeks ein rechteckiger Karton oder ein großer Beutel aus dem Tiefkühlregal des Supermarkts. Der Vorteil: Das Gemüse ist geputzt, gewaschen und zerkleinert und muss nur noch in Topf, Pfanne oder Wok befördert werden. Allerdings benötigt Tiefkühlgemüse, wie der Name sagt, zur Aufbewahrung über den aktuellen Tag hinaus ein Tiefkühlfach (3-Sterne) oder einen Tiefkühlschrank. Zum sofortigen Gebrauch ist es aber bestens geeignet.

Bei Tiefkühlgemüse gibt es sehr viele Hersteller und Darreichungsformen, vom No-Name-1-kg-Beutel über die bekannten grünen Pakete eines großen deutschen Tiefkühlkost-Providers bis zu Biogemüsen der großen Supermarktketten oder auch im Ökoladen. Bei Gemüsen, die Ihr gern mögt, lohnt es sich, die unterschiedlichen Angebote auszutesten und zu sehen, was Euch am besten schmeckt. Nicht immer ist das Teuerste auch das Beste. (Bei Suppengemüse zum Beispiel schwört Petra auf Iglo, gehackte Kräuter gibt es sehr viel besser bei Aldi Nord im Alu-TK-Beutel ...)

Frische Gemüse verderben recht schnell. Am empfindlichsten sind Salate, die 1-3 Tage im Gemüsefach des Kühlschranks überdauern. Gurken, Tomaten, Möhren, Paprika, Auberginen, Kohlrabi usw. halten sich zwischen drei Tagen bis einer Woche im Kühlschrank. Kartoffeln und Zwiebeln mögen es dunkel und möchten nicht an derselben Stelle wie Äpfel und auch nicht im Kühlschrank gelagert werden. Sie halten sich mehrere Wochen, ab und zu vergammeln aber auch schon mal ein oder zwei davon. Regelmäßig durchsehen und faules Obst und Gemüse entfernen, damit die Fäulnis nicht auf die anderen übergreift!

Einkaufen solltet Ihr natürlich Gemüse die Ihr gern esst. Von Möhren könnt Ihr auch schon mal den billigen 2-kg-Sack bunkern, wenn Ihr gern Möhrchen knabbert. Ein besonderer Gast ist der Hokkaido-Kürbis, den man mitsamt Schale essen kann. Er kann auch mal 1-2 Wochen ungekühlt irgendwo unter dem Schreibtisch herumkullern und schmeckt dann immer noch. Ein paar Kartoffeln sind als Notvorrat gut geeignet. Alles andere solltet Ihr nur in den Mengen einkaufen, die Euch über die nächsten drei Tage bringen, sodass Euch nichts schlecht werden kann.

Natürlich gibt es auch Gemüse in Dosen und Gläsern, und viele Geeks greifen gern auf das Glas Erbsen und Möhren oder die Fertigkartoffeln zurück, wenn es schnell gehen soll. Solche Lebensmittel sind im Abschnitt *Konserven* in diesem Anhang aufgelistet.

Joghurt

Wie alle abgepackten Lebensmittel hat Joghurt ein MHD. Gelegentlich findet man hinter der vergammelten Milch, dem Stück kalter Pizza, der gummiähnlichen Möhre und 10 Dosen Energy-Drink plötzlich einen Becher, der schon lange abgelaufen ist. Bei allen anderen Lebensmitteln wäre unsere klare Empfehlung: wegwerfen! Bei Joghurt könnt Ihr allerdings einen Blick unter den Deckel wagen, wenn das MHD nicht deutlich über 2 Wochen zurückliegt. Sofern die Oberfläche einwandfrei ist, keine winzigen rötlichen oder grünlichen oder sonstwie fehlfarbenen Punkte oder gar Schimmelrasen auszumachen sind, und der Joghurt noch annehmbar riecht, könnt Ihr ihn *jetzt* verzehren. Oder wegwerfen. Nochmal in den Kühlschrank stellen ist aber nicht drin.

Joghurts in kleinen Packungen wie 150-g-Becher sind ideal, um sie schnell als erfrischenden Snack zwischendurch zu verspeisen. Solche Becher gibt es nicht selten in 4-er-Sets. Mancher Geek mag aber gern die großen 500-g-Joghurtgläser, oft schmecken diese Joghurts auch besser. Einmal angebrochen, sollte so ein Glas innerhalb von zwei Tagen aufgegessen werden. Wer den Joghurt vor dem Verzehr mit einem sauberen Löffel in eine Ess- oder Müslischale löffelt, statt aus dem Glas zu essen, erhöht die Lebensdauer des Joghurts noch ein wenig, sofern er im Kühlschrank aufbewahrt wird und nicht das Glas vergessen irgendwo hinter dem Stapel der letzten MAKE-Magazine steht.

Wenn Ihr noch viel Joghurt übrig habt, der sich bedenklich dem MHD nähert oder es schon überschritten hat, dann wird es Zeit, damit Kuchen zu backen – oder leckere Frühstücksshakes zu mixen (siehe Kapitel 2).

Käse

Bei Käse gilt, was auch schon bei Wurst geschrieben wurde: Am besten in der Originalverpackung lagern, alternativ auf einem Teller, der mit Klarsichtfolie abgedeckt wird.

Wenn Ihr zu der Sorte der Nach-dem-Brot-schmieren-das-Käsestück-draußen-vergessen-Geeks gehört, bevorratet Ihr am besten einen Becher Buttermilch oder kauft schnell einen (sogar im Kühlregal von gut sortierten Tankstellen ist bisweilen Buttermilch zu finden). Ihr legt das Stück Käse in eine Schale und übergießt es mit Buttermilch, bis es ganz bedeckt ist. Über Nacht im Kühlschrank stehen lassen, dann den Käse herausnehmen, unter fließendem Wasser abspülen und das Stück Käse ist so gut wie neu. Lohnt sich natürlich nicht bei Scheibenkäse.

Ein besonderer Gast ist Parmesankäse. Wer gern seinen Käse frisch vom Stück über die Pasta reibt (was wir Euch aus geschmacklichen und Qualitätsgründen ans Herz legen möchten), hat vielleicht ein Stück echten Parmesan zu Hause. Parmesan aus dem Discounter ist in Plastik eingeschweißt. Ihn solltet Ihr in ein Stück Kuchenpapier wickeln und damit ins Butter- oder Käsefach des Kühlschranks legen, noch besser wäre Pergament-

oder Backpapier. Ansonsten gilt auch für Parmesan, dass man ihn am besten in seinem Einwickelpapier aus dem Laden belässt.

Konserven

Konserven sind ideale Not- und Grundvorräte. Sie sind sehr lange haltbar, benötigen, solange verschlossen, keine Kühlung, und bei Fertiggerichten ist alles, was Euch von einer Mahlzeit trennt, ein Dosenöffner.

Konserven gibt es in Tetrapacks, in Dosen mit Aufreißverschluss, in Dosen ohne Aufreißverschluss und in Gläsern. In Gläsern sind vor allem Gemüse, Würstchen und Früchte zu finden. Besonderheiten sind zum Beispiel Kartoffeln im Glas, Schwarzwurzeln oder auch Apfelmus.

Gemüse in Dose oder Glas schwimmt im Allgemeinen in salziger Brühe und muss nur noch warm gemacht werden. Allzuviele Nährstoffe und Vitamine sind da nicht mehr drin, dafür hält sich solches Gemüse aber ziemlich lange. Eingemachtes Obst ist üblicherweise in einem dickflüssigen Zuckersirup eingekocht. Es lohnt sich, nach Früchten Ausschau zu halten, die ohne Zucker oder in Fruchtsaft konserviert sind – sie schmecken viel besser, sind gesünder, und die Einmachflüssigkeit kann gleich in den nächsten Shake wandern.

Tomatenprodukte gibt es im Tetrapack, im Glas (Passata) und in Dosen. Einmal geöffnet, vergammeln sie sehr schnell, deswegen möglichst die Packungsgröße wählen, die Ihr aufbrauchen könnt.

(Sauerkonserven wie Gürkchen oder Pickles haben wir einen eigenen Eintrag in diesem A-Z gewidmet.)

Wenn Ihr Obst oder Gemüse aus einer Blechdose nicht aufbraucht, füllt den Inhalt in ein anderes Gefäß um, ehe Ihr ihn kalt stellt, ansonsten kann es sein, dass es am nächsten oder übernächsten Tag metallisch schmeckt.

Konserven sind sehr lange haltbar, aber nicht unbegrenzt. Auch hier gilt: Etiketten lesen und den Blick auf das MHD nicht vergessen.

Wenn sich eine Dose ausbeult, entsorgt sie ungeöffnet – das ist ein Hinweis darauf, dass hier Fäulnisbakterien fröhlich Gase produziert haben, die die Dose expandieren lassen. Zum Verzehr ungeeignet! Und bei Öffnen droht Euch und Eurer Umgebung eine Explosion mit nachfolgender Dusche in stinkender Brühe …

Milch

Frischmilch ist zwar sehr lecker, aber für viele Geeks ungeeignet, denn gerade der vollrahmige Geschmack ist für all jene, die mit halbfetter H-Milch aufgezogen wurden, zu irritierend und intensiv. Frischmilch muss gekühlt werden und schnell, am besten spätestens einen Tag nach dem Kauf, aufgebraucht werden.

H-Milch hält sich da schon weit besser, aber wenn kein Kühlschrank zur Verfügung steht, verdirbt auch eine Literpackung recht schnell. Besser ist es, die Augen offen zu halten und nach Halb- oder Viertelliterpackungen Ausschau zu halten, wie man sie noch von der Schulmilch kennt. Diese sind im Vergleich zu den Literpackungen zwar meistens unverschämt teuer, aber lieber ein paar Cent mehr bezahlt als ständig den stechenden Duft von verderbender Milch durch die 1-Zimmer-Bude ziehen zu lassen. Wenn es doch eine Literpackung sein muss, wählt Sorten mit wiederverschließbarem Ausguss. Dann krabbelt auch keine Fliege rein.

Wer wirklich nur einen Schluck Milch in den morgendlichen Kaffee möchte, sollte sich vielleicht eine Alternative überlegen – nein, keine Kondensmilch, sondern Kaffeesahne. Kaffeesahne in Flaschen gibt es in unterschiedlichen Fettstufen (und mit und ohne Bindemittel, siehe auch den Abschnitt 1.9). Diese Produkte schmecken meist sehr gut, und eine 250-ml-Flasche hält sich im Kühlschrank ausgezeichnet.

Obst

Früchte sind lecker und gesund, sie passen gut in den Frühstücksshake und ins Müsli oder lassen sich einfach so essen. Leider verderben Früchte auch sehr schnell. Der günstigste 2-kg-Apfelsack ist nutzlos, wenn Euch die Äpfel verfaulen und eine Schar davon abhebender Fruchtfliegen durch Euer Zimmer saust wie ein Kampfgeschwader. Deswegen solltet Ihr Obst immer frisch einkaufen und nicht mehr, als Ihr in den nächsten 3-4 Tagen verbrauchen könnt.

Sollten dann trotzdem mal braune Bananen oder angeschrumpelte Äpfel überbleiben, backt Apfelkuchen oder macht einen Bananenshake. Beeren gibt es in guter Qualität eingefroren zu kaufen, und wer eine Tiefkühlmöglichkeit besitzt, kann so mit Blaubeeren, Himbeeren, Erdbeeren und Kirschen ideal den Speiseplan und das morgendliche Müsli, die Muffins oder den Joghurtdrink anreichern.

Bananen gehören übrigens nicht in den Kühlschrank. Dort werden sie im Handumdrehen schwarz.

Öl

Zwei Sorten Öl sollte jeder, der mehr als Freezer Bag-Cooking betreibt, in seiner Küche stehen haben: ein möglichst neutrales Öl, wie Sonnenblumenöl oder Traubenkernöl, und ein gutes Olivenöl (extra vergine oder Olivenöl erster Pressung). Beide Sorten Öl sollten in dunklen Glasflaschen aufbewahrt werden und an einem dunklen Ort (im Schrank) stehen. Das neutrale Öl ist für alles zu verwenden, das Olivenöl bietet sich für italienische Gerichte und für Salatdressings an. Raffinierte (neutrale) Pflanzenöle halten sich jahrelang; Olivenöl hält sich ein bis zwei Jahre.

Asiaphile Geeks mögen oft auch das asiatische Sesamöl. Am besten ist auch hier eine dunkle Glasflasche zum Aufbewahren. Kauft nicht zu viel davon, eine kleine Flasche genügt.

Lecker sind – in kleinen Mengen – Nussöle an Salatdressings. Diese werden aber sehr schnell ranzig, kauft sie also nur, wenn Ihr sie wirklich liebt, bewahrt sie kühl auf und verbraucht sie schnell.

Wer, von der Werbung beflügelt, seiner Gesundheit etwas Gutes tun will und zu einem der speziellen Omega-Öle, also zu Ölen mit einem hohen Anteil an ungesättigten Omega-3- und -6-Fetten greifen will, stellt dieses am besten direkt ins Regal zurück. Bei diesen Ölen wurde Rapsöl, das von Natur aus reich an ungesättigten Fettsäuren ist, mit billigem Sonnenblumenöl gestreckt. Greift direkt zum Rapsöl, am besten kalt gepresst, und Ihr habt damit auch ein gutes Allzwecköl im Küchenschrank.

Sahne

Sahne findet man im Tetrapak, im Plastikbecher und in Glasflaschen zu 500 ml. Die Tetrapaks lassen sich am besten aufbewahren (MHD beachten) und enthalten meist H-Sahne. Für die Rahmsauce sind diese Päckchen perfekt geeignet. Wenn Ihr allerdings für eine Küchenaktion viel Sahne benötigt, etwa für einen Berg Schlagsahne zu einem Gebirge frischer Erdbeeren, möchten wir Euch zum Kauf der Glasflasche raten – die Frischsahne schmeckt nicht nur um Lichtjahre besser, sie lässt sich auch besser aufschlagen. (Bei H-Sahne kann man auch schon mal Butter produzieren.) Die Frischsahne hält sich nur wenige Tage, deswegen ist sie zum Bevorraten nicht geeignet! Die Plastikbecher gibt es mit und ohne H- vor der Sahne, sie sind aber nicht besonders gut zu transportieren und zu lagern.

Saure Sahne und Schmand gibt es ebenfalls im Plastikbecher, und auch, wenn sie beim Discounter im normalen Regal stehen, solltet Ihr sie in den Kühlschrank stellen und das MHD beachten.

Saure Konserven

... wie saure Gurken, Pickles, Silberzwiebelchen und anderes. Saure Konserven werden in den Supermärkten meistens im Glas angeboten. Auch wenn Ihr zu jedem Frühstück zwei, drei saure Gürkchen esst, kauft lieber das kleinste angebotene Glas und davon eben gleich zwei oder drei. Mit jedem Tag, den ein Glas länger geöffnet herumsteht, ist die Wahrscheinlichkeit größer, dass die an sich bakterien- und pilzfeindliche Umgebung kippt und der Inhalt verdirbt.

Nach dem Öffnen müssen die Gläser zwingend im Kühlschrank aufbewahrt werden. Achtet unbedingt darauf, den Inhalt nur mit einer sauberen Gabel zu entnehmen, die nicht vorher mit anderen Nahrungsmitteln in Kontakt gekommen ist. Beim Frühstück mit Freunden gebt Ihr am besten einen kleinen Anteil des Inhalts in ein Schüsselchen und stellt das auf den Tisch, anstatt jeden im Glas rumfummeln zu lassen. (Selbst wenn Ihr eine Gabel extra für die Pickles bereitlegt, wird die doch mal schnell entführt, um sich Wurstscheiben auf den Teller zu schaufeln.)

Sobald sich die Flüssigkeit im Glas trübt, bleibt nur noch wegwerfen, selbst wenn die Pickles an sich noch gut riechen.

Tiefkühlprodukte

Selbst die Lagerung von Lebensmitteln in modernen ***-Kühltruhen oder -schränken ist nicht ganz ohne Fußangeln. Während bei den meisten Konserven nach Ablauf des Mindesthaltbarkeitsdatums vor allem die Vitamine und eventuell Geschmacksstoffe zerstört sind, man den Inhalt bei unbeschädigten und undeformierten Dosen aber noch essen kann, verdirbt Tiefkühlware doch innerhalb weniger Monate bis zum oder über das gesundheitsschädliche Stadium hinaus.

Anfällig dafür sind vor allem stark fetthaltige Nahrungsmittel wie fettes Fleisch oder fette Fische. Riechen diese im tiefgekühlten oder dem aufgetauten Zustand etwas ranzig, ist das das sofortige Aus. Haben sich zwischen Verpackung und Tiefkühlgut schneeartige Eiskristalle gebildet, ist dies ein Zeichen, dass die Lebensmittel irgendwann in der Phase der Lagerung zu viel Wärme abbekommen haben. Auch sie müssen leider entsorgt werden.

Generell solltet Ihr auch und gerade bei Tiefkühlkost auf das Mindesthaltbarkeitsdatum achten und regelmäßig die Truhe oder den Schrank auf UFOs (*Unidentified Frozen Objects*) absuchen und diese – sofern noch genießbar – verbrauchen oder entsorgen.

Friert Ihr eigene Vorräte ein, zum Beispiel ganze Mahlzeiten, Vorrats-Saucen und rohes oder vorgekochtes Gemüse, verwendet die Schnellgefrierfunktion der Truhe bzw. des Kühlschranks. Damit reduziert Ihr die Gefahr, dass andere eingelagerte Lebensmittel durch die doch vergleichsweise warmen neuen Gegenstände deutlich über die -18°C-Grenze anwärmen. Je schneller Lebensmittel gefroren werden, umso schonender ist der Vorgang auch für Haltbarkeit und Geschmack. Selbst eingefrorene Lebensmittel sollten zwingend mit dem Einfrierdatum (und dem Inhalt!) gekennzeichnet werden sowie in gut schließenden Behältern oder Gefrierbeuteln untergebracht sein.

Lebensmittel, die nicht eingefroren werden möchten, gibt es natürlich auch. Ungeeignet sind Gemüse oder Obst, das eine zu feine Struktur aufweist, wie zum Beispiel Salat. Selbst Obst und Gemüse, das man im Supermarkt tiefgefroren kaufen kann, mag es nicht, zu Hause eingefroren zu werden. Industrielles Tiefgefrieren findet im Schockverfahren innerhalb weniger Sekunden statt. Die Eiskristalle im Gefriergut sind sehr klein. Heimgefriertruhen gefrieren langsam. Die Eiskristalle geraten größer und zerreißen die Zellstruktur. Das Ergebnis nach dem Auftauen ist: Matsch.

Auftauen solltet Ihr Tiefkühlsachen entweder im Kühlschrank oder Ihr gebt sie noch gefroren in die heiße Pfanne oder den heißen Topf. Bei Zimmertemperatur fühlen sich die Keime auf der Oberfläche am wohlsten und vermehren sich rasend. Das Auftauwasser von

Fleisch oder Fisch sollte immer direkt entsorgt werden. Am besten hängt Ihr Fleisch oder Fisch beim Auftauen im Kühlschrank in einem auskochbaren Metallsieb über eine Schüssel, dann bleiben sie nicht in dem potenziell keimverseuchten Wasser liegen.

Trockene Vorräte

Trockene Vorräte wie Nudeln, Reis, Getreide, Mehl, Zucker, Salz oder Frühstücksflocken sind lange, teilweise jahrelang haltbar. Aber lagert auch hier keine 10 Sorten Reis ein, sondern die Reissorte, die Ihr am liebsten esst, und zusätzlich höchstens vielleicht noch Sushi-Reis. Und auch nicht Nudeln in allen Formen, sondern Eure Lieblingssorte (meist Spaghetti oder Maccaroni), und zusätzlich noch eine Sorte, die für Nudelsalate geeignet ist, wie Spirelli oder klassische Suppennudeln. Denn selbst wenn die Vorräte theoretisch mehrere Jahre haltbar sind, verlieren sie mit der Zeit doch das Aroma.

Es ist besser, die Vorräte in luftdicht schließende Gefäße umzufüllen als sie in ihren Verpackungen zu lassen. Ideal sind dazu Gefäße mit Maßeinteilung. Erstens seht Ihr auf den ersten Blick, wie viel Mehl oder Reis noch im Haus ist, und die mit Reis gefüllten Tomaten springen nicht in dem Moment über die Klinge, in dem Ihr die Verpackung hervorzieht, die nur noch ein paar Körnchen enthält, was zwischen all den anderen Packungen aber nicht zu erkennen war. Und zweitens stellt Ihr nicht nach einem Larval Stage-Rückfall fest, dass in dem Mehl, aus dem Ihr jetzt gerade ein paar Muffins für den Rollenspielabend backen wolltet, eine Handvoll Silberfischchen verstorben ist.

Super geeignet sind als Gefäße Schnappbügelgläser oder durchsichtige Schüttdosen aus Kunststoff, solange sie gut und umsturzsicher schließen.

Siehe auch

- Brotdosen aus Birkenrinde: *http://www.birkenrinde.de/*

A.2 Schädlinge und ihre Bekämpfung – man householdpests (8)

»Meine Lebensmittel schmecken offensichtlich nicht nur mir. So viele ungeladene Tischgäste sind mir ehrlich gesagt nicht willkommen – wie werde ich sie bloß wieder los?«

Keine Panik. Wer Schädlinge in seiner Küche feststellt, muss noch nicht hygienisch verwahrlost sein. Und man wird einige von ihnen mit ein paar einfachen (Haus-)Mitteln auch wieder los.

Jeder Jeck ist anders, wie der Kölner sagt. Auch Schädlinge verlangen eine individuelle Behandlung.

Ameisen

Besonders Wohnungen im Erdgeschoss oder Einfamilienhäuser sind gefährdet. Da dachte man sich nichts Böses bei dem aufgeschnittenen Apfel, den man abends auf dem Küchentisch vergessen hatte, doch am nächsten Morgen ist er schwarz von auf ihm krabbelnden Leibern, und eine schmale Ameisenstraße verschwindet irgendwo in einem winzigen Spalt zwischen den Fliesen im Badezimmer. Auch andere Lebensmittel, wie zum Beispiel offen gelagerter Zucker, sind ein echter Ameisenmagnet, und bei den Wegen, die sich die Tierchen suchen, um ins Haus zu kommen, sind sie nicht gerade zimperlich. Man nagt sich halt so durch ...

Das Nummer 1-Gegenmittel gegen Ameisen befindet sich hoffentlich in Eurem Küchenvorrat: Backpulver. Den Apfel entsorgt Ihr direkt nach draußen in den Müll, die Ameisenstraße unterbrecht Ihr, indem Ihr das Backpulver darauf streut. Die daran sterbenden Ameisen entfernt Ihr mit dem Staubsauger.

Haben sich die Ameisen in Vorratsschränke eingenistet, könnt Ihr Zimt in diesen ausstreuen, der Geruch wird die Tierchen vertreiben.

Und als letzte Maßnahme müsst Ihr das Einstiegsloch schließen. Dazu eignen sich – je nachdem, wo es sich befindet – Gips, Silikondichtmasse, Acryldichtmasse oder Material zum Fliesenverfugen. Auch ein Streifen Doppelklebeband quer über die Ameisenstraße geklebt stoppt den Vormarsch – und hat den netten Nebeneffekt, dass auch andere Krabbeltier-Truppen mit einem unüberwindbaren Hindernis konfrontiert werden.

Fruchtfliegen

Reifes Obst zieht sie magisch an, und nicht selten bringt man sie sich schon mit einer Obstpackung nach Hause: Fruchtfliegen. Nichts ahnend nimmt man sich einen Apfel aus dem Obstkorb und steht urplötzlich in einer Wolke winziger kleiner nerviger Fliegen. Wirklich schädlich sind sie nicht, aber unglaublich lästig, und es werden mit jedem Tag mehr.

Gegen Fruchtfliegen helfen alle gängigen Insektensprays, allerdings atmet man dann die Chemie selbst ein und müsste eigentlich auch das eigene Obst mit höchst ungesunden Substanzen einsprühen. Angeblich helfen klassische Klebefliegenstreifen – sofern man genug Zeit hat, darauf zu warten, dass die Tierchen darauf landen, und sich an einer Girlande aus verstorbenen Insekten nicht stört. Eine etwas einfachere Lösung ist eine Selbstbaufalle. Anleitungen für derlei Fallen kursieren zu Hauf im Netz.

Ein unerschrockenes Team von Forschern hat sich selbstlos zwei der gängigsten Versionen vorgenommen und diese in einem gnadenlosen Praxistest auf Tauglichkeit überprüft. Ihr Fazit war, dass nur eine der beiden Varianten auch wirklich den erwünschten Erfolg bringt, und zwar so:

Man braucht: ein Glas, etwas Spülmittel, ein Blatt Papier und Bier. Das Bier und ein wenig Spülmittel verrührt man im Glas und legt das Blatt Papier darauf. In dieses hat man zuvor eine Öffnung geschnitten, die etwas kleiner ist als der Glasdurchmesser. Dann wartet man ab … Am nächsten Tag kann man ein Glas voll Fruchtfliegen ausschütten. Die bebilderte Versuchsanordnung findet man unter *http://www.le-solutions.de/berichte/fruchtfliegen/index.html.*

Hundertfüßer/Spinnenläufer

Wer eines dieser Kerlchen in seiner Wohnung entdeckt, wird mit Sicherheit einen riesigen Schreck bekommen, sind sie doch im Vergleich mit den gewohnten Krabbeltieren beeindruckend groß. Aber Ihr könnt durchatmen und solltet auch nicht gleich mit der großen Klatsche auf den Spinnenläufer losgehen. Spinnenläufer sind *Nützlinge*, die die Wärme zivilisierter Wohnungen mögen und nebenbei Eure Küche von Schädlingen befreien. Sie sind also draußen nicht besser aufgehoben, aber Ihr solltet ihnen auch nicht zu dicht auf den Chitinpanzer rücken, denn sie können schmerzhafte Stiche zufügen.

Lebensmittelmotten

Da trägt man nur eine Packung Haferflocken vom Laden nach Hause und schon ist es passiert: Unauffällig in einer Ritze der Verpackung lungern ein paar Eier einer Mehl-, Gewürz- oder Dörrobstmotte herum und im wohlig-warmen Küchenschrank entwickeln sie sich zu kleinen Raupen, und schlagen sich die Bäuche voll. Wird der Befall nicht schnell bemerkt – und wer sucht schon täglich seinen gesamten Schrank nach Untermietern ab – fressen sie sich ohne Probleme durch die Verpackung, breiten sich auf die benachbarte Mehltüte aus, die Packung Pistazien, die Tüte Reis und möglicherweise bemerkt man erst nach Wochen, dass sich im Inneren der Packungen kleine Gespinste befinden.

Gerade Geek-Haushalte sind gefährdet, von Lebensmittelmotten überrannt zu werden. Es wird oft nicht regelmäßig gekocht, also stehen Vorräte auch schon mal eine Weile unbeachtet in den Schränken. Geeks versuchen eben, die Einkäufe zu optimieren, also einmal eine große Menge Lieblingsnahrung zu kaufen und dann lange von der Einkauferei verschont zu bleiben, und Geek-Haushalt-typische Pizzaboxenstapel bieten überdies ideale Nistgelegenheiten.

Zwar gibt es im Handel Lebensmittelmottenfallen zu kaufen, aber die eignen sich eher zur Befallskontrolle und dürfen nie die einzige Gegenmaßnahme bleiben. Da sie mit Pheromonen (Sexualduftstoffen) arbeiten, locken sie bei geöffnetem Fenster unter Umständen sogar weitere Motten auf Freiersfüßen an.

Die erste Maßnahme lautet: Aufräumen, um die Nistmöglichkeiten für die Motten zu vermindern.

Die zweite: Alle Lebensmittel auf Befall überprüfen.

Die Larven von Lebensmittelmotten nagen sich durch fast jede handelsübliche Verpackung, zwängen sich auch noch durch die winzigsten Schlitze und nur wenige Vorratsbehälter sind wirklich geeignet, Lebensmittelmotten fernzuhalten. Zum Beispiel schließen fast alle Behälter, die ein großes, schwedisches Einrichtungshaus vertreibt, nicht dicht genug. Einmach-Bügelgläser mit intaktem Gummi sind eigentlich die einzig hilfreichen Vorratsbehälter.

Für die Zeit der Bekämpfung bietet es sich an, alle Lebensmittel, die gefährdet sind, sofern möglich im Tiefkühlschrank zu lagern. Kälte mögen die Motten nicht, ebenso wenig Hitze. Befallene Lebensmittel sollten radikal weggeworfen werden. Direkt gesundheitsschädlich sind Lebensmittelmotten zwar nicht, aber der Befall ist zumindest unappetitlich und kann Allergien triggern. Aber auch vor dem Wegwerfen ist es sinnvoll, die befallenen Nahrungsmittel eine Nacht in den Tiefkühler zu legen oder im Backofen eine Stunde über 80°C zu erhitzen, um die Nachkommenschaft radikal auszurotten und sie nicht postwendend durchs Fenster nahe den Mülltonnen zum nächsten glücklichen Küchenbesitzer flattern zu lassen.

Die Schränke und Schubladen, in denen befallene Lebensmittel gelagert wurden, sollten mit einem Gemisch aus Wasser, Spülmittel und Essig ausgewaschen werden. Danach sollten alle Ritzen noch mit heißer Luft aus einem Fön bearbeitet werden. Das Auswaschen und Abfönen der Ritzen muss regelmäßig einmal die Woche über sechs Wochen wiederholt werden, währenddessen den Erfolg ständig mit Pheromonfallen kontrollieren.

Wer jetzt schon weiß, dass er es nicht schafft, diesen Aufwand durchzuhalten, kann sich online nach einem Versender von Schlupfwespen umsehen. Diese natürlichen Fressfeinde der Lebensmittelmotten werden über neun Wochen in den betroffenen Schränken ausgesetzt, befallen die Eier der Motten und sterben dann ganz einfach ab.

Ansonsten hilft auch der ortsansässige Kammerjäger weiter. Lebensmittelmotten können Lebensmittel zu jeder Zeit, von der Produktion über die Zwischenlagerung, den Transport bis zum Verkaufsraum befallen und in der Folge in den Haushalt eingeschleppt werden. Es ist also nicht ehrenrührig, damit ein Problem zu haben

Schaben

Spätestens seit der Begegnung mit einer gigantischen, übellaunigen Küchenschabe in einem bekannten SciFi-Film weiß jeder, dass mit Schaben nicht zu spaßen ist. Die gemeine Küchenschabe, oder auch Kakerlake, in spanischsprachigen Ländern kurz als »cuca« (*cucaracha*, spanisch für Küchenschabe) bezeichnet, ist auch in deutschen Wohnungen kein seltener Gast. Im Internet kursieren allerlei Hausmittelchen mehr oder weniger ekliger Art, wie mit Schabenbefall umzugehen ist. In zwei Worten: *vergesst es!*

Küchenschaben sind nach dem Bundesseuchengesetz meldepflichtig – und das aus gutem Grund. Solltet Ihr also begründeten Verdacht haben, dass Eure Wohnung irgendwo Schaben beherbergt – und das Sichten auch nur einer einzelnen Schabe beim abendlichen

Lichtanknipsen gilt als begründeter Verdacht – meldet dies *umgehend* dem Vermieter und/oder Hausverwalter! Schaben haben eine Reproduktionsrate, die der eines Outlook-Wurms in nichts nachsteht, und sind sehr kletterbegabt. Möglicherweise hausen sie auch nicht bei Euch, sondern bei Euren Nachbarn, oder wandern kurzfristig dorthin aus. Hier muss ein Profi-Kammerjäger ran. Der Hausverwalter beauftragt einen Spezialisten, der sich in mehrfach wiederholten Aktionen (sicher ist sicher) damit befasst, das gesamte Haus wieder von den krabbelnden Gesellen zu befreien.

Siehe auch

- Ameisen: *http://www.hausfrauenseite.de/haushalt/ameisen.html*
- Fruchtfliegen (Taufliegen) bei der Wikipedia: *http://de.wikipedia.org/wiki/Taufliegen*
- Hundertfüßler: *http://www.insektenmodelle.de/modelle/hundertfuss.html*
- Lebensmittelmotten: *http://www.3sat.de/3sat.php?http://www.3sat.de/nano/tipps/45924/index.html*
- Schaben: *http://www.schabe.com/html/schaben.html*
- Schädlinge allgemein (hilft beim Identifizieren): *http://www.lexikon-der-schaedlinge.de/*
- Schädlinge und was man gegen sie tun kann: *http://www.vogt-sommer.de/schaedlinge/schaedlinge.html*

Verzeichnis aller Rezepte

Ahornsirup-Cookies 184
Apfelkuchen aus der Pfanne 116
Avocado-Aufstrich 148

Bandnudeln mit Mangold und Senf 128
Banoffee Pie (Kuchen ohne Backen) 124
Basilikum-Hähnchenrollen 121
Blätterteigschnecken 177
Blaubeer-Rührkuchen aus der Pfanne 115
Blumenkohl-Hackfleisch-Auflauf 140
Bolognese-Sauce 72
Bratreis wie in Bangkok 171
Brokkoli-Reis-Topf 49
Brot aus der Pfanne 111

Captain Blaubeer 39
Champagnersüppchen 125
Cole Slaw 137

Einfache Gemüsesuppe 65
Einfache Senfsauce 75
Einfaches Hefebrot 60
Eingemachter Rotweinkuchen 80
Eingemachter Rumkuchen 81
Eistee-Ideen 193
Energieplasma 185
Erbseneintopf 82
Erdbeerlimes 184

Fruchtig-scharfe Chicken Wings 151

Geek-Schnitten 141
Ginger Ale – Ingwerbier 194
Guacamole 51
Gulasch, gedörrt 94

Hafer-Bananen-Blues 39
Hamburger-Brötchen 152
Hausgemachte (Tiefkühl-)Pizza 85
Helles Mischbrot 113
Huhn mit Shiitake und Sternanis 174
Hühnerpfanne aus dem Gefrierbeutel 88
Hummus 52

Italienische Kräutermischung 84

Jean-Luc 41

Kiwi-Orangen-Konfitüre 149
Klassische Tomatensauce 73
Klassische Weinsauce 75
Klassischer Pfannkuchen 122

Lachs für Zwei 129
Lachsrillettes 150
Lachsterrine 49

Marinierte Zucchini 120
Melas Nudel- und Kartoffelsalat 135
Mexi-Couscous 46
Miso-Eintopf 49
Modulare Muffins 106

Modularer Auflauf 100
Mohrenkopftorte 131
Möhrensuppe Mexikanisch 179

Nudel-Gemüse-Auflauf 118
Nudeln minimalistisch 48
Nuss-Paprika-Couscous 46
Nutella-Mandel-Vanilleshake 40

Obstsalat 54
Ofenomelett 132
Onigiri 138

Paprika-Auberginen-Walnuss-Kaviar 181
Party-Spieße mit Huhn 182
PEAR (but not PHP) 40
Pfannen-Calzone 118

Rindfleisch mit Brokkoli und Austernsauce 127
Rindfleisch-Brokkoli-Wantans mit Ingwerdip 178
Roulade trifft Sauerbraten 164
Rouladen 89

Salat für Sushi-Liebhaber 170
Salatdressing auf Vorrat 91
Sauce Bearnaise 74
Sauce Bolognese 72
Sauce Hollandaise 74
Sauce, getrocknet 95
Schweinefilet in Wacholder-Pflaumen-Sauce 158
Selbst gemachte Pasta 157
Sirtaki-Nudeltopf 48
Spare Ribs mit Sojasauce und Orange 151
Sushi selbstgemacht 167
Süßer Hirsebrei 50

Tabouleh 53
Terrine von der Karotte an Basilikumöl 159
Thunfisch-Topf 47
Toasties aus der Pfanne 113
Tomatenbutter 149
Truthahn mit Ahornsirupbutter und Madeira-Senf-Sauce 162

Ungarische Champignons 121

Vanillesauce 76
Vietnamesischer Rindfleischsalat 173
Vinaigrette 77
Virgin Mary 40

Wasabi-Frischkäse 147
Wintersalat 133
Wurstsalat 53

Ziplock-Omelett 64

Index

A

Allergien 30, 60
Ambrosia 23
Ameisen 211
Arme Ritter 97
Auflauf
  aus der Pfanne 116
  Blumenkohl-Hackfleisch-Auflauf 140
  modular 100
  Reis-Tomaten-Auflauf 117
Avocado 51, 54, 148

B

B&S-Rezept 23
Backpulverteig 58
Bento-Box 139
Bioprodukte 13
Blumenkohl 140
Breakfast Smoothies 33
Brokkoli 49, 127
Brot 57, 111
  Aufstriche 147
  Einfaches Hefebrot 60
  Haltbarkeit 198
  Hamburger-Brötchen 152
  Pfannenbrot, Grundrezept 112
  Pfannenbrot, Helles Mischbrot 113
  Toasties 113
Bulgur 53
Butter 149

C

Champignons 121, 148
Chicken Wings 151
Chinesisches 127, 174
Chipotle-Pulver 47
Cookie Cutter 195
Couscous 46, 53

D

Datenbanken 19
Dekoration 194
DevonThink 24
Dips 181
dörren 93

E

Eier 61
  Eier (kochen) HowTo 61
  Haltbarkeit 200
  Ofenomelett 132
  Ziplock-Omelett 63
Einkaufszettel-Software 11
Einwecken 78, 93
Energieplasma 185
E-Nummern 29
Erbsen 82
Erdbeeren 185
Ernährung 25
Espresso 191
Essig 202

F

Fairer Handel 13
FAQ XII
Fast Food 150
Festliches 164
FileMaker 24

- Fingerfood 180
- Fisch
  - Haltbarkeit 202
  - Lachs 129, 150
  - Thunfisch 138, 170
- Fleisch
  - Gulasch, gedörrt 94
  - Hackfleisch 140
  - Haltbarkeit 202
  - Hamburger 152
  - Rindfleisch mit Brokkoli und Austernsauce 127
  - Rindfleisch-Broccoli-Wantans 178
  - Rindfleischsalat 173
  - Rouladen 89
  - Sauerbraten 164
  - Schweinefilet 158
  - Spare Ribs 151
  - Vietnamesischer Rindfleischsalat 173
- Flickr 21
- Fond 153
- Food Carving 197
- Foodblogs 20
- Fruchtfliegen 211
- Frühstücksdrinks
  - Basis Library 36
  - Rezepte 39
  - Tools 34
- Fusion-Kitchen 164

G

- Geflügel 98
  - Haltbarkeit 203
  - Truthahn 161
  - *siehe auch* Hühnchen
- Geflügelfond – Hühnerfond 154
- gefriergetrocknete Lebensmittel 44
- Gemüse 65, 204
  - Gemüsefond 155
  - Haltbarkeit 204
- Geschmacksverstärker 28, 29
- Getränke
  - Eistee 193
  - Erdbeerlimes 184
  - Ginger Ale – Ingwerbier 194
  - Margarita 176
  - Weinauswahl 188
- Glutamat 29
- Gluten 59
- grecipe-Manager 24
- grocget 11
- Grundvorrat 16
- Guacamole 148
- Gutbürgerliches 164

H

- Haltbarkeit 198
- Handy-Einkaufsliste 11
- Hefeteig 58, 119
- HowTos
  - Eier 61
  - Gemüse 65
  - Kartoffeln 66
  - Reis 69
  - Saucen 72
- Hühnchen 88, 121, 174
  - Chicken Wings, fruchtig-scharfe 151
  - Geflügelfond, Hühnerfond 154
  - Party-Spieße 182

I

- Inhaltsstoffe 28
- Italienisches 84

J

- Jamie Oliver 20
- Joghurt 205

K

- Kaffee 189
  - Bohnen 190
  - Cookies 183
- Kalorio 23
- Karotten 137, 159
- Kartoffeln 66, 98, 135
  - Backblech-Kartoffeln 68
  - Bratkartoffeln 68
  - Kartoffelpüree 68
  - Ofenkartoffeln 67
  - Pellkartoffeln 67
  - Rösti 68
- Käse 205
- Kichererbsen 52
- Kochnische 2
- Kochphysik 62, 95
- Koch-Suite 24
- Kochunfälle 76, 87, 115, 200
- Koffein 189
- Kohlenhydrate 26
- Kombu 138
- Konserven 206
- Kräuter 84, 92

Kuchen
  aus der Pfanne 114
  eingemachte Kuchen 78
  Mohrenkopftorte 131
  ohne Backen 124
  Rotweinkuchen aus dem Glas 80
  Rumkuchen aus dem Glas 81
Kühlschrankkuchen 124, 131
kulinarischer Geek XI, 58, 145
  Grundvorrat 18
  Küchenbedarf 8

L

Lachs 49
Laktose 30
Larval Stage X, XI, 4, 5, 31
  Grundvorrat 16
  Küchenbedarf 4
  Rückfall 5
LaTeX-Export 23
Lebensmittelmotten 212
Lebensmittelzusatzstoffe 29
Linkshänder 8
Linux 24
Low-Carb 26, 140
Low-Fat 26

M

MacGourmet 24
MacOS 24
Maki Sushi 169
Makrobiotik 26
Mamas Liebling X, XI, 55
  Grundvorrat 17
  Küchenbedarf 6
Mangold 128
Margarita 176
Marmelade 149
MasterCook 24
Mealmaster 23
Milch 206
Milchreis 70
Miso 49
Mittelmeer Diät 26
Mixer 34
Modulare Rezepte 100
Möhren *siehe* Karotten
Motivlocher 195
Muffins 106
MySQL 24

N

Natamycin 29
Nigiri Sushi 169
Notfallvorrat 16
Nudeln
  Haltbarkeit 210
  mit Mangold 128
  Nudeln minimalistisch 48
  Nudelsalat 135
  Resteküche 97
  selbst gemachte Pasta 157
  Sirtaki-Nudeltopf 48
  vegetarische Pasta 128

O

Obst 207
Öl 207
Omelett 64, 132
OpenSource 13, 24

P

Paprika 181
Pasta selbst gemacht 157
PDA-Einkaufsliste 12
Pfannengerichte 111
Pfannkuchen 122
Pimenton de la Vera 47
Pizza 84, 85, 118
Podcasts 22, 28

R

Reis 69
  als einfache Beilage 71
  Haltbarkeit 210
  Kochbeutelreis 69
  Milchreis 70
  Onigiri 138
  Risotto 71
  Sushi, selbst gemacht 167
  Thai-Bratreis 171
Resteküche 155
Rettich 53
Rezeptdatenbanken 22
Rezeptverwaltung
  gnome 24
  grecipe-Manager 24
  KDE 24
  MacOS 24
  RK-Suite 23
  Windows 23

Risotto 71
RK-Suite 23
Roggenmehl 58
Rohkost 27

S

Sahne 208
Salat 91
  Cole Slaw 137
  für Sushi-Liebhaber 170
  Melas Nudel- und Kartoffelsalat 135
  Obstsalat 54
  Tabouleh 53
  Vietnamesischer Rindfleischsalat 173
  Wintersalat 133
Saucen 72
  Bolognese 72
  getrocknete 95
  Resteküche 96
  Salatdressing auf Vorrat 91
  Sauce Bearnaise 74
  Sauce Hollandaise 74
  Tomatensauce 73
Sauerteig 58, 59
Schaben 213
Schädlingsbekämpfung 210
Schokoküsse 131
Schrankküche 3
Schweinefilet in Wacholder-Pflaumen-Sauce 158
Shiitake 174
Shopblogger 15
Snacks
  Blätterteigschnecken 177
  Cookies zum Kaffee 183
  Geek-Schnitten 141
  Wantans 178
Social Bookmarking 24
Spaghetti 84
Spinnenläufer 212
Sprue 60
Spülmaschine 9
Supermarkt 13
Suppe
  Champagnersüppchen 125
  Erbseneintopf 82
  Gemüsesuppe 65
  mexikanische Möhrensuppe 179
Sushi 167
Süßes
  Ahornsirup-Cookies 184
  Geek-Schnitten 141
  Süßer Hirsebrei 50
  siehe auch Kuchen

T

Tahini 52
Tequila 176
Terrine 159
Thanksgiving 161
Thunfisch 47
Tiefkühlprodukte 209
Toast 97, 199
Tofu 50
Tomaten häuten 129
Tortilla 98
Transfette 27
Trekkingzubehör 43
Truthahn 161

U

UML XII–XIII, 100
UMUK 110
Usenet X, 19–20

V

Vanillezucker 99
Vegetarisches 82, 128, 159, 179, 181
Vegetarismus 26–27
Vollwertkost 26

W

Walnüsse 181
Wasabi 139, 147, 169
Wasserkocher 43
Wein 188
Weißkohl 137
Weizenmehl 58
Windows 26
Wodka 185
Wurst 53

Z

Zöliakie 60
Zucchini 120

Über die Autorinnen

Mela Eckenfels, Geekette und Netizen der ersten Stunde und vielen Geeks aus dem Projektgeschäft als waschechte UNIXe bekannt, lebt und arbeitet seit Jahren in Karlsruhe. Die Administration großer Rechnerarchitekturen (wie AIX) für Banken und Energieunternehmen brachte ihr reichlich Erfahrungen aus dem Admin-Alltag. Ihre Arbeit als Dozentin zu Themen rund um UNIX macht ihr viel Spaß, ihre Leidenschaft gehört aber vor allem dem kleinen, feinen FreeBSD und dem Rollenspiel.

Frühzeitig fasziniert von allem auf dem Herd Schmurgelnden, entwickelte sich Mela während der Gymnasialzeit zu einer ambitionierten, aber weitgehend phantasielosen Köchin. Groß-WG-Erfahrungen in Berlin brachten sie zwar dazu, für mehr als 15 Personen zu kochen, es waren jedoch weiterhin eher einfallslose Eintopfvariationen. Später im IT-Projektgeschäft geriet auch sie in die Phase, in der man Diätdrinks allein deswegen testet, weil sie eine schnelle Sättigung bei geringem Aufwand versprechen. Nach einem entschlossenen »Bwarks!« kehrte sie aber zu einer mit Tassensuppen brechend gefüllten Schreibtischschublade und Sandwichtoasts zurück. Erst der nähere Kontakt mit Petra sowie eine größere Küche ließen die alte Leidenschaft zu gutem und selbst gekochten Essen wieder aufflammen, diesmal gepaart mit dem Mut und Willen zum Ausprobieren – immer unterstützt durch Petras schier unfassbare Sammlung der leckersten Rezepte und ihr enzyklopädisches Lebensmittelwissen.

Petra Hildebrandt lebt und arbeitet in Hamburg und kocht, seit die deftige Kost ihrer Großmutter sie in der Jugend zu kulinarischer Notwehr zwang. Alsbald wichen braun gekochter Grünkohl und in Panade ertrunkene Koteletts Gerichten mit Wein, frischen Kräutern und fremden Gewürzen. Aufgewachsen mit den Produkten eines großen Gartens und als kulinarische Autodidaktin ist sie eine leidenschaftliche Verfechterin hochwertiger Zutaten und guter Küche.

Alltag und Lebensgefühl eines Geeks kennt Petra von Grund auf – schon früh machte sie Gehversuche an C16, Apple II und Co., ehe sie sich in der Arbeitswelt als IT-Mädel für Alles, Admin, Researcher, dank eines Diploms als Multimedia-Producerin als Pixelschubse und schließlich auch als Datenschutzbeauftragte durch alle Höhen und Niederungen des IT-Daseins kämpfte. In Fidonet, Usenet und WWW traf sie andere Geeks, die Schweinebraten mit Wein und Kräutern marinierten und Artischocken nicht für eine ausgefallene Beleidigung hielten. Dabei blieb immer auch Zeit für ihre Hobbys, das Lesen (vor allem SciFi) und natürlich das Kochen, beispielsweise für ganze Rollenspieler-Gruppen oder bei jährlichen Thanksgiving-Festessen für Freunde, die längst eine Institution sind. Am liebsten aber gibt sie ihre Freude an gutem Essen weiter, indem sie andere dazu bringt, besser zu kochen.

Das Kochbuch für Geeks ist bereits die zweite erfolgreiche gemeinsame Arbeit von Mela und Petra, ihr erstes Buch, *Das LARP-Kochbuch* (ISBN 3-8334 4957-8), richtet sich an Live-Rollenspieler, die auch unter den erschwerten Bedingungen von Campingküche und Ork Attacke stilecht speisen möchten.

Kolophon

Das Motiv auf dem Cover dieses Buchs ist natürlich ein Koch. Kochen gehört zu den ältesten und wichtigsten Kulturtechniken des Menschen. Die ursprünglichsten Verfahren sind mit Sicherheit das Grillen, das Garen in heißer Asche und das Rösten auf im Feuer erhitzten Steinen, das für Fleisch, Wurzeln und Getreide geeignet ist. Für das Kochen im engeren Sinn, also das Erhitzen in Flüssigkeit, dienten Erdgruben und natürliche Gefäße wie Muschelschalen, Straußeneier oder Schildkrötenpanzer.

Die Kochkunst, wie wir sie heute verstehen, kam aus den asiatischen Ländern nach Griechenland und dann nach Italien. Unter den römischen Kaisern Augustus und Tiberius gab es bereits Schulen der Kochkunst. Im alten Rom waren Köche meistens Sklaven, vorzugsweise Griechen. Köche waren beliebt und teuer, und man zahlte horrende Preise für gute Köche. Im Mittelalter wurde die Küche besonders von den Klöstern gepflegt und weiter entwickelt. Moderne Kochkunst stammt aus Italien (etwa seit dem 16. Jahrhundert) und wurde von dort aus durch Katharina von Medici nach Frankreich eingeführt, die bei ihrer Hochzeit mit Heinrich ihre eigenen Köche nach Frankreich mitnahm.

Alle Kulturen und Regionen Europas hatten in der Zeit vor der Renaissance hauptsächlich auf Grund der verfügbaren Lebensmittel eigene Gerichte, Stile und Kochgewohnheiten hervorgebracht, die sich als regionale Küchen etablierten. Mit der Zeit der Renaissance und den neuen Lebensmitteln, die durch Entdeckungen ferner Länder nach Europa gelangten, konnten ganz neue Gerichte gestaltet werden. Seit dem 20. Jahrhundert verbesserten sich zudem Produktion, Transport und Handel von Nahrungsmitteln immens, so dass der modernen Kochkunst, inklusive exotischer Küche und Fusion Kitchen, ein Füllhorn an Zutaten zur Verfügung steht (frei aus Wikipedia zitiert).

Der Umschlagsentwurf dieses Buches basiert auf dem Reihenlayout von Edie Freedman und stammt von Michael Oreal. Die drei Cartoons stammen von Jutta Bossert, die – des Geektums völlig unverdächtig – als ihr Betriebssystem »Zeichenblock mit 120g-Papier, HB-Bleistift, Edding 2mm, Calligraphy-Pen und Herlitz 0,5mm-Techno-Pen« angibt. Jutta lebt in Tübingen und als *Kleines Grünes* in LARP-Welten.

Als Textschrift verwenden wir die Linotype Birka, die Überschriftenschrift ist die Adobe Myriad Condensed und die Nichtproportionalschrift für Codes ist LucasFont's TheSans Mono Condensed.

Linux

Linux in a Nutshell, 4. Auflage

Ellen Siever, Stephen Figgins & Aaron Weber
956 Seiten, 2005, 40,- €
ISBN 978-3-89721-426-2

Linux in a Nutshell ist *das* Nachschlagewerk für Benutzer, Programmierer und Systemadministratoren und beschreibt alle wichtigen Linux-Befehle, Editoren und andere Werkzeuge.

Linux Server-Sicherheit, 2. Auflage

Michael D. Bauer
608 Seiten, 2005, 44,- €
ISBN 978-3-89721-413-2

Linux Server-Sicherheit erklärt die Prinzipien verlässlicher Systeme und der Netzwerksicherheit, zeigt typische Risiken auf, gibt praktische Tipps für gängige Sicherungsaufgaben und kombiniert das mit profunden und detaillierten Beschreibungen der technischen Werkzeuge, die für einen bestimmten Einsatz empfohlen werden.

Linux Server Hacks

Rob Flickenger
272 Seiten, 2003, 26,- €
ISBN 978-3-89721-361-6

Diese Sammlung von 100 thematisch sortierten Tricks und Tools hilft, vertrackte Probleme der Linux-Systemadministration zu lösen. Die ersten Hacks befassen sich mit den Grundlagen des Systems und zeigen beispielsweise, wie man den Kernel tunen kann. In anderen Hacks erfährt man, wie man mit CVS oder RCS Dateiänderungen verfolgen kann. Ein weiteres Kapitel behandelt die verschiedenen Möglichkeiten, Backups effizienter zu organisieren. Systemüberwachungstools, sicheren Netzwerklösungen und Webinstallationen mit Apache und MySQL sind nochmals einige Hacks gewidmet.

100 neue Linux Server Hacks

Bill von Hagen & Brian K. Jones
552 Seiten, 2006, 34,90 €
ISBN 978-3-89721-461-3

Endlich 100 neue Linux Server Hacks! Der erste Band mit Hacks hat nichts von seiner Nützlichkeit verloren, aber es gibt noch so viele weitere Tipps, Tricks und Werkzeuge, mit denen Sie Ihren Alltag als Sysadmin effizienter gestalten können. Lösungen zur Sicherung Ihres Systems, zur Benutzerverwaltung, zum Speichermanagement, zum Monitoring – hier zeigen Ihnen Experten, wie's geht.

Linux Kochbuch

Carla Schroder
618 Seiten, 2005, 44,- €
ISBN 978-3-89721-405-7

Im *Linux Kochbuch* finden Sie die hochkonzentrierte Erfahrung vieler Jahre Linux-Administration in Form praktischer Rezepte. Jede Lösung dieser Sammlung lässt sich direkt auf typische Alltagsprobleme anwenden und spart Stunden mühevollen Ausprobierens. Themen sind unter anderem das Installieren von Software, die Benutzerverwaltung, das Dateimanagement, die Anpassung des Kernels, Boot-Loader und Multi-Booting, Systemreparaturen mit Knoppix, Drucken mit CUPS, Backups und Systemsicherung, Versionskontrolle, Postfix, Spambekämpfung, Apache, Samba und vieles mehr.

Linux-Firewalls – Ein praktischer Einstieg, 2. Aufl.

Andreas G. Lessig
656 Seiten, 2006, 42,- €
ISBN 978-3-89721-446-0

Das Thema Sicherheit ist aktueller denn je und kein verantwortungsbewusster Linux-User oder Systemadministrator kommt an der Konfiguration einer Firewall vorbei. Der praxisorientierte Einstieg stellt typische Firewall-Lösungen vor und dokumentiert sorgfältig, wie sie Schritt für Schritt zu realisieren sind: von unkomplizierten Floppy-Firewalls für den Privathaushalt bis zu anspruchsvolleren Konzepten für Unternehmen, die eine sicher konfigurierte Standarddistribution, Paketfilterung und Proxies kombinieren.

Linux Netzwerk-Handbuch, 3. Auflage

Tony Bautts, Terry Dawson & Gregor N. Purdy
382 Seiten, 2005, 38,- €
ISBN 978-3-89721-414-9

Dieses Buch bietet Ihnen das nötige Rüstzeug, das Sie für die Einrichtung und Administration von Linux-Netzwerken brauchen. Beginnend bei grundlegenden Informationen, widmen sich die Autoren rasch zentralen Themen wie TCP/IP und PPP, Firewalls, Masquerading, Accounting und E-Mail. Völlig neu in dieser Auflage sind die Kapitel zu IMAP, Samba, OpenLDAP, Wireless Networking und IPv6.

Linux – kurz & gut

Daniel J. Barrett, 204 Seiten, 2004, 9,90 €
ISBN 978-3-89721-501-6

Eine praktische, anwenderorientierte Kurzreferenz, die auf engstem Raum alle wichtigen Konzepte, Befehle und Optionen vorstellt. Die Referenz ist auf SUSE 9 zugeschnitten, lässt sich aber im Wesentlichen auf alle gängigen Linux-Distributionen übertragen.

O'REILLY®

anfragen@oreilly.de • http://www.oreilly.de • +49 (0)221-97 31 60-0

Perl

Perl – Best Practices, Deutsche Ausgabe

Damian Conway
Seiten 584, 2006, 49,90 €
ISBN 978-3-89721-454-5

Gewürzt mit einer feinen Dosis Humor stellt Damian Conway 256 Grundsätze und Leitlinien vor, mit denen Sie besseren und professionellen Perl-Code programmieren lernen. Das Regelwerk behandelt das Layout von Code, Namenskonventionen, Wahl der Daten- und Kontrollstrukturen, Schnittstellen-Design und -Implementierung, Modularität, Objektorientierung, Fehlerbehandlung, Testing und Debugging.

Einführung in Perl, 4. Auflage

R. L. Schwartz, Tom Phœnix & brian d foy
336 Seiten, 2005, 34,- €
ISBN 978-3-89721-434-7

Einführung in Perl ist ein sorgfältig abgestimmter Kurs für Einsteiger: Mit vielen Programmierbeispielen sowie Übungen und ausgearbeiteten Lösungen zu jedem Thema zeigen die Autoren Schritt für Schritt, wie man mit Perl (Version 5.8) programmiert.

Einführung in Perl-Objekte, Referenzen & Module

Randal L. Schwartz & Tom Phoenix
250 Seiten, 2004, 32,- €
ISBN 978-3-89721-149-0

Das Alpaka macht dort weiter, wo das Lama aufhört. Dieselben Autoren führen Perl-Einsteiger in die Welt der Referenzen, in die objektorientierte Programmierung und in die Anwendung von Modulen ein. In bewährter Weise wurden Erklärungen, Codebeispiele und Übungsaufgaben zu einem fundierten Einführungskurs verbunden.

Perl – kurz & gut, 4. Auflage

Johan Vromans
108 Seiten, 2003, 8,- €
ISBN 978-3-89721-247-3

Überblick über Perl 5.8, u.a. über Syntaxregeln, Quotierung, Variablen, Operatoren, Funktionen, I/O, Debugging, Formate, Standardmodule und reguläre Ausdrücke.

Perl Hacks

chromatic, Damian Conway & Curtis »Ovid« Poe
328 Seiten, 2006, 29,90 €
ISBN 978-3-89721-474-3

Jeder Hack ist eine überschaubare, abgeschlossene Lerneinheit. Manche beinhalten praktische Übungen, die Perl-Grundfähigkeiten schulen, während andere Hacks eindrucksvoll aufzeigen, welch verrückte Sachen mit Perl realisiert werden können. Besonders geeignet für Perl-Programmierer, die neue Anregungen und Wege suchen.

Programmieren mit Perl, 2. Auflage

Übersetzung der 3. engl. Auflage
Larry Wall, Tom Christiansen & Jon Orwant
1128 Seiten, 2001, 56,- €
ISBN 978-3-89721-144-5

Dieses Standardwerk ist nicht einfach ein Buch über Perl, es bietet einen einzigartigen – und zuweilen auch eigenwilligen – Einblick in diese Sprache und ihre Kultur. Die neue Auflage wurde komplett überarbeitet, deutlich erweitert und übersichtlicher strukturiert. Behandelt wird Perl 5.6. Neue Themen sind u.a. Threading, Compiler und Unicode.

Perl Kochbuch, 2. Auflage

Tom Christiansen & Nathan Torkington
1024 Seiten, 2004, 52,- €
ISBN 978-3-89721-366-1

Das *Perl Kochbuch* bietet sowohl Einsteigern, als auch fortgeschrittenen Programmierern »Rezepte« aus allen wichtigen Bereichen der Programmierung mit Perl.

Reguläre Ausdrücke, 2. Auflage

Jeffrey E. F. Friedl
510 Seiten, 2003, 44,- €
ISBN 978-3-89721-349-4

Reguläre Ausdrücke sind eine Schatzkiste für kreatives Programmieren und sind mittlerweile standardmäßig in vielen Sprachen und Werkzeugen integriert. Die 2. Auflage dieses anerkannten Standardwerks wurde vollständig überarbeitet und behandelt jetzt auch die neuen Regex-Eigenschaften seit Perl 5.6 und andere Sprachen wie Java, VB.NET, C#, Python, JavaScript, Ruby und Tcl.

O'REILLY®

anfragen@oreilly.de • http://www.oreilly.de • +49 (0)221-97 31 60-0

O'Reillys Taschenbibliothek

kurz & gut

Reguläre Ausdrücke

Tony Stubblebine, 100 Seiten, 2004, 8,- €
ISBN 978-3-89721-264-0

Beschreibt detailliert, wie reguläre Ausdrücke von Perl, Java, PHP, Python, JavaScript, C# und .Net sowie von der C-Bibliothek PCRE, vom vi-Editor und von den Shell-Tools egrep, sed und awk unterstützt werden.

Perl, 4. Auflage

Johan Vromans, 108 Seiten, 2003, 8,- €
ISBN 978-3-89721-247-3

Überblick über Perl 5.8, u.a. über Syntaxregeln, Quotierung, Variablen, Operatoren, Funktionen, I/O, Debugging, Formate, Standardmodule und reguläre Ausdrücke.

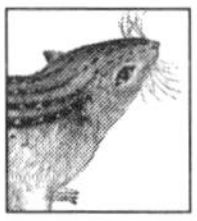

C++

Kyle Loudon, 142 Seiten, 2004, 9,90 €
ISBN 978-3-89721-262-6

C++ – kurz & gut ist eine Gedächtnisstütze für C++-Programmierer, in der sich weniger vertraute und seltener verwendete Aspekte der Sprache schnell nachschlagen lassen.

STL

Ray Lischner, 134 Seiten, 2004, 9,90 €
ISBN 978-3-89721-266-4

Die »Standard Template Library« ist ein wichtiger, häufig verwendeter Teil der C++-Standardbibliothek. *STL – kurz & gut* ist eine nützliche Gedächtnisstütze für die Container, Iteratoren und Algorithmen der STL.

C

Ulla Kirch-Prinz & Peter Prinz
120 Seiten, 2002, 8,- €
ISBN 978-3-89721-238-1

Der erste Teil ist ein kompakter Überblick über die Sprache und ihre Elemente, der zweite ist der Standard-Bibliothek gewidmet. Der ANSI-Standard C99 ist berücksichtigt.

UML 2.0, 2. Auflage

Dan Pilone, 144 Seiten, 9,90 €, 2006
ISBN 978-3-89721-521-4

Bietet einen kompakten Überblick über die aktuelle UML-Version 2.0. Schnellreferenz zu UML-Klassifizierungen, Pakete und Stereotypen.

Linux

Daniel J. Barrett, 204 Seiten, 2004, 9,90 €
ISBN 978-3-89721-501-6

Eine praktische, anwenderorientierte Kurzreferenz, die auf engstem Raum alle wichtigen Konzepte, Befehle und Optionen vorstellt.

Linux iptables

Gregor N. Purdy, 100 Seiten, 2005, 8,- €
ISBN 978-3-89721-506-1

In *Linux iptables – kurz & gut* findet der Leser eine hilfreiche Orientierung für die komplxe iptables-Syntax und Beispielwerte zur optimalen Sicherung des Systems.

SSH, 2. Auflage

Sven Riedel, 232 Seiten, 2006, 12,- €
ISBN 978-3-89721-523-8

Eine kompakte Referenz zur Verwendung und Konfiguration der SSH-Clients und -Server. Behandelt werden u.a. auch die Schlüsselverwaltung, Port-Forwarding und verschiedene Authentifizierungsmethoden.

LaTeX, 2. Auflage

M. K. Dalheimer, 78 Seiten, 2005, 8,- €
ISBN 978-3-89721-500-9

Immer wieder benötigte LaTeX-Befehle und ihre Optionen. Die zweite Auflage ist aktualisiert worden, beispielsweise wurde der Abschnitt über Enkodierungen erweitert und ein Kapitel über PSTricks eingefügt.

vi-Editor

Arnold Robbins, 63 Seiten, 1999, 8,- €
ISBN 978-3-89721-213-8

Zum Nachschlagen für die wenig intuitiven vi und ex: Optionen und Befehle, Shortcuts, reguläre Ausdrücke sowie Optionen der Klone nvi, elvis, vim und vile.

CVS, 2. Auflage

Gregor N. Purdy, 90 Seiten, 2004, 8,- €,
ISBN 978-3-89721-265-7

Behandelt die zentralen Konzepte der CVS-Versionskontrolle und enthält eine vollständige Befehlsreferenz sowie eine Anleitung für die Konfiguration und Installation von CVS.

O'REILLY®

anfragen@oreilly.de • http://www.oreilly.de • +49 (0)221-97 31 60-0

Von Kopf bis Fuß

Entwurfsmuster von Kopf bis Fuß

Eric Freeman & Elisabeth Freeman
672 Seiten, 2006, 48,- €
ISBN 978-3-89721-421-7

Jetzt endlich in deutscher Sprache! Dieses Buch hat seit Erscheinen für Furore gesorgt. Mit dem einzigartigen Buch-konzept ist es den Autoren gelungen, das schwierige Thema Entwurfsmuster -witzig, leicht verständlich und dennoch gründlich darzustellen.

»Design Patterns« beschreiben häufig auftretende, immer wiederkehrende Entwurfsprobleme in der Software-Entwicklung und stellen wieder verwendbare Lösungsmuster dar. Mit Entwurfs-muster von Kopf bis Fuß erschließen Sie sich das Thema auf eine neue, bisher nicht gekannte Weise. Jede Seite ist ein Kunstwerk für sich, mit vielen visuellen Überraschungen, originellen Comic-Zeichungen, witzigen Dialogen und geistreichen Selbstlernkontrollen.

»I received the book yesterday and started to read it... and I couldn't stop. This is trés »cool.« It is fun, but they cover a lot of ground and they are right to the point. I'm really impressed.«

- Erich Gamma, Mitautor der Entwurfsmuster, wichtiger Kopf in der »Gang of Four«

»I feel like a thousand pounds of books have just been lifted off of my head.«

- Ward Cunningham, geistiger Vater der Wikis und des Extreme Programming

Java von Kopf bis Fuß

Kathy Sierra & Bert Bates
720 Seiten, 2006, 49,90
ISBN 978-3-89721-448-4

Selten war ein Buchkonzept so originell, so revolutionär, so erfolgreich. Statt langweiliger Vorträge findet der Leser hier unterhaltsame Dialoge, Rätsel, Cartoons und Beispiele. Aber nie ist der Unterhaltungswert Selbstzweck, immer steht er im Dienst der Erkenntnisvermittlung, der leichteren Verständlichkeit. So löst dieses abwechslungsreiche Arbeitsbuch viele Versprechen ein, die nüchternere Lehrbücher nicht halten können.

»Es ist schnell, frech, lustig und mitreißend. Vorsicht – Sie könnten etwas lernen!«

Ken Arnold, Co-Autor von
»The Java Programming Language«

O'REILLY®

anfragen@oreilly.de • http://www.oreilly.de • +49 (0)221-97 31 60-0